BUZZ

© Emma Svanberg, 2023
© Buzz Editora, 2025

Publicado pela primeira vez pela Vermilion, um selo da Ebury Publishing, parte do grupo Penguin Random House.

TÍTULO ORIGINAL *Parenting for Humans: How to Parent the Child You Have, as the Person You Are*

PUBLISHER Anderson Cavalcante
COORDENADORA EDITORIAL Diana Szylit
EDITOR-ASSISTENTE Nestor Turano Jr.
ANALISTA EDITORIAL Érika Tamashiro
ESTAGIÁRIA EDITORIAL Beatriz Furtado
PREPARAÇÃO Algo Novo Editorial
REVISÃO Tomoe Moroizumi e Adriane Piscitelli
PROJETO GRÁFICO Estúdio Grifo
ASSISTENTE DE DESIGN Letícia de Cássia
ILUSTRAÇÃO DE CAPA Adobe Stock
ÍNDICE REMISSIVO Carolina Pasetti

Nesta edição, respeitou-se o novo Acordo Ortográfico da Língua Portuguesa.

Dados Internacionais de Catalogação na Publicação (CIP)
(Câmara Brasileira do Livro, SP, Brasil)

Svanberg, Emma
Criando filhos na vida real: Como cuidar da criança que você tem sendo quem você é / Emma Svanberg
Tradução: Lígia Azevedo
1ª ed. São Paulo: Buzz Editora, 2025
288 pp.

Título original: *Parenting for humans: How to Parent the Child You Have, as the Person You Are*
ISBN 978-65-5393-417-7

1. Autoanálise (Psicologia) 2. Autoconhecimento
3. Criação de filhos 4. Parentalidade 5. Relacionamento familiar I. Título.   CDD-155.646

Índice para catálogo sistemático:
1. Criação de filhos: Parentalidade: Psicologia   155.646
Eliane de Freitas Leite, Bibliotecária, CRB 8/8415

Todos os direitos reservados à:
Buzz Editora Ltda.
Av. Paulista, 726, Mezanino
CEP 01310-100, São Paulo, SP
[55 11] 4171 2317
www.buzzeditora.com

Emma Svanberg

Criando filhos na vida real

Como cuidar da criança que você tem sendo quem você é

Tradução: Lígia Azevedo

À minha família quadrangular, o real sentido de lar

Algumas pessoas parecem ver uma criança como barro nas mãos de um oleiro. Começam a moldá-la e se sentem responsáveis pelo resultado. Isso é bastante equivocado.

Donald Winnicott

INTRODUÇÃO
Como pode ter parecido uma boa ideia? **9**

PARTE I
MITOS E LENDAS DA CRIAÇÃO DE FILHOS

1. Desvendando histórias **23**
2. O que é uma mãe? O que é um pai? **41**

PARTE II
MAPEANDO SUA HISTÓRIA

3. Seu mapa parental **49**
4. Histórias da sua história **61**
5. Histórias da sua infância **69**
6. Histórias da sua época de bebê **81**
7. Histórias da sua vida adulta **99**

PARTE III
AS OUTRAS PESSOAS NA SUA HISTÓRIA

8. Parceiros na criação **121**
9. Seus coadjuvantes **149**
10. Histórias da sociedade **163**

PARTE IV
A HISTÓRIA DOS FILHOS

11. Ferramentas para a jornada **179**
12. O mapa dos nossos filhos **201**
13. Mapeando sentimentos **215**
14. Histórias de família **239**
15. Crianças mapeiam seus próprios caminhos **245**

FIM
253

Referências bibliográficas **259**
Influências **273**
Agradecimentos **275**
Índice remissivo **277**

INTRODUÇÃO
Como pode ter parecido uma boa ideia?

Quando você decidiu se tornar mãe ou pai?
Foi uma decisão consciente, ou algo que aconteceu de maneira inesperada? Você sente que esse era seu destino, que se tratava de uma parte inevitável da sua vida? Ou foi algo que você teve dificuldade de aceitar, e talvez ainda tenha?

Quando acha que se tornou mãe ou pai? Foi quando soube que um bebê entraria na sua vida? Ou você só começou a se identificar com tal papel meses ou mesmo anos após a chegada dele?

Você refletiu sobre o que ser mãe ou pai significava? Sobre como seria iniciar com outro ser humano um relacionamento que duraria a vida toda? Talvez você tivesse algumas ideias sobre como pais são e o que fazem. Baseadas em histórias que lhe contaram desde que você era um bebê. Histórias que talvez tenham gerado certas expectativas quanto ao que "bons" pais fazem, como se comportam e até como se sentem e pensam.

Talvez você não tenha tido muitas oportunidades de pensar sobre essas histórias. Talvez nem cogitasse nelas como histórias. No entanto, elas existem dentro de todos nós, em forma de ideais e suposições. E podem levar a sentimentos difíceis, de fracasso, perda ou culpa, quando a realidade se revela bastante diferente.

E quanto à criança?

Se você ainda não conheceu seu filho ou sua filha, como imagina que ele ou ela será? De onde vem essa ideia?

Se você já tem filhos, quais ideias nutria a respeito deles? Você pensava em como seriam? Imaginava que os conheceria de verdade assim que se vissem pela primeira vez? Talvez você já tivesse um bebê na sua cabeça, alguém que existira como uma boneca, ou um graveto, ou um brinquedo da sua infância, e que você carregava para todo lado. Um bebê imaginário, mas precioso. Talvez você nem tenha pensado direito em como a criança seria, mas achava que era o momento de ter uma família, porque é o que as pessoas fazem, certo?

Todos possuímos muitas histórias.

Histórias sobre o que significa ser mãe ou pai, sobre como bebês e crianças são, sobre o relacionamento entre pais e filhos. Às vezes, são histórias positivas da nossa própria infância que desejamos repetir. Às vezes, elas se baseiam em experiências dolorosas, e queremos esquecê-las ou reescrevê-las. Às vezes, estão enterradas lá no fundo; às vezes, mantêm-se mais próximas à superfície.

No entanto, em algum momento da vida de mãe ou pai acabamos nos deparando com essas histórias — e as suposições envolvidas. Podemos desafiá-las e criar novas narrativas. Muitas vezes, porém — porque somos humanos e mudar histórias é algo difícil —, nos agarramos a elas e nos perguntamos o que precisamos fazer diferente para transformar uma história em realidade.

Há uma boa chance de que uma dessas histórias, ou mesmo muitas delas, seja a causa de você ter escolhido este livro. "Se eu descobrir a estratégia certa para controlar o comportamento do meu filho, minha vida será mais fácil", você pode ter pensado. Ou: "A vida familiar é muito difícil, talvez este livro me ajude a mudar isso". Ou ainda: "Talvez este livro me diga o que eu deveria estar fazendo, porque, sinceramente, não tenho a menor ideia, enquanto as outras pessoas parecem ter tudo sob controle. Alguém pode, *por favor*, me dizer o que fazer? Não estou dando conta".

Começamos a ler sobre criação de filhos porque esses livros parecem nos vender uma fantasia. Se fizermos certa coisa ou dissermos determinadas palavras ou seguirmos certas instruções, tudo ficará mais simples. Só que, muitas vezes, abandonamos a leitura após algumas poucas páginas, porque não encontramos respostas fáceis.

Mas e se não houver respostas fáceis? E se não se tratar de apenas uma história, mas de muitas — algumas das quais se contradizem? E se precisarmos esquecer essas histórias, escrever as nossas próprias e sempre voltar a elas, para editá-las e acrescentar novos capítulos, conforme nossos filhos crescem e a vida muda?

Mesmo já adultos, às vezes nos vemos como os heróis da nossa história — e às vezes como os vilões. Também podemos desejar que alguém venha nos salvar (no caso de mães e pais, talvez não um cavaleiro usando uma armadura brilhante, mas uma fada-madrinha das mais boazinhas).

Quando nos conhecemos melhor, elucidamos algumas histórias que trazemos conosco, desafiamos alguns ideais, consideramos uma nova história... algo bem incrível acontece. Começamos a nos enxergar como realmente somos — as partes boas, as ruins e as muitas partes intermediárias. Não como heróis, mas como pessoas reais. E começamos a enxergar nossos filhos como eles são também — as partes que amamos, as que nos irritam e todas as que mal tínhamos notado. Colocamos tudo de nós no relacionamento com eles, e eles são incentivados a colocar tudo de si no relacionamento conosco. Pode parecer um pouco assustador, mas também pode ser simplesmente maravilhoso e tornar não apenas nossos relacionamentos, mas nossa vida inteira, melhor.

Este não é um livro sobre criar filhos (é um livro sobre pais)

Sei que você pode ter se decepcionado um pouco quando mencionei que não há respostas fáceis. Não tenho como oferecer dicas rápidas e métodos simples, porque a vida familiar é longa e muda o tempo todo — de modo que as melhores soluções envolvem descobrir como *você* quer se comportar no contexto da *sua* família. O resto virá naturalmente. E precisamos reconhecer que não faltam livros oferecendo dicas assim para quando você terminar este.

Aqui, farei muitas perguntas, esperando que você encontre as próprias respostas. Você também vai se conhecer melhor, e conhecer aquilo que te influencia como mãe ou pai (e como pessoa). Ao longo desse processo — como na terapia —, adquirirá maior compreensão e reduzirá a pressão sobre si como mãe ou pai, o que ajudará na busca por respostas. Não haverá soluções imediatas, porém espero que uma mudança duradoura seja promovida.

Este não é, portanto, um livro sobre criar filhos. É um livro sobre pais. É um livro sobre *você*.

Quando não nos conhecemos bem, temos dificuldade de aplicar à nossa vida todo o conhecimento que adquirimos de livros, blogs, artigos e podcasts sobre criação de filhos. Podemos fazer um bebê dormir à perfeição, mas descobrir que não conseguimos deixá-lo sozinho porque desperta sentimentos de abandono em nós. Podemos recitar respostas bem elaboradas quando uma criança faz birra, mas com os dentes cerrados e os olhos cheios de lágrimas. Podemos organizar momentos especiais a sós com a criança, mas acabar gritando com ela quando as coisas não correm como queríamos. E isso muitas vezes leva à sensação de desconexão, de impotência, de que estamos fazendo tudo errado, de que não temos mais para onde correr. Aí, pensamos em experimentar algo novo — como este livro.

Todos os conselhos do mundo e a mais completa compreensão do desenvolvimento da criança, dos ciclos do sono, do estabelecimento de limites consistentes e da validação emocional não podem ajudá-lo se você não entender a si e seu modo de operar. Criar filhos não é uma questão de seguir uma receita ou escolher a opção correta. Trata-se de uma dança complexa, em constante mudança, envolvendo múltiplos seres humanos. Você acaba exposta/o e indefesa/o, isso enquanto conhece uma pessoa totalmente nova que de início não consegue fazer nada por si só, mas que te surpreende dia a dia — muitas vezes, você faz tudo por conta própria, contando apenas com o apoio moral das redes sociais e tentando descobrir quem é agora que desempenha o papel de mãe ou pai.

Isso também implica conhecer um pouco melhor seus filhos. Porque quando buscamos respostas para facilitar as coisas podemos perder de vista a criança que está bem na nossa frente. Plantamos na cabeça que se encontrarmos a estratégia certa, o rótulo certo, a técnica certa, a frase certa para dizer, talvez até o diagnóstico certo, tudo ficará bem. Teremos "resolvido" a questão, qualquer que seja ela (sono, amamentação, comer cinco porções de frutas, legumes e verduras, "bom" comportamento, um relacionamento saudável). Buscamos sempre uma solução mágica, sem nunca parar e olhar para o que está acontecendo dentro de nós, de nossos filhos, de nossas famílias, no *agora*.

No entanto, quando nos conhecemos — e conhecemos nossas experiências, crenças e esperanças, nossos sentimentos, pensamentos, valores e sonhos —, fica muito mais fácil conhecer outras pessoas também.

Assim, embora este livro não ofereça respostas simples, dicas e truques para criar filhos, ou soluções à prova de erro, ele te ajudará a escrever uma nova história. Uma história que começa por você.

Não sou uma especialista em criação de filhos

Quero deixar claro desde o início que não sou uma especialista em criação de filhos. Na verdade, considero que a ideia de ter que ouvir "especialistas" apenas amplifica a concepção de que há um jeito "certo" de criar filhos (e que varia de acordo com quem ouvimos). Não estudei para dar dicas nesse sentido, e sim para oferecer modelos e abordagens que te ajudem a entender melhor a si e o seu relacionamento com seus filhos. Quer você ainda vá conhecê-los, quer eles já estejam em sua vida.

Trabalhei com muitos pais e mães como psicóloga clínica especializada no período perinatal — ou seja, o período que engloba a gravidez, o parto e os primeiros anos de vida da criança. E trabalhei com pais, mães e famílias de maneiras diferentes ao longo de mais de vinte anos. Enquanto muitos livros sobre criação de filhos se dedicam à criança, meus estudos me levaram a me concentrar no adulto e em sua contribuição para o relacionamento. Atendi mães e pais em terapia individual, casais, grupos e — conforme meu trabalho se expandiu para a divulgação e o compartilhamento de informações fora de espaços terapêuticos tradicionais — tive a sorte de falar com milhares de mães e pais pela internet. E trago o que aprendi com tantos deles para este livro.

Quando as pessoas me procuram para fazer terapia, encontram-se sob enorme pressão, e muitas vezes se sentem desesperadas e buscam respostas. Uma grande parte do meu trabalho com elas envolve *desacelerar*. Apoiá-las no processo de compreensão de como funcionam e dos desafios (criados por elas próprias ou por outros) que enfrentam. A partir da compreensão e das informações gerais de como crianças e adultos tendem a operar, as pessoas se tornam capazes de encontrar as próprias soluções. Costuma haver muita tentativa e erro, com a aplicação de novas ideias à própria vida, à família e à situação única em que se está. Quanto mais trabalho, menos conselhos ofereço. Porque a promoção de uma mudança significativa precisa vir da pessoa, e não de mim.

Há muitas linhas na psicologia, e muitos tipos de psicólogos, e é claro que cada indivíduo interpreta modelos de um modo ligeiramente diferente e se relaciona melhor com determinada abordagem. Recorro a diferentes escolas de pensamento, tanto da psicologia quanto de outros campos. É claro que tenho minha própria visão, influenciada por minha história e minhas circunstâncias, assim como você terá a sua.

A psicologia é bastante parecida com Lego: ideias novas se baseiam nos fundamentos estabelecidos lá atrás. Raramente surge algo de fato novo — alguns dos conceitos principais deste livro vêm de Freud e da década de 1920. Não contribuirei com modelos empolgantes, acrônimos ou soluções rápidas, porque seria um desserviço sugerir que há um "caminho" específico ou um conjunto de crenças (um conjunto novo, inventado por mim, claro) capaz de solucionar todos os problemas.

O que vou fazer é apresentar alguns dos conceitos principais que utilizo no meu trabalho cotidiano — conceitos elaborados por psicólogos, psiquiatras, psicoterapeutas, educadores, ativistas, pesquisadores e autores. E, assim como faço com meus pacientes, levantarei perguntas e acompanharei você no processo de descoberta de como isso se aplica à sua vida e a seu passado, presente e futuro.

Sou uma pessoa real, falando com você, outra pessoa real. A psicologia pode parecer complexa e difícil de navegar quando vista de fora. No entanto, meu trabalho envolve apenas relacionamentos. Ele se concentra em entender como aprendemos a nos relacionar com os outros e como transmitimos esse modelo de relacionamento a nossos filhos. Aprendi a guiar indivíduos no processo de descoberta de sua história, e assim como faço em meu trabalho clínico, gostaria que iniciássemos esse caminho do zero e com uma curiosidade genuína de ver o que vem a seguir. Como uma dupla de exploradores buscando compreensão e clareza.

Trata-se de um processo lento

Quero que comecemos com a expectativa certa. Não vai ser rápido. Este livro vai te fazer pensar em muitas coisas diferentes; não será fácil ler algumas partes e refletir sobre elas. Com sorte, ao fim da leitura, você terá começado a escrever uma história nova em folha sobre a criação de filhos e terá aprendido um pouco sobre si, sua família e sua vida de modo geral. Talvez também saiba para onde deseja olhar, com o intuito de fazer acréscimos à sua história.

No entanto, nunca completamos nossa história de fato, e a consciência disso pode fazer uma enorme diferença. É preciso reconhecer que somos uma obra em construção, e sempre seremos, nunca saberemos tudo. É preciso estar confortável em cortar algumas partes, descobrir informações novas, acrescentar trechos, mudar as coisas de lugar e, às vezes, produzir um novo rascunho.

Veremos tudo isso devagar e com todo o cuidado, porque nem sempre é fácil pensar nessas coisas. Já faz algum tempo que tenho esse tipo de conversa com pacientes em tratamento, em comunidades na internet de criação de filhos e em todo lugar, na verdade, com pessoas que conheço e que têm filhos. Sei que essas conversas muitas vezes despertam tristeza logo abaixo da superfície, envolvendo sonhos que não se concretizaram e desejos que ainda não foram atendidos. Além de decepção e um sentimento de fracasso. Até certa raiva porque não deveria ser assim. E medo, por causa de tudo o que é colocado em risco.

É impossível haver respostas fáceis para perguntas e sentimentos tão importantes. Podemos até desejar que houvesse, mas com frequência as respostas envolvem revirar as perguntas e descobrir o que funciona com nossa família. Encontraremos respostas, porém gradualmente, passo a passo. Tudo bem deixar este livro um pouco de lado — talvez até por algumas semanas — até você se sentir pronta/o para avançar mais. Quero que faça anotações, dobre as páginas, abuse dos post-its, escreva num caderno a respeito, converse com seu/sua companheiro/a, o pai ou a mãe da criança, amigos, irmãos e seus próprios pais. Quanto mais lento o processo, maior a probabilidade de que as informações contidas nestas páginas levem a mudanças significativas para você e sua família — seja uma família que você está considerando começar, uma família no futuro distante, uma família que você consegue ouvir no outro cômodo ou uma família que saiu de casa já faz um bom tempo. Porque nunca é tarde demais para fazer mudanças em seu comportamento enquanto mãe ou pai — mesmo se seus filhos já têm filhos.

Eis algo que aprendi com os pais com quem falei: todo mundo vai se virando, torcendo pelo melhor, e com frequência fazendo coisas que preferiria não ter feito. Todo mundo às vezes se pergunta como foi que se meteu nas situações inacreditáveis em que pais sempre se metem — de ter que negociar se a criança vai ou não usar calcinha ou cueca a precisar ir à delegacia porque sua/seu filha/o adolescente se meteu numa grande confusão.

Toda mãe e todo pai às vezes olha para os filhos e se pergunta quem eles são e como chegaram ali. Alguns são mais confiantes que outros, em geral não porque têm algo de especial, mas porque sabem que tudo bem ir se virando, cometendo erros e aprendendo no caminho. E, com frequência, isso acontece porque foram criados por pessoas que também se sentiam assim e lhes ensinaram que eles, e seus filhos, são suficientes exatamente como são.

Nosso mapa de histórias

Começaremos examinando as histórias que você traz ao papel de mãe ou pai. Algumas podem ser um tanto tristes, outras talvez você imaginasse já superadas e há muito esquecidas. Então iniciaremos uma espécie de viagem, mapeando as diferentes partes que constituem você, historicamente e no momento atual. Consideraremos como outras pessoas influenciam sua parentalidade, e seus filhos também, claro. Depois, eles serão o foco.

Antes de darmos início à viagem em si, eu gostaria de apresentar duas ideias principais. Se você se lembrar apenas de duas coisas de tudo o que mencionei neste livro, eu gostaria que fossem estas:

1 É impossível desfrutar inteiramente da criação dos filhos sem uma compreensão de si. Isso inclui seu relacionamento consigo e seus relacionamentos com os outros, e como se sente não apenas quanto a amor e conexão, mas também sobre poder e controle.

2 Nosso papel enquanto pais não é moldar a criança, mas abraçá-la — apoiá-la na descoberta do eu e de sua maneira única de ser, oferecendo uma base sólida à qual ela possa recorrer quando necessário, seja aos cinco meses ou aos cinquenta anos de idade.

Eu disse que embarcaríamos em uma espécie de viagem, e como todos sabemos, antes de uma viagem vêm os avisos de segurança.

Por favor, não pule as partes I e II, que são sobre você. Sei que pode ser tentador e que olhar para si tende a trazer desconforto, mas as duas partes finais não fazem sentido a menos que você tenha lido sobre você primeiro. É assim na prática também. Se você se entende melhor, tem menos dificuldade na criação de filhos.

Ao longo do livro, você encontrará muitas oportunidades de parar, refletir, fazer uma autoavaliação e conferir como está recebendo tudo. Por favor, não pule essas partes também, ainda que as ache uma perda de tempo. Quando queremos compreender melhor as coisas e efetuar mudanças, muitas vezes nos dedicamos apenas no âmbito do racional. No entanto, estamos tratando de relacionamentos-chave na sua vida, e precisamos que você mergulhe de corpo e alma. As pausas permitirão que você faça isso e que eu te acompanhe, garantindo que tudo corra da maneira mais segura possível. O cérebro possibilita a compreensão, enquanto o coração possibilita a mudança.

Apresento exemplos e percepções do meu atendimento clínico e de conversas com outros pais. Embora cada mãe ou pai e cada família seja diferente, há alguns temas que surgem com frequência. Todos os exemplos são amálgamas de questões recorrentes, e não experiências individuais.

É possível que eu diga algumas coisas que incomodem, por qualquer motivo que seja. Talvez do nada você se sinta ferida/o, seja por culpa, vergonha, tristeza ou frustração. Pode haver uma reviravolta inesperada na história. Talvez tenha a ver com você, com seus filhos, sua/seu companheira/o, sua família, a sociedade em que vivemos, as situações em que você se vê. Por favor, use todos os recursos apresentados no capítulo 3 como apoio nesses momentos. Há sentimentos que são difíceis, porém eles muitas vezes contribuem com informações úteis. Por isso, procure encará-los como uma mensagem de que há algo a ser explorado.

Ao ler sobre a criação de filhos, é importante não cair na armadilha da ilusão de que a pessoa que escreveu sabe tudo. Também estou em processo de aprendizagem, e sempre estarei. Saber o que sei não torna a execução menos desafiadora, e escrever este livro me fez refletir sobre o tanto de coisas que eu gostaria de ter feito diferente. Estou aqui, dividindo meus conhecimentos profissionais com você. Na vida real, meus filhos acham hilário eu ter escrito um livro sobre esse tema.

E um comentário sobre para quem é este livro. Se eu tivesse escrito dez anos atrás, sem dúvida seria para mães. No início da minha carreira, eu acreditava — com base em teorias elaboradas em épocas em que se presumia que as mães criavam os filhos e os pais garantiam o sustento financeiro — que as mulheres precisavam se sentir mais valorizadas no papel de mãe para ter uma experiência maternal melhor. Embora eu ainda acredite que mães — e pais — precisem sentir que seu trabalho é importantíssimo e tem valor, nos últimos vinte anos minha visão de como chegar até isso mudou. Houve um aumento fenomenal na pressão sobre as mulheres, e muitos pais e parceiros se sentem inseguros quanto a seu papel na família. São estabelecidos objetivos progressivamente mais complicados para as mães alcançarem, e elas se sentem cada vez mais ressentidas e sobrecarregadas. Ao mesmo tempo, pais, parceiros e outros cuidadores são excluídos das discussões sobre parentalidade, filhos e serviços de apoio, e acabam desempenhando um papel que esperavam contestar. Muitas mães e muitos pais estão desafiando as histórias de família tradicional nas quais foram criados só para descobrir que a sociedade os desafia em troca. Se pretendemos criar novas histórias familiares, precisamos que a família inteira esteja envolvida e seja incluída. Assim, este é um livro para mães, pais e cuidadores em geral, futuras mães, futuros pais e cuidadores, e todo mundo que conhece mães, pais e cuidadores. Precisamos de uma mudança sísmica na forma como tratamos as famílias e falamos delas, e isso precisa começar com a quem nos dirigimos e quem englobamos quando falamos sobre criação de filhos.

No mesmo sentido, ao longo deste livro, procurei incluir diferentes representações de "família", incluindo as pressões adicionais que famílias de grupos marginalizados e sub-representados sofrem. Embora eu tenha tentado ser inclusiva e intencional na linguagem que uso, sem dúvida cometi erros e omissões, e peço desculpas aos impactados. Muitos dos modelos psicológicos dos meus estudos são por si só excludentes e de escopo limitado. Abordagens críticas muito me atraem, o que fica claro neste livro, e à medida que a própria psicologia passar por um processo de descolonização e expansão, nossa compreensão também mudará. Espero que tenha paciência comigo e tolere os erros que deixarão meu eu futuro abismado.

Nestas páginas, explico conceitos psicológicos de maneira visual. Isso porque a visualização nos ajuda a gravar — e se você ler, visualizar e depois falar ou escrever a respeito, criará associações que ajudarão na lembrança futura. A visualização também leva nossos sentimentos, experiências e crenças para fora do corpo (levando consigo a culpa e a vergonha) e transforma tudo em algo que podemos observar com maior objetividade.

No entanto, às vezes a visualização pode deixar as pessoas um pouco desconfortáveis, e há uma variação enorme na vividez com que os indivíduos descrevem imagens mentalmente. Não se atenha ao que você consegue ver ou não. Se lhe parecer difícil imaginar, siga em frente apenas com uma vaga noção do que leu ou desenhe ou escreva para si. Não há uma maneira certa de fazer isso.

Por último: não se apegue demais a nada que eu tenha escrito. Nada que eu digo é verdade absoluta, e é contribuindo com nuances que você será capaz de aplicar à sua própria vida. Talvez você note algo faltando (e tem MUITO faltando!). Talvez você discorde de alguns pontos. Talvez eu me demore demais em um assunto, ou diga algo tão distante da sua experiência que chegue a soar ridículo. E tudo bem, na verdade tudo ótimo, porque somos seres humanos complexos e caóticos e temos opiniões e desejos distintos, por isso nem tudo o que eu escrevi fará sentido para todos que leem. Mas, por favor, não descarte o livro todo só porque algo que eu digo não se encaixa com você. Não leve ao pé da letra. Aproveite o que lhe é útil e esqueça o resto. Grande parte das informações sobre criação de filhos se apresenta em termos simplistas, passando a impressão de que há uma única maneira de fazer as coisas. No entanto, cada pessoa lerá este livro de uma forma diferente.

Espero que este conteúdo ajude você a encontrar um caminho só seu. Agora, vamos iniciar nossa exploração?

PARTE I

MITOS E LENDAS DA CRIAÇÃO DE FILHOS

1
Desvendando histórias

"Tudo tem uma moral, você só precisa descobrir qual é."
Lewis Carroll, *Alice no País das Maravilhas*

L embra quando você acreditava em mágica? Grande parte da infância envolve não apenas histórias, mas mundos míticos completos. Na primeira infância, realidade e fantasia muitas vezes entram em choque. E mais adiante o brincar pode envolver a criação de terras intrincadas, com personagens, narrativas e rituais.

Podemos pensar que, à medida que crescemos, nos tornamos mais racionais e razoáveis. Paramos de acreditar em mágica. A criação de fantasias cede espaço para o controle das finanças, e o sonhar acordado é substituído por ficar rolando o feed das redes sociais. No entanto, a fantasia permanece influenciando nossa vida diária. Só não percebemos isso.

Através deste livro, quero reintroduzir um pouco de mágica na sua vida. Vamos embarcar em uma viagem, explorar paisagens diferentes e conhecer pessoas novas. Vamos até voltar no tempo. E vamos começar com uma história. Porque histórias são uma parte fundamental da infância, uma parte que muitas vezes deixamos de lado na vida adulta — ainda que seja através das histórias que aprendemos a ser humanos e a habitar este mundo, em qualquer época e em qualquer lugar.

Você está confortável? Então, vamos começar.

O conto de fadas da parentalidade

Era uma vez uma criança que achava que um dia teria um filho ou uma filha. Conforme essa criança cresceu, a sementinha de uma ideia brotou, relacionada ao tipo de mãe ou pai que ela seria e o tipo de filho ou filha que teria. E, sem perceber, essa criança se agarrou a essa história. Uma história que foi alimentada por suas próprias experiências e uma mistura de livros, propagandas e conversas entreouvidas. Quando essa pessoa cresceu e teve, ela mesma, uma criança, se deu conta de que talvez tudo não se passasse de um conto de fadas, simplicado e idealizado, cujos personagens ela nem reconhecia. Talvez, com ela própria desempenhando um papel que não desejava mais.

Se você parar por um minuto para pensar sobre o tipo de mãe ou pai que gostaria de ser, ou mesmo que tipo de mãe ou pai está tentando ser, o que vem à sua mente? Para muitas pessoas, esse ideal pode ser baseado na mãe ou no pai que adorariam ter tido, mas não tiveram. É comum que o cenário traga elementos dos próprios pais ou responsáveis, misturados com outras imagens da parentalidade. Esse ideal é a mãe ou o pai idealizados que sabe instintivamente do que a criança precisa. Que coloca a criança na cama, dá um beijo na testa e ela pega no sono na mesma hora. Que nunca perde a paciência, cozinha em casa o que a criança gostaria de comer e mantém uma fruteira cheia de opções reluzentes na bancada da cozinha. Seus filhos, de alguma forma, parecem congelar no tempo quando alguma outra coisa acontece — como o trabalho, as tarefas domésticas, o banho ou um jantar romântico.

Sou capaz de visualizar minha mãe da fantasia claramente. Eu a vejo com os lábios ligeiramente franzidos e um sorriso se insinuando. Clair Huxtable, do *Cosby Show* (um programa que depois perderia seu prestígio). A sra. Huxtable era bondosa, calorosa e engraçada, porém capaz de fazer seus filhos congelarem no lugar só de erguer as sobrancelhas. A mistura certa de compaixão e firmeza. Mãe, esposa e advogada de sucesso, às vezes rígida, absolutamente inabalável. Educando cinco crianças muito diferentes para serem fortes e atenciosas. A rainha do lar. E não era branca, como eu não sou.

Eu tinha outros ideais de maternidade, muitos dos quais engolira sem me dar conta. As mulheres da minha vida, incluindo minha própria mãe, que contavam suas próprias histórias sobre família, relacionamentos, trabalho, dever e cuidado. Programas de TV dos anos 1990, nos quais as mulheres tinham filhos e seguiam com a vida "normal". Todas em relacionamentos heterossexuais, com maridos que eram apresentados como apêndices — trabalhando fora de casa, provendo financeiramente, oferecendo alívio cômico.

E as crianças? Eram fofas, não eram? E quando choravam podiam ser acalmadas, quando estavam cansadas iam dormir, quando eram mal-educadas tinham que ir para o quarto. Tudo isso misturado transmitia a ideia de quem eu seria como mãe, quem meu companheiro seria e como nossos filhos seriam. Talvez houvesse um apartamento em Manhattan envolvido, graças a *Sex and the City*.

– No seu caso, o que influenciou suas histórias sobre pais e filhos?
– Quando essas histórias começaram a parecer um pouco mal contadas?

Talvez o ideal sempre tenha lhe parecido fora de alcance, por causa de suas próprias experiências. Talvez a ideia de se tornar mãe ou pai tenha sido assustadora, porque você não conseguia imaginar como ser uma boa mãe ou um bom pai por nunca ter desempenhado tal papel. E esse medo, de encarar a distância entre o ideal e a realidade, pode ter atrasado sua decisão de ter filhos — ou levado você a não ter.

Talvez tenha sido quando você viu uma amiga grávida, ou a sua irmã. E elas falaram de exaustão e prisão de ventre — não exatamente a propaganda que você imaginava.

Ou talvez tenha sido logo depois de você encontrar pela primeira vez com seu bebê real, um pouco mais parecido com um porquinho do que o esperado, e vocês ficaram a sós, mesmo que você não tivesse a mais vaga ideia do que devia fazer.

Talvez tenha sido antes mesmo da concepção, quando engravidar se revelou muito mais difícil do que haviam levado você a acreditar que seria. Ou será que foi durante o parto, quando as coisas começaram a dar errado, e de repente você precisou abrir mão de uma vez só o que parecia ser uma centena de fantasias diferentes — ideias não apenas envolvendo bebês e pais, mas corpos, segurança, confiança. Talvez tenha sido na primeira noite em casa, quando, não importava o que você fizesse, não conseguia consolar o bebê. Ou foi depois, quando você ficou à janela, vendo sua/seu parceira/o ir trabalhar, e as fantasias que você tinha alimentado de longas caminhadas no parque e café com amigos foram estraçalhadas pelo puro terror de ser responsável por aquela pequena vida.

Com frequência, no entanto, não questionamos a história. Só concluímos que estamos errando.

O mito da parentalidade

Há algumas ideias fundamentais que sustentam nossas histórias de criação de filhos, não importa de onde elas venham. Uma delas é um modelo — que podemos pensar como um mito comum — mais ou menos assim:

Instinto —— **PAIS** ⟶ **FILHOS**
　　　　　　　|　　　　　　　|
　　　　No comando　　　Maleáveis
　　　　　　　　　　(tipo massinha de modelar)

Independentemente do seu ideal, os pais estão no comando e os filhos precisam ser moldados. Talvez a criação seja um pouco diferente, talvez a criança seja tratada de maneira distinta, mas o que o mito diz é que filhos devem e vão ouvir os pais e tendem a pensar que eles sabem o que é melhor. E se tudo correr como deve, a criação será moleza e todos viverão felizes para sempre.

Segundo esse mito, se a criação é difícil, estamos fracassando. Tem alguma coisa errada, algo que está passando despercebido. Talvez a criança seja problemática, se não está respondendo como deveria às nossas técnicas brilhantes.

Se é difícil, é porque VOCÊ errou e/ou A CRIANÇA é problemática. Recentemente, essa parte da história ganhou ainda mais força. O que não chega a surpreender. Estamos criando filhos em isolamento e recebendo cada vez mais informações de como fazer isso através de livros, blogs e redes sociais. Muitas vezes, ouvimos que nosso propósito na vida é obter sucesso — na escola, na universidade, no trabalho. Pegamos essa mesma estrutura e aplicamos à criação de filhos. Vemos isso como algo *a fazer*, e não alguém *a ser*. Em algum momento (por volta de 1958, para ser mais exata), *"parenting"* se tornou um verbo em inglês para a criação de filhos, e tínhamos que fazer isso direito. O trabalho era criar e o resultado era... os filhos. A diferença entre expectativa e realidade só aumentou. E, com isso, a ansiedade também.

Esse mito não envolve apenas você e os contos de fadas que carrega consigo. Envolve as muitas coisas que você vivenciou que o alimentaram. Desde as brincadeiras de casinha até muito mais. Pense nos contos de fadas, que costumam terminar com um casamento. Não há contos de fadas sobre princesas e príncipes com dificuldade de engravidar, ou com um bebê que não dorme, ou dois príncipes que encontram uma princesa com quem ter um filho, ou uma criança que adora falar palavrão.

Esses contos de fadas e mitos começam a ruir bem rápido, não acha?

HISTÓRIA × REALIDADE

Se alguém houvesse dito que ter filhos seria um épico tragicômico que mudaria a sua vida, você teria mesmo assim?

E se alguém tivesse dito que o bebê pediria colo o tempo todo e só dormiria por períodos mais longos se estivesse pendurado no seu corpo? (Nem todos os bebês são assim, mas não ouvimos muito sobre as diversas realidades do sono infantil.)

E se a criança não apenas desse "chilique", mas também arranhasse e mordesse, quebrasse suas coisas e gritasse a plenos pulmões?

E se ela dissesse, de maneira detalhada, que não apenas te odeia, mas que preferia que seus melhores amigos fossem os pais dela?

E se seu filho ou sua filha adolescente passasse a noite fora sem te avisar, e ao deparar com seu rosto abatido pela falta de sono e manchado pelas lágrimas, gritasse com você e saísse de novo?

E se alguém houvesse lhe dito que você nunca mais experimentaria o relaxamento completo, que sempre manteria um olho no gato e outro no peixe, em estado de alerta?

Talvez sua história seja diferente. Talvez independentemente de quão difícil as coisas tenham ficado, você nunca tenha questionado sua decisão de ter filhos. No entanto, todos os pais, em algum ponto, se sentem pegos de surpresa pelos desafios da criação de filhos. Muitos pais se sentem traídos pela realidade de sua vida familiar, e alguns se arrependem de ter tido filhos. Mas não costumamos falar sobre essas realidades.

Como você se sente refletindo a respeito? Pode ser difícil reconhecer sentimentos de ambivalência, raiva, ressentimento ou mesmo ódio pelos filhos. Em parte devido a um desses mitos — o de que pais amam seus filhos o tempo todo, não importa o que aconteça. Só que quando não olhamos para nossos sentimentos mais desconfortáveis relativos à parentalidade, eles nos afetam de outras maneiras. Nós os despejamos com força total sobre alguém no mercado, ou nos entorpecemos com uma taça de bebida. É difícil falar a respeito. Descobrir que ter filhos é difícil e não gostar de certos aspectos da vida parental ou mesmo de nossos filhos ainda é um tabu.

Assim, apesar das brincadeiras sobre as crianças serem "terríveis" ou da leitura de livros como *Vai dormir, p*rra!*, ainda sorrimos e dizemos que está tudo bem — quando, na verdade, às cinco da manhã pensamos por um momento que gostaríamos de poder entregá-los para alguém só para conseguir passar algum tempo sossegados na cama, sem ninguém nos tocando.

A MAGNITUDE DA PARENTALIDADE

Com frequência, quando abordamos a criação de filhos, não falamos sobre sua magnitude, a menos que nos digam em manchetes sensacionalistas que a maneira como os criamos pode moldar o cérebro das crianças de maneira irreversível, ou como a criação deficiente é a causa dos males modernos. Falamos sobre o que está em risco, com a implicação de que TUDO recai sobre nossos ombros (em geral, nos ombros da mãe). De alguma maneira, no entanto, não falamos de verdade sobre como nos vira do avesso e nos deixa expostos e despedaçados — tudo isso enquanto temos que cuidar tão bem quanto possível de um ser humano bastante vulnerável. Muitas vezes, no período mais financeiramente instável de nossa vida, longe da família (se queremos estar perto dela é outra questão) e lidando com as maiores mudanças físicas, psicológicas e sociais que precisamos enfrentar desde a adolescência.

É gigantesco, não é? E mesmo quando falamos do impacto, tendemos a não ser diretos ou a pegar leve. É raro que alguém diga: "Se tornar mãe ou pai é transformador, em todos os sentidos. Faz você se questionar sobre quem é, por que está aqui e qual é o sentido da vida". Em vez disso, falamos sobre os processos envolvidos. A privação de sono, a experiência do parto, os desafios em termos de comportamento. Fatos básicos, em vez do todo. E falamos de soluções que encontramos para lidar com os fatos básicos no curto prazo: "tomar um vinhozinho", "dar uma saída" e "me trancar no banheiro pra chorar" (bom, na verdade sobre este último nem falamos com tanta frequência).

Talvez porque se trate de um assunto gigantesco demais, que envolve coisas demais para compreender inteiramente. Porém, se não soubermos com o que estamos lidando, como poderemos encontrar soluções úteis?

E se pensarmos na criação de filhos como algo mais parecido com o modelo a seguir?

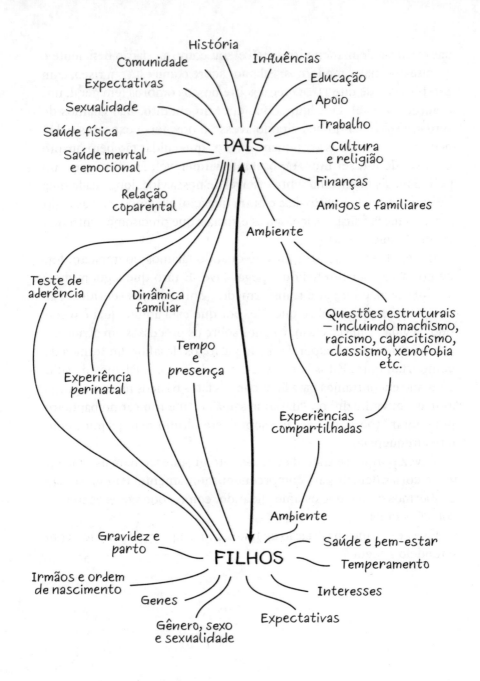

Um pouco mais caótico, não? Não há um começo, um meio e um fim claros, e envolve muito mais reviravoltas e vários suspenses. Quer acrescentar alguma coisa?

Ao longo das próximas páginas, vamos explorar essas histórias juntos. Vamos conhecer todos os personagens de maneira aprofundada — aqueles nos bastidores, e não os apresentados ao público —, e depois descobrir qual história real queremos.

Mas é claro que haverá um pouco de mágica e alegria também.

Quando abrimos mão das fantasias, no entanto, descobrimos que não carregamos mais o peso de nossas expectativas e a pressão que essas histórias colocam sobre nós, mesmo sem perceber. No entanto, pode ser um pouco assustador deixar os ideais para trás. Diante do meu convite para abrir mão, você pode até perceber que está se agarrando a eles com um pouco mais de força.

A DISTÂNCIA DA REALIDADE

Por que, com tanta frequência, pintamos a parentalidade como uma bênção, quando na verdade ela pode ser, ao mesmo tempo, tanto uma bênção quanto um horror? Muito embora a história seja de que ter filhos realiza a pessoa, a verdade é que crianças não nos tornam felizes. O lado positivo de se ter filhos costuma ser contrabalanceado por pressões financeiras, temporais, psicológicas e sociais.

Um motivo que explica essa disparidade é outra das histórias que ouvimos desde a infância. A de como ter filhos é uma parte inevitável de se tornar adulto; e não apenas isso, mas a *melhor* parte de se tornar adulto. Assim, qualquer coisa que se desvie disso pode parecer inesperada. E, como passamos a vida toda acreditando nessas histórias, concluímos que quaisquer desvios são culpa nossa e do que estamos fazendo, em vez de desconfiar que a história talvez não seja verdadeira. E o caminho pode parecer tão bem trilhado que não paramos para nos perguntar se ele se aplica à nossa experiência. No entanto, costuma ser um caminho de ideais, e não de fatos.

Pense a respeito. E se a história não for verdadeira desde o princípio? E se não passar de uma fábula?

Explorando as histórias

Na próxima parte, falaremos da sua própria história, mas vamos começar a destrinchar algumas das histórias que provavelmente desempenharam um papel em sua escolha (ativamente ou não) de ter um filho. Já identificamos algumas histórias comuns, mas e quanto àquelas que são únicas a você? Somos afetados tanto pelo ambiente quanto por nossas experiências individuais.

O Reino Unido, onde moro, é uma sociedade pró-natalista. Em geral, espera-se que as pessoas tenham filhos e existem políticas públicas para apoiar isso. Em um país como a Grécia, que oferece 2 mil euros de prêmio quando um bebê nasce, as pessoas podem sentir uma expectativa ainda maior para ter um filho. Embora não tenhamos a tendência de pensar na sociedade como parte do planejamento familiar, ela pode impactar a receptividade da comunidade a bebês e, mesmo sem que percebamos, influenciar nossas decisões.

Isso se torna ainda mais aparente quando falamos de pessoas que não atendem às expectativas. Quem não tem filhos por escolha própria muitas vezes passa a ser tratado com pena ou criticado (apesar de muitas vezes ter pensado mais antes de se decidir do que pessoas com filhos). Assim, estando conscientes ou não, vivemos em uma sociedade que espera que procriemos, e a maior parte de nós faz como o esperado. Muitas pessoas não se perguntam se ser mãe ou pai é algo que desejam de fato. E perpetuamos essa história afirmando coisas que atendem às expectativas dos outros. Que mal podemos esperar para ser mãe ou pai, ou que estamos nervosos, mas animados. O desconforto e as transformações físicas, os problemas de fertilidade, o medo das mudanças na vida e o ressentimento causado pela criança raras vezes são assuntos de conversas. Assim, essa história — de que ter filhos é uma parte desejada e inevitável da vida adulta — permanece incontestada.

Nossas histórias também são heteronormativas. Definitivamente, não contam com um príncipe ou com uma princesa que não se identifique como homem ou mulher, ou cuja jornada rumo à parentalidade inclua reprodução assistida ou preservação da fertilidade (congelamento de óvulos, por exemplo), ou que precisou de uma ordem judicial para o reconhecimento legal de que era mãe ou pai da criança.

Carregamos histórias e ideias sobre monogamia — muitas vezes através de crenças religiosas que entraram para as normas sociais. Que um filho nasce de um pai e uma mãe que vão ficar juntos, portanto a criação solo (por escolha ou após uma separação) ou em famílias recompostas talvez não seja representada em discussões sobre parentalidade.

Nossas histórias também envolvem suposições importantíssimas no que concerne a fertilidade. Em geral, somos levados a acreditar que só de pensar em sexo já fazemos um bebê; grande parte da educação sexual reside na prevenção da gravidez, e não em informações sobre o processo da gravidez, a fisiologia do parto e o desenvolvimento da criança. Não há espaço nessas histórias para o que acontece com seu corpo se ele não age como esperado, ou se sua fantasia é destruída pelo sofrimento ou pela perda.

E quanto a dinheiro? Com frequência as únicas histórias que ouvimos sobre criar filhos na pobreza se concentram em "não faça isso", no entanto, três em cada dez crianças no Reino Unido são criadas nessa realidade, enquanto uma em cada seis crianças no mundo vive na pobreza extrema, e esse número só cresce. No entanto, tanto na mídia quanto na política, pais de baixa renda são muitas vezes demonizados e culpados pelos males da sociedade.

O contexto político e econômico também tem seu impacto. É provável que você esteja criando uma criança em uma economia mista, como a do Reino Unido e a dos Estados Unidos, locais onde grande parte dos meios de produção é de propriedade privada e tem fins lucrativos, mas que conta com alguns serviços públicos administrados pelo governo. Isso pode ter influência direta sobre as famílias. E não apenas porque a sociedade nos cria para ser economicamente produtivos, a escola nos prepara para nos juntarmos à força de trabalho e somos incentivados a manter a economia girando através do consumismo. Também porque a maioria das famílias agora depende da renda de dois adultos (e as famílias com um único adulto têm maiores chances de viver na pobreza). E com o aumento do custo de vida, aumenta também a pressão para trabalhar, iniciando um efeito dominó relacionado a como criamos nossos filhos. O custo mínimo para criar um filho até dezoito anos no Reino Unido foi estimado, em 2021, em 76 167 libras para um casal e 103 100 libras para uma mãe ou um pai solo (a diferença se deve aos pontos em que um casal é capaz de economizar, por exemplo dividindo as contas da casa e circulando no mesmo carro). Caso se some o pagamento de uma creche e os custos de manutenção da casa, esse valor sobe para 160 692 libras para um casal e 193 801 libras para uma mãe ou um pai solo. É o valor mais alto desde o início dos registros, em 2012. No Reino Unido, creches integrais para crianças de até três anos de idade costumam ser empreendimentos particulares, e nosso sistema de assistência à infância é o mais caro do mundo, com a mensalidade de uma creche de meio período custando mais que um aluguel ou uma hipoteca.

Isso significa que, embora muitos pais e mães (em geral, mães) abram mão de trabalhar fora, a maioria tira uma licença, sofrendo perdas financeiras e deixando de avançar na carreira, o que leva a disparidades salariais consideráveis. Para os muitos pais e mães que trabalham em tempo integral, isso também tem um impacto óbvio em seu papel na família. Até muito recentemente, pais britânicos tinham uma das jornadas de trabalho mais longas da Europa e com frequência sentiam que não tinham acesso a políticas flexíveis (muitas vezes devido à suposição dos empregadores de que eles eram os principais provedores da família). No momento, muito embora para a maioria das famílias isso seja financeiramente difícil, nossa política econômica incentiva a mãe ou o pai (em geral, a mãe) a ficar em casa ou a trabalhar menos horas ao longo dos primeiros três anos de vida da criança. Nos Estados Unidos, onde há verdadeiros desertos quando se trata da assistência à infância, há três ou mais crianças na primeira infância para cada vaga regularizada em creches, de modo que muitas pessoas são levadas a contratar cuidadores ou estabelecimentos irregulares ou deixar de trabalhar. Tudo isso inevitavelmente influencia nossa decisão de ter um ou mais filhos.

Uma estatística devastadora de uma pesquisa de 2022 do Pregnant Then Screwed apontou que 60,5% das 1630 mulheres que haviam feito um aborto nos cinco anos anteriores afirmavam que o custo de uma creche influenciara sua decisão, e 17,4% afirmavam que o custo de uma creche fora o principal motivo pelo qual haviam decidido fazer um aborto.

Em outras pesquisas, 10% dos britânicos e 17% dos estaduidenses que afirmavam não ter filhos nem planejavam tê-los apontaram o custo como uma das razões para tal. Comparando com a Suécia, a licença-parentalidade é bem remunerada e as creches são baratas e de boa qualidade, justamente para garantir que pais e mães possam aliar trabalho e estudos à vida familiar.

Isso o conto de fadas não narra, não é? Ter que montar uma planilha para decidir quanto a ter filhos ou não.

Nossas histórias também são influenciadas pela cultura. Muitas das imagens que vemos da parentalidade envolvem carrinho e berço, em vez de *sling* e cama compartilhada. Compramos brinquedos e cueiros aos novos pais, em vez de nos oferecer para limpar a casa e cuidar dos filhos mais velhos. E a criação dos filhos tende a ser realizada em isolamento, e não com a ajuda da família mais ampla ou da comunidade. Embora estilos de criação enfatizando a proximidade física venham se tornando cada vez mais populares no Ocidente, a história predominante no Reino Unido ainda é de independência, e não de interdependência. As crianças são incentivadas a se separar dos pais ainda novas — às vezes por escolha, às vezes pela necessidade de retornar rapidamente ao trabalho. A proximidade física inicial logo cede espaço a rotinas, um quarto separado e um objeto de apego. Mas talvez sua história tenha sido diferente. Com frequência, é na criação dos filhos que as diferenças culturais aparecem com maior clareza, já que envolvem valores e ideias fortemente enraizados em cada família. Ou talvez sua experiência leve você a questionar a facilidade com que se espera que essa separação ocorra.

Tenho certeza de que sua história de criação é centrada em uma mulher. Que tem a mãe como primordial e o pai ou o companheiro como ajudante. A menos que você seja da tribo aka da África Central, na qual os papéis de mãe e pai são intercambiáveis, ou que more na Finlândia, onde mães e pais têm direito a um ano de licença-parental (e são incentivados a tirá-la). Essa licença pode ser tirada integralmente por uma única pessoa ou dividida entre o casal. É bastante diferente do Reino Unido, cuja política de licença partilhada "desigual e falha" exclui muitos pais e é aproveitada por apenas 3,6% dos elegíveis.

E, principalmente em se tratando das tarefas relacionadas à criação dos filhos, carregamos todo tipo de histórias ao mesmo tempo patriarcais e matriarcais, com uma boa dose de heteronormatividade, capitalismo e individualismo. Acreditamos em histórias darwinianas de instinto maternal — criadas na Inglaterra vitoriana para apoiar o domínio masculino — e ignoramos os diversos exemplos em sociedades humanas e animais nos quais as fêmeas são o sexo dominante ou mulheres e homens criam os filhos juntos, em grupos. A história que prevalece é a de que as mulheres ficam para alimentar e criar as crianças, enquanto os homens saem para caçar e proteger.

Com o tempo, isso se expandiu, e agora as mulheres tentam criar filhos física e mentalmente saudáveis, que se sintam amados e seguros, emocionalmente conectados e com desempenho acadêmico elevado. Tudo isso sem abrir mão do sucesso no trabalho, de parecer atraente, de uma casa que poderia sair em uma revista de decoração e de ser confiante, porém nunca confiante demais. E os homens recebem mensagens conflitantes de que deveriam ser provedores capazes de lidar com todos os obstáculos do mundo e, ao mesmo tempo, ser sensíveis, conectados com seus sentimentos e os sentimentos dos outros e, de alguma forma, presentes na vida dos filhos e cada vez mais bem-sucedidos. Assim, ou eles acabam repetindo padrões que parecem mais tradicionais (e se perguntando por que sua companheira sempre fala com os dentes cerrados), ou se esforçam ao máximo para dividir as responsabilidades da criação dos filhos e ser um pai ativo, sem um bom modelo a seguir ou sistemas que apoiem isso. Esse conflito é menos presente em casais que operam fora da lógica heteronormativa, que são obrigados a escrever novas histórias de vida familiar.

Ah, e a gravidez, o parto e a criação dos filhos também devem ser uma história de amor e alegria, claro! Sem ambiguidade, com afeto e devoção ilimitados desde a primeira vez que se sente um leve chute, ampliando-se com o nascimento e seguindo assim até o infinito, mesmo quando você acorda às duas da manhã com alguém abrindo suas pálpebras com um boneco de plástico. Não há espaço para exaustão, medo, irritação, depressão, confusão ou qualquer coisa do tipo. Isso apesar da alta prevalência de sentimentos difíceis no puerpério — como a experiência comum de pensamentos intrusivos, indesejados e perturbadores envolvendo causar mal a seu próprio bebê; ou os 50% de novas mães que experimentam hipervigilância nas semanas seguintes ao parto (chegando a 75% em novas mães com transtorno do estresse pós-traumático, TEPT, relacionado ao parto), ou os cerca de 10% de novos pais que sofrem de depressão pós-parto. Se a experiência mais comum da parentalidade recente envolve emoções conflitantes, por que a história da bênção prevalece?

Há uma última história que eu gostaria de abordar: a ideia de que se tornar mãe ou pai será nossa redenção. É fácil ver de onde essa fábula vem. Em geral, as imagens que vemos de mães, pais e famílias mostram pessoas felizes fazendo coisas sensatas. Assim, podemos presumir, em algum lugar, de alguma maneira, que seremos essas pessoas felizes e sensatas quando nos tornamos mães ou pais. Talvez tenha havido outros momentos em sua vida em que você passou por isso. A esperança de que algo vai mudar porque você fez algo — passou em uma prova, conseguiu um emprego, se casou com alguém, se mudou de casa. No entanto, quando você acorda no dia seguinte, continua sendo a mesma pessoa. Levamos tudo de nós para a criação dos filhos. Ainda somos a mesma pessoa de sempre, e eles não nos trarão redenção. Na verdade, muitas vezes, os filhos nos levam a encarar nossas partes mais sombrias.

Eu poderia continuar, mas acredito que já tenha ficado claro.

Podemos concordar que a história se tornou bastante complicada? Que a história de como *você* se tornou mãe ou pai é incrivelmente complexa e cheia de camadas, influenciada por sua origem, sua cultura, sua religião, sua situação financeira, seus relacionamentos, sua comunidade, seu trabalho, sua sexualidade, seu gênero, sua raça, sua fertilidade, sua experiência com a gravidez e o parto, e muito mais?

Podemos concordar também que não examinar essas histórias e suas influências sobre nós pode levar a confusão, desconforto e até mesmo danos? Que se agarrar a histórias simplificadas que ouvimos com frequência pode fazer com que nos sintamos diferentes, isolados ou simplesmente errados?

O que acha? Vamos deixar essas histórias para trás?

Estamos apenas no capítulo 1 e descartamos toda a história da criação dos filhos. Mas não se preocupe, vamos começar a substituí-la em breve.

SUA HISTÓRIA

Talvez você prefira fazer uma pausa agora para refletir sobre as ideias que abordamos até aqui. Talvez queira escrever um pouco em um diário, ou no celular, ou usar as perguntas seguintes para iniciar uma discussão com seu companheiro ou sua companheira, a pessoa com quem cria seus filhos, um amigo ou amiga, ou alguém da sua família.

- De onde vêm suas ideias sobre a criação de filhos?
- Quando você decidiu se tornar mãe ou pai?
- Foi uma decisão ativa ou mais para passiva?
- Que influência é mais predominante na sua parentalidade? A individual — tanto do corpo quanto da mente —, a familiar, a da comunidade ou a da sociedade?
- Como essas influências afetaram sua decisão e seus sentimentos em relação a se tornar mãe ou pai?

Você também pode ir um pouco além. Agora que começou a pensar a respeito, tem alguma dúvida em relação a por quê?

- Por que você internalizou algumas dessas histórias, muitas vezes sem questionar?
- Você enfrentou obstáculos criados por essas histórias por causa de sua situação pessoal, suas escolhas ou seus sentimentos?
- Aspectos dessa história continuam valendo para você?

Há algo mais que talvez você queira descobrir agora que está se fazendo essas perguntas? Por exemplo:

- Quer descobrir se a ideia que você acredita vir de seu histórico religioso ou cultural se sustenta? (Seu histórico cultural se refere aos costumes e comportamentos do grupo no qual você cresceu, independentemente de onde foi ou do quanto se assemelha ou se distancia do histórico das pessoas à sua volta.)
- A ideia sobre o papel que você desempenha em sua família ainda funciona para você?

- Há outras narrativas que você gostaria de explorar, além dos capítulos perdidos sobre o que acontece depois do casamento?
- Você tem perguntas ou comentários a fazer relacionados ao que está lendo? Anote tudo.

E vamos ampliar um pouco e incluir outras pessoas:

- A quem você poderia fazer essas perguntas?
- Onde você poderia explorar um pouco mais alguma dessas ideias?
- Gostaria que alguém acompanhasse você nessa jornada, alguém que contribua com algumas respostas? Talvez irmãos com quem possa falar sobre lembranças de infância, pais ou cuidadores que possam esclarecer sua herança, amigos que possam se lembrar de valores anteriores?

Muita coisa para processar de uma vez? Você pode seguir caminhos variados e às vezes tudo pode parecer um pouco intenso. Eu poderia passar o resto da minha vida tentando compreender as nuances da minha herança racial e cultural, como isso me influenciou e como influencia minha maternidade. Você também poderia. Algumas pessoas devotam toda a carreira para compreender apenas uma dessas áreas.

Assim, se você estiver se sentindo um pouco sobrecarregada/o pela história da parentalidade que se abre à sua frente, faça um intervalo e deixe que as coisas se assentem. Logo começaremos a escrever uma nova história. Desvendar é a parte mais difícil. No entanto, à medida que afastamos algumas das histórias antigas, talvez você note que um pouco espaço se abre para novas ideias. Pode ser um pouco desconfortável, isso já é esperado. Não gostamos de mudanças, e com frequência lutamos duramente contra elas. Gostamos que o mundo pareça simples, por isso desmantelar alguns dos fundamentos sobre os quais você se ergueu pode fazer com que se sinta um pouco hesitante. Talvez você tenha o impulso de abandonar este livro e nunca mais olhá-lo. Mas incentivo você a permanecer aqui.

Conforme nos despedimos de alguns desses mitos e contos de fadas, respire fundo e devagar pelo nariz e suspire alto e de boca aberta.

Contraia bem o rosto e depois relaxe. Movimente o maxilar. Apoie os pés no piso frio e feche os olhos por um momento. Afaste-se por um instante e retorne quando sentir que é hora. Não vou a lugar algum.

2
O que é uma mãe?
O que é um pai?

"Não é tanto o que você faz, mas o que você pretende."
E. Nesbit, *Os meninos e o trem de ferro*

Olá. Como você está?
 Se precisasse se descrever como protagonista ou coadjuvante desta nova história, por onde começaria? O que significa, para você, ser mãe ou pai?
Talvez você tenha se adequado a um dos muitos "tipos" de mães e pais criados pela mídia e se tornado uma mãe ou um pai gentil, uma mãe ou um pai que não trabalha fora, uma mãe ou um pai guiada/o pela ética. Talvez você tenha seguido certa abordagem para criar seus filhos, ou determinado especialista, e seja uma mãe ou um pai Montessori, uma mãe ou um pai da criação com apego, uma mãe ou um pai ao estilo Gina Ford. Com frequência, nos primeiros anos como mãe ou pai, procuramos um grupo no qual nos encaixar porque nos perdemos em meio a tantas novidades. Essa ideia de que precisamos escolher uma estratégia se embrenhou de tal maneira em nosso modo de pensar que a National Childbirth Trust (a maior entidade beneficente do Reino Unido relacionada à parentalidade) chegou a publicar um artigo para ajudar as pessoas nesse processo.
 Ou talvez você pense em suas qualidades e características. Calma/o, bondosa/o, gentil, gritona/ão, divertida/o, crítica/o, criativa/o,

amorosa/o, entediada/o, caótica/o — aposto que você começou por um dos adjetivos negativos.

E o que mais?

Quem é você? Além das influências que discutimos no capítulo anterior, quem é a pessoa complexa e multifacetada com este livro em mãos?

Por exemplo: você realiza um trabalho remunerado? Como é? O que você faz? Como faz? Por que escolheu esse trabalho, se é que o escolheu? Como seu trabalho impacta sua parentalidade? Ou talvez você não tenha um emprego no momento e seu principal trabalho seja criar os filhos. Como se sente nesse papel? Como fez essa escolha, se foi uma escolha? O que você fazia antes de ter filhos? O que isso trouxe como ensinamento?

Ou ainda: de que tipo de música você gosta? O que isso diz a seu respeito? Como a música influencia sua parentalidade, se é que influencia?

Talvez você goste muito de andar de bicicleta e tenha achado difícil descobrir como ser, ao mesmo tempo, um/a ciclista e um pai ou uma mãe. Talvez você tenha precisado abrir mão disso, ou talvez tenha descoberto uma maneira de pedalar um pouco sem que isso afetasse demais a vida familiar, ou talvez você viva discutindo com sua/seu parceira/o por causa disso.

As coisas do dia a dia, mesmo que pareçam pequenas, constituem uma parte muito importante de quem somos e influenciam as inúmeras pequenas decisões que tomamos enquanto mães e pais.

- O que aconteceu com a pessoa que você era antes de se tornar mãe ou pai?
- Quem é seu "velho eu", a quem você talvez considere retornar às vezes, sem saber muito bem como?
- Você sente falta do seu "velho eu"? Do que aquela pessoa gostava? O que ela valorizava?
- O que restou do eu sem filhos para quem você é hoje?

É disso que mais gosto no meu trabalho. Às vezes, pensamos em nós mesmos como objetos sólidos. Tipo, aqui estou eu. Estou. Eu.

Emma. Essa sou eu. É assim que me apresento ao mundo. No entanto, indo só um pouco mais fundo, você se dá conta de que é uma sucessão de camadas. Inclusive na maneira como nos apresentamos ao mundo. Para algumas pessoas, sou Emma; para outras, mamãe (ou, na verdade, *manhê!*); para outras, sou a dra. Svanberg; e para algumas poucas sou Spamburger, Emski e Spanners (nem pergunte). Quem eu sou quando estou sozinha em casa é diferente de quem sou com meus amigos de escola ou com meus filhos ou com meu companheiro ou com minha família de origem ou com meus colegas de trabalho. Quando as pessoas me procuram para fazer terapia, às vezes têm um problema específico, mas com o tempo acabamos falando sobre a época da escola, seu posicionamento político, seus pesadelos. Porque não somos simples. E não deveríamos ser tratados como tal.

Na verdade, não somos nem um pouco como objetos sólidos. Com frequência, usamos máscaras e figurinos. Talvez existam versões que o resto do mundo vê, porém, quando fechamos a porta, um personagem diferente aparece, e quando nos deitamos na cama, à noite, talvez tenha outra versão de nós mesmos. Às vezes nos perguntamos quem está por trás dessas máscaras e desejamos que alguém nos ajude a tirá-las.

Por trás da máscara

Pode ser difícil imaginar que estamos desempenhando um papel, mas a verdade é que todos fazemos isso. E é conhecendo o que há por trás das máscaras que começamos a compreender como chegamos à parentalidade.

Enquanto lê isso, o que você traz de si? Como seu corpo se sente agora? Quais experiências de outras informações relacionadas à parentalidade você carrega na leitura deste livro? Quais preocupações quanto ao que lerá?

No que mais está pensando agora? Você está totalmente presente ou também pensa no que come enquanto lê, no prazo que precisa cumprir, na tarefa que terá que executar depois, ou em quando seus filhos vão precisar de você? Talvez você esteja com dificuldade de se concentrar por causa de uma necessidade de que as coisas mudem agora mesmo.

E por trás disso? Qual é a sensação de falar sobre como você está se sentindo? O que acontece com você e com seu corpo quando começa a prestar atenção nisso? É algo que você se acostumou a fazer ou que causa desconforto?

O que você carrega consigo sobre o tema da criação de filhos? O que vem à sua mente quando começo a fazer perguntas relacionadas a isso? Que culpa você traz para as páginas deste livro — erros que cometeu, palavras que gritou?

Tire um momento para si.

Como você se sente agora?

Não quero descarregar um caminhão de informações sem incentivar você a pensar em como elas serviriam no seu caso. Porque qualquer pessoa pode seguir conselhos para criar os filhos quando não tem nada para fazer além disso. É fácil manter a conexão quando tudo o que você precisa fazer é se conectar com uma criança — sem trabalhar fora, concluir as tarefas domésticas, tomar banho, dormir, cuidar dos irmãos, retornar uma ligação ou dar um jeito de pagar a conta de gás. E se eu não falar sobre quão difícil ter filhos pode ser, corro o risco de criar mais uma daquelas histórias, e escrever outro livro sobre parentalidade que faz você sentir que não sabe o truque para tornar tudo mais fácil.

Porque a questão é esta: não é fácil. O que não significa que você esteja fazendo errado. Talvez a história de que mais precisamos abrir mão é a ideia de que ter filhos deveria ser fácil. Relacionamentos são difíceis, e o relacionamento com nossos filhos muitas vezes é o mais desafiador de todos, considerando como é importante para nós.

Você pode sentir certa exposição depois que a máscara cair, mas garanto que não tenho nenhuma intenção de deixar ninguém desprotegido. Às vezes, nos agarramos a algumas dessas ideias porque elas nos servem de armadura. Se nos agarrarmos a uma história como "uma boa mãe ou um bom pai sempre dá um beijo de boa noite nos filhos antes de irem para a cama", podemos sentir orgulho de nós até nos piores dias, porque estivemos à altura dessa história. Podemos ignorar as partes que não fariam com que nos sentíssemos uma boa mãe ou um bom pai. E, muitas vezes, uma das histórias que sustentamos é que "uma boa mãe ou um bom pai é capaz de lidar com tudo sem ajuda". Então talvez você sinta certa preocupação diante da perspectiva de olhar para tudo isso mais de perto, porque e se for doloroso ou difícil? E se de repente você sentir que não dá conta? Se encontrar algo que não estava esperando? Às vezes sentimos muito medo de nos abrir a essas ideias, examinar essas histórias, porque passamos bastante tempo dependendo delas.

Então só quero mais uma vez assegurar para você que vamos avançar devagar. Vamos sempre conferir como estamos, e tudo bem você controlar o próprio ritmo. Mesmo que descubra coisas a seu respeito que não esperava, sempre haverá uma parte sua que sempre soube estar lá, e ficará aliviada por você finalmente estar olhando para ela.

    Vamos verificar como isso impactou você.
- Há uma parte de você que ficou animada, satisfeita em ser notada?
- Dar-se conta de que algo que você nem imaginava teve influência sobre você te faz pensar diferente? Talvez sinta motivação para descobrir mais, talvez sinta cautela em relação ao que ainda pode ser descoberto.

Como acontecerá ao fim de cada parte, farei agora três perguntas a você. Sugiro que reserve um tempo para refletir, escrever a respeito ou conversar com alguém em quem confia.

1. Como você está se sentindo? (Como está sua frequência cardíaca, seu nível de energia, como seu corpo se sente? E quanto a suas emoções? Você sente ansiedade, tristeza, empolgação, curiosidade ou outra coisa?)
2. O que a leitura da parte I despertou em você? (Em termos de informações, ideias, lembranças, sentimentos?)
3. Cite uma única coisa que gostaria de levar consigo desses capítulos.

Antes de nos despedir desta seção, inspire fundo e solte o ar devagar por entre os lábios franzidos, como se você usasse um canudinho. Faça isso cinco vezes, cada vez mais devagar, se possível.

PARTE II
MAPEANDO SUA HISTÓRIA

3
Seu mapa parental

"Nem todos os que vagam estão perdidos."
J.R.R. Tolkien, *A Sociedade do Anel*

Precisamos conhecer alguns dos mitos e lendas que você levou para a criação dos filhos. Nas histórias, assim como nas brincadeiras infantis, lendas muitas vezes envolvem mundos fantasiosos inteiros. E, com frequência, há um momento logo no início no qual o herói ou a heroína encontra um mapa que conduzirá a algo especial. Um tesouro, uma princesa adormecida, um reino desconhecido.

Já estabelecemos que nosso herói ou nossa heroína tem falhas, nosso mapa é composto de conceitos psicológicos e será alterado muitas vezes ao longo da jornada, e nosso tesouro é uma melhor compreensão de nós mesmos e de nossos filhos. Agora vamos começar a interpretar o mapa parental que você recebeu e a pensar como você pode redesenhá-lo.

Desenrolaremos o pergaminho e planejaremos a aventura em que embarcaremos juntos, primeiro olhando para algumas áreas do mapa que datam da primeira infância.

Antes disso, no entanto, precisamos abordar a porta que você talvez tenha acabado de bater na minha cara.

Não sei como seria no seu caso. Talvez você se distraia, ou sinta certa inquietação, confusão ou irritação. Talvez pule os próximos capítulos, impaciente para chegar ao ponto. Por mais que queiramos nos compreender, isso também pode parecer bastante assustador. Mantemos portas fechadas porque estamos funcionando bem o bastante sem olhar o que tem por trás delas. É por isso que algumas pessoas não fazem terapia mesmo quando o processo poderia ser transformador (por isso e porque muitas vezes é bastante difícil encontrar alguém bom, que agrade o paciente e que dê para pagar). É por isso que conversamos sobre *The Real Housewives* ou futebol, e não sobre as coisas que nos mantêm acordados à noite. Não habitamos uma cultura em que realmente olhamos um para o outro e nos permitimos ser vistos. Colocamos máscaras no caminho para impedir que as pessoas (incluindo nós mesmos) de fato nos vejam.

Então vamos abordar alguns medos que podem já ter surgido de sua parte. Talvez não pareça medo, e sim distração ou irritação, mas se você respirar por um momento e permitir que os pensamentos venham, com o que se depara?

Talvez com algo como...

- Vou descobrir que minha infância não foi tão boa quanto eu pensava?
- Isso vai impactar meu relacionamento com meus pais/cuidadores?
- E se isso confirmar que sou uma péssima mãe ou um péssimo pai?
- E se eu ler isso e tiver que me esforçar mais, sendo que não disponho dos recursos necessários?
- E se eu permitir que as emoções tomem conta e não for mais capaz de lidar com as coisas?
- Isso me deixa desconfortável, e eu só quero ser feliz.

Talvez você encontre algo um pouco diferente. Talvez leia isso e sinta que não tem nada a ver com você. Qualquer sentimento é bem-vindo. Talvez, depois, isso faça sentido para você de outra maneira. Então fique mais um pouco comigo.

Vamos chegar a alguns desses medos logo mais, mas antes quero lembrar você por que estamos fazendo isso, para seguirmos adiante com uma sensação de propósito.

Por que estamos aqui? Porque ao se conhecer — removendo algumas camadas e encarando alguns medos — você será capaz de se conectar consigo. E quando você se conectar consigo vai ficar muito mais fácil se conectar com seus filhos. E quando você se conectar com seus filhos, a criação deles parecerá muito mais simples. E quando eles crescerem, tiverem filhos e lerem este parágrafo, não vai nem fazer sentido, porque já se sentem conectados consigo e com os outros. Esse é o objetivo aqui.

Vamos refletir um pouco mais a respeito. De muitas maneiras, o que vamos criar juntos é uma história de amor. Muito embora a criação dos filhos seja uma história cheia de reviravoltas, em seu cerne (embora muitas vezes esqueçamos) é a maior história de amor da nossa vida. Não é um romance hollywoodiano, e de fora ninguém consegue ver por inteiro, porém é uma história de amor muito diferente daquelas com que fomos criados. Então vamos entender por que estamos fazendo isso — provavelmente por nossos filhos.

Você pode fazer anotações neste livro ou (se já não fez) em um caderno, para poder dar uma olhada depois. Ter uma intenção, uma razão, ajudará a seguir em frente caso a leitura se torne desconfortável em algum momento e você queira abandoná-la.

- Por que você está lendo este livro?
- O que espera com isso?
- Para quem está lendo este livro?
- Por que isso parece importante agora?

Talvez você queira se fazer essas perguntas mais algumas vezes (é o que chamamos de técnica da seta descendente, que pode ser muito útil para chegar ao cerne de nossas crenças e ideias). Por exemplo:

- Por que você espera isso?
- Qual é o motivo?
- O que isso sugere?
- Por quê?

Faça-se essas perguntas até chegar a algo que lhe soe verdadeiro.

Talvez seja "porque quero desfrutar do tempo que tenho com meus filhos", ou "porque mereço me conhecer melhor", ou "quero a beleza de ver e ser vista", ou "não quero viver com arrependimento", ou "estou determinado a romper os ciclos da minha família", ou apenas "quero mais amor na minha casa". Talvez seja algo completamente diferente de tudo isso — o que quer que você escreva será o certo para você.

Olhando para o seu mapa

Talvez você sinta que já tem um mapa parental e fica feliz em segui-lo; talvez só queira saber se há alguns marcos importantes que deixou passar ou caminhos que não explorou. Talvez esteja esperando uma mudança radical de direção, ou refazer seções inteiras do mapa, por causa de descobertas recentes. Ou talvez você queira rasgar o mapa que recebeu, queimar os pedacinhos e recomeçar do zero. Quer você se encontre em terreno familiar ou em territórios não explorados, seremos aventureiros por algum tempo.

Para nos certificar de que faremos isso em segurança, eu gostaria que levássemos duas coisas conosco: seu guia e seu lugar de descanso.

SEU GUIA

Quando estamos explorando, contar com um guia pode ser bastante útil. Alguém que não tenha medo de se perder, que possa ajudar você a retornar ao caminho ou a se levantar, em caso de queda.

É claro que eu mesma serei uma espécie de guia. Conduzirei você na exploração de seu mapa e na criação de um novo. Serei sua parceira de cartografia, por assim dizer. No entanto, precisamos de alguém para segurar a sua mão.

No capítulo 1, mencionei ideias relacionadas à criação de filhos. E disse que seu ideal pode se basear no tipo de mãe ou pai que você adoraria ter tido, mas não teve... ou um amálgama de alguns elementos de seus pais ou cuidadores e outras pessoas que cuidaram de você — professores, vizinhos, parentes, personagens de livros, TV ou filmes. Vamos voltar um pouco a eles?

Aliás, há um motivo para você não poder escolher sua mãe, seu pai ou seus cuidadores aqui, e prefiro inclusive que você escolha alguém que não seja real. Pessoas reais têm falhas, cometem erros e às vezes nos irritam ou nos machucam. Assim, se você escolher uma pessoa que conhece, mesmo que seja alguém com quem costuma se dar bem, e precisar ser reconfortada/o por ela, mas vocês acabaram de ter uma conversa estranha, você não obterá o apoio de que precisa. Portanto, vamos criar um guia imaginário, alguém que estará presente apenas para te ajudar a se situar nesta jornada e a cuidar de você quando necessário.

Você tem alguém em mente? Ou alguma ideia? Pode nem ser uma pessoa, mas uma criatura mítica, um objeto, ou um sentimento. Que tipo de qualidades essa pessoa ou coisa tem?

Com frequência, quando faço esse exercício com pacientes, eles escolhem alguém bondoso e atencioso, mas também firme e capaz de estabelecer limites, que lhes dá a sensação de que estão em boas mãos. O tipo de pessoa para quem você ligaria quando o pneu fura e que não apenas saberia o que fazer, mas também te levaria para casa, faria um chá e te daria um abraço.

- É esse o tipo de pessoa que você escolheria?
- Quais qualidades importantes você julga que esse guia deve ter?

Dê uma lida nos itens a seguir, depois feche os olhos e verifique se consegue visualizá-lo mentalmente. Sei que você pode ficar tentada/o a correr nesta parte, mas procure ir devagar e sentir a pessoa, personagem ou coisa ao seu lado. Pense em como você se sentiria na presença dela.

- Ela tem um cheiro diferente? Se te desse um abraço ou te reconfortasse de alguma maneira, como você se sentiria? O que ela vestiria? Que voz teria? Como você se sentiria ao ouvir essa voz?
- Se você estivesse com raiva, como ela reagiria?

- E se estivesse triste?
- Em caso de incerteza ou incômodo, o que ela faria?
- Quais palavras reconfortantes e tranquilizantes ela poderia dizer?

Anote as respostas em algum lugar para que possa voltar a elas à medida que avançamos no livro. Talvez até na contracapa, para que esteja sempre por perto.

Esse exercício é reconfortante para algumas pessoas. Para outras, porém, pensar em alguém seguro e atencioso pode ser dificílimo. Talvez porque elas ainda não tiveram essa experiência e, portanto, não tenham como imaginá-la. Talvez porque elas aprenderam a ser mais duras, porque não eram reconfortadas ou porque outros riam quando elas precisavam de conforto, de modo que se tornaram um tanto cínicas. Talvez porque tiveram pais ou cuidadores que podiam até trazer tranquilidade às vezes, porém em outras ocasiões eram críticos ou assustadores.

Quando essas coisas acontecem ainda na infância, o tranquilizante pode parecer um pouco assustador. Se é o seu caso, sinto muito que tenha passado por isso e que, como resultado, você tenha dificuldade em acessar coisas reconfortantes. Exploraremos isso ao longo do caminho, e talvez você consiga retornar a esse exercício com um pouco mais de facilidade.

Por enquanto, isso não significa que você não tem um guia. Você pode ter aprendido a confiar apenas em si. E pode ter se mantido em segurança até agora e feito um bom trabalho. De modo que também pode servir de guia para si, se for necessário.

Se quiser, pode visualizar um objeto associado a esse guia. Caso algo lhe ocorra, veja se consegue encontrar um objeto real que possa carregar no bolso, pendurar no pescoço ou deixar ao lado da cama. Algo que possa segurar enquanto estiver lendo, ou quando estiver precisando de apoio.

TESTANDO O SEU GUIA

Uma das coisas que às vezes fazemos para testar esse exercício na terapia é recuperar algo que provoca uma leve irritação na pessoa para conferir se é preciso fazer acertos em seu guia. Assim, podemos garantir que ele é adequado antes que se faça necessário de fato.

Você consegue se lembrar de algo recente que lhe pareceu um tanto irritante? Por exemplo, uma ligação telefônica que fez sua pressão subir, uma fechada que você levou no trânsito, uma mensagem de WhatsApp insistente...

- Qual sensação física você experimenta ao se lembrar disso?
- O que você nota em seus batimentos cardíacos, seus membros, sua cabeça, seus dedos das mãos e dos pés?
- Que tipo de pensamento lhe ocorre quando você se lembra do ocorrido?

Agora, ainda com o ocorrido em mente, convoque seu guia. Pense no que ele/a te diria. Reflita brevemente sobre o cuidado que seria dispensado. O que isso faria com seu corpo, seus pensamentos e seus sentimentos?

Em seguida, considere se há algo que você gostaria de mudar no guia. Talvez uma voz mais profunda se faça necessária. Talvez o abraço deva ser mais apertado. Talvez falte um pouco de altura.

Agora, com sorte você terá um guia que lhe pareça adequado para te acompanhar nesta jornada.

Para que não restem dúvidas, você pode passar um pouco mais de tempo com o guia antes de prosseguir — escrevendo a seu respeito, fazendo um desenho, ou o que julgar necessário para fortalecer a imagem. Talvez queira que o guia acompanhe você durante o dia. É só imaginar que ele/a está ao seu lado, a fim de oferecer apoio quando necessário.

SEU LUGAR DE DESCANSO

Quando iniciamos uma jornada, também precisamos de um lugar para descansar. Um local seguro, aconchegante e tranquilo. Pode ser um lugar que você considerava reconfortante na primeira infância, um lugar que te traga boas lembranças, ou um lugar inventado. Isso se baseia em um exercício usado tanto na terapia cognitivo-comportamental focada no trauma quanto na terapia de dessensibilização e reprocessamento (EMDR) através do movimento dos olhos (psicólogos ADORAM um nome elaborado), também focada no trauma.

Só fique alerta para que seja um lugar que não pareça ameaçador. Para algumas pessoas, a primeira coisa que vem à mente é um local onde se sentiam seguras porque estavam escondidas. Procure notar se a escolha não está associada a uma sensação de ameaça, porque esse não seria um lugar tão tranquilizante quanto gostaríamos. Às vezes, os lugares mais tranquilos são os imaginados, principalmente se passamos por muitas experiências difíceis. Assim, não há problema algum seu lugar ser uma nuvem ou uma ilha tropical que você nunca visitou. Desde que fique em algum lugar — real ou imaginário — onde você se sinta em segurança e satisfeita/o.

Tem algum local em mente? Não precisa estar superclaro, uma ideia vaga é suficiente.

Leia os itens a seguir e depois verifique se você consegue fechar os olhos e embarcar nessa jornada.

Se é um lugar de que você tem uma foto, ou cuja imagem está disponível na internet, sugiro que a busque. Você pode inclusive colocá-la em algum lugar da casa, ou como fundo de tela.

Você se lembra do incidente irritante de que falamos? Volte a pensar nele. Como se sente a respeito? Um pouco chateada/o, não é? Mantenha essa sensação e se prepare para ir para o seu lugar de descanso. Feche os olhos e lembre-se de usar todos os sentidos para realmente ir para lá. Passe um pouco mais de tempo no lugar e retorne quando sentir que é hora.

Deixe de lado qualquer bagagem que esteja carregando e sente-se na superfície mais próxima.
- Onde você está? O que acontece à sua volta? Tem alguém com você?
- Qual é a sensação de estar aí?
- Onde você está sentada/o? Que sensação física experimenta? Acomode-se um pouco mais. Onde estão seus pés? Concentre-se neles por um momento.
- Como está a temperatura? Qual é a sensação dela na pele?

- O que você ouve? Preste atenção.
- Você sente algum cheiro? Mais alguma coisa?
- Se esticar o braço, o que pode tocar? Qual é a sensação? Tem mais alguma coisa por perto que gostaria de tocar?
- Você sente algum gosto?
- Dê uma boa olhada ao redor, prestando bastante atenção no que vê. Deixe todas as cores na imagem mais vívidas e vibrantes.
- Que sensação física você experimenta estando aí? Onde no seu corpo sente isso? Conecte-se com a sensação e deixe que se espalhe pelo seu corpo.

Fiquei aí o tempo que quiser, desfrutando do lugar. Lembre-se de que você pode voltar quando desejar. Então se despeça ciente disso.

Voltou? Como você se sentiu? Que efeito sentiu no seu corpo ao chegar ao seu lugar de descanso? Você precisou mudar algo lá? Alguma cor precisou ser intensificada? Você teve que aumentar o volume de algum som? Faça os ajustes necessários para que seu lugar de descanso se assemelhe a entrar em uma banheira com água quente ao fim de uma longa caminhada.

A VERSÃO ACELERADA

Você fez esses exercícios? Ou só os leu rapidamente?

Quando estamos estressados — e com frequência estamos —, a mera ideia de parar e refletir pode parecer além da conta. Pode ser bom se perguntar qual é a pressa e se você não poderia se permitir um pouco mais de calma na leitura. Se isso não funcionar, eis um exercício rápido que pode trazer uma sensação de segurança e conforto no seu corpo, caso algo que lera tenha deixado você desconfortável ou chateada/o.

Olhe rapidamente em volta do cômodo onde você se encontra, em busca de círculos.
- Quantos círculos você vê?

- E quadrados? Tem algum aí? Onde? Quantos?
- Talvez você prefira localizar itens da sua cor preferida.
- Ou apenas dizer a si o dia da semana, do mês e que horas são.
- É isso. Retorne ao aqui e agora. Você, por inteiro, lendo sem se perder no passado ou em pensamentos.
- Se algo que você leu te fez querer largar o livro e esquecê-lo de vez, procure por círculos e quadrados, depois veja como se sente.

O JOGO DA CULPA

Uma última coisa antes de olharmos para o seu mapa. À medida que você conhece o que tem lá, pode se sentir tentada/o a fazer três coisas:

1 Culpar seus pais ou cuidadores por erros que eles cometeram, ou coisas que fizeram ou não fizeram que impactam como você se sente hoje.
2 Evitar se aprofundar nisso por não querer pensar mal dos seus pais ou cuidadores, e por se preocupar com a possibilidade de acabar botando a culpa neles, o que faria com que você se sentisse culpada/o.
3 Culpar-se por não saber disso até agora e cometer erros com seus filhos.

Eu gostaria que você mantivesse em mente que as pessoas, via de regra, fazem o seu melhor com as cartas que têm na mão. Culpar os outros pode parecer útil, porque tira o desconforto do próprio corpo e o coloca no de outra pessoa. Isso pode fazer com que nos sintamos absolvidos por um momento, porém não ajuda a promover mudanças. A vergonha pode aumentar a probabilidade de compensar as coisas, porém também podemos empacar na autocrítica. Tudo bem ficar com raiva por não ter recebido tudo de que precisava, ou ficar triste por ter feito coisas de que se arrepende. Agradeça a si por estar aqui, lendo este livro, para poder trabalhar isso. Você pode até fazer com que seu guia lhe diga palavras de conforto, caso seja o que precisa.

Outra coisa a lembrar é que podemos refletir sobre o impacto que as circunstâncias e os relacionamentos têm sobre nós — e podemos até ficar bravos por um tempo por causa disso —, porém depois de encontrar uma maneira de resolver isso por conta própria talvez acabemos descobrindo que esses relacionamentos podem melhorar. Em se tratando de pais ou cuidadores, essa melhora muitas vezes envolve abrir mão das partes mais infantis e se relacionar com eles em pé de igualdade, como adultos.

Às vezes culpamos outras pessoas ou nós mesmos porque temos a sensação de que alguém — elas ou nós — deveria saber o que fazer. No entanto, trata-se de uma jornada, e uma jornada que nunca acaba de verdade, com um mapa que pode mudar ao longo da vida. Todo mundo trabalha com os mapas de que dispõe no momento. E é você quem está escolhendo redesenhá-los. Às vezes, precisamos redesenhar mapas não só para nós e para nossos filhos, mas para nossos pais e ancestrais também. E isso é ótimo.

Os capítulos a seguir vão apresentar algumas ideias-chave relacionadas ao que te torna quem você é, tanto como pessoa quanto como mãe ou pai. Parte do que venha a surgir pode parecer difícil de encarar. Vamos fazer isso para examinar o que você carrega de sua própria história em sua jornada como mãe ou pai — porque sem se conhecer é muito difícil conhecer seus filhos.

Como sempre, não se apresse e lembre-se de que pode retornar ao seu lugar de descanso, ou procurar por sua cor preferida no cômodo onde você está, ou fechar o livro e ir beber um copo de água. Por favor, não se limite a seguir adiante; pare por um momento se preciso. Quanto mais devagar formos, mais significado terá. Sentimentos de culpa, vergonha, mágoa e tristeza podem surgir, e deixe que surjam. Se for capaz de tratá-los como visitantes trazendo mensagens sobre suas experiências, em vez de hóspedes indesejados dos quais você precisa se livrar, as coisas ficarão um pouco mais fáceis.

4
Histórias da sua história

"Posso observar apenas que o passado é belo, porque uma emoção nunca é percebida na mesma hora. Ela se expande posteriormente, de modo que não temos uma emoção completa sobre o presente, apenas sobre o passado."

Virginia Woolf, *Os diários de Virginia Woolf*

Sei que é normal não gostar de olhar para a infância, e a ideia de que tudo tem a ver com os pais é um clichê da terapia. Por outro lado, como poderia ser diferente?

Não é como se um dia você tivesse se tornado uma pessoa adulta e aberto mão de tudo que experienciara até ali. Você é um ser humano íntegro, que viveu muitos anos, e o que vivenciou ao longo de cada um deles e as pessoas que conheceu te levaram até onde você se encontra atualmente.

Há partes de nós, e partes do nosso passado, que talvez tenhamos nos esforçado muito para esquecer ou ignorar. No entanto, elas estão aqui, quer gostemos ou não, e vêm à tona quando menos esperamos. Uma das coisas que amo na psicologia clínica é que nossa compreensão se ancora no desenvolvimento ao longo da vida — do berço à cova e tudo no meio. Porque tudo importa, e tudo molda quem somos.

Na gravidez, de repente nos vemos cara a cara com algumas dessas partes anteriores de nós, o que pode ser assustador, e isso se estende ao longo dos primeiros anos de criação dos filhos. Talvez sentíssemos que havíamos deixado essas partes para trás, até que algo as despertou.

E por quê?

O pântano dos fantasmas

No canto, escondida atrás de uma cerca, há uma área proibida difícil de enxergar. Ali residem seus fantasmas, e é por eles que vamos começar, justamente porque em geral nos mantemos à distância.

Como vimos no capítulo 2, com frequência temos uma ideia de quem seremos quando nos tornarmos mãe ou pai. Talvez consigamos magicamente abrir mão das partes que não se encaixam com nossa ideia do que é ser uma boa mãe ou um bom pai. Não carregaremos conosco as coisas que nossos pais faziam que não queremos repetir. Muitas vezes, não temos um plano para pôr isso em prática — como mencionado, grande parte disso se baseia em histórias fantasiosas —, mas sabemos como *não* queremos ser.

No entanto, em algum momento, simplesmente... somos. Nós nos tornamos a mãe ou o pai que pensávamos que não seríamos. Uma frase escapa de nossos lábios ecoando a voz de nossa mãe. Ou sentimos algo que não gostaríamos de sentir em relação à criança, ou a nós mesmos.

Então ficamos com vergonha por ter sentido isso. Sentimos decepção e raiva. Queremos de fato fazer tudo bem-feito, mas então algo passa despercebido e nos domina por um instante.

Talvez nos esforcemos muito para ser a mãe ou o pai que almejamos ser e sintamos que temos tudo sob controle... Só para pisar em um trenzinho de madeira ou o bebê sujar a cama de cocô ou as crianças ficarem brincando de ninja em vez de se vestir. Então a máscara cai.

Talvez nem seja algo tão gritante. Talvez você só se perca por um momento, ou reaja de maneira inesperada, sem saber o motivo exato. Talvez sinta um medo repentino, ou impotência, em um momento em que "deveria" saber o que está fazendo.

Esses são nossos fantasmas. Os fantasmas que penetram seu corpo e às vezes saem voando pela sua boca, dizendo frases que você achava que nunca diria, sentindo coisas que você esperava nunca sentir; seu rosto formando uma expressão que fazia seu coração acelerar na infância, sua mão agarrando um pulso da maneira que você se recorda de sentir na própria pele.

Às vezes, os fantasmas se revelam mais em nossos filhos do que em nossas ações. Por exemplo, quando você pensa neles enquanto dormem como criaturinhas doces fazendo o seu melhor para se virar neste mundo complicado, só para depois, se não seguem o roteiro, você pensar em coisas que preferiria evitar — que estão te manipulando, que precisam de uma lição, que são difíceis, que são mimados, que estão testando você... ou as inúmeras outras coisas que pensamos e dizemos sobre nossos filhos em meio ao desespero.

Talvez você não tenha notado isso, mas seu companheiro ou sua companheira tenha mencionado. Que não suporta quando você parece seu pai. Ou que às vezes você age igual a sua avó. Ou que aquilo que você fez não correspondia bem ao que haviam dito ao discutir a possibilidade de filhos. Às vezes, estamos tão determinados a não ser assombrados que nem conseguimos enxergar nossos próprios fantasmas.

Muitas pessoas apenas notam a intromissão momentânea de um fantasma e deixam que ele passe. Às vezes, até fazemos isso com bom humor — "Nossa, minha mãe falava exatamente assim!".

No entanto, em algumas famílias, é como se os fantasmas estivessem no controle, obrigando as pessoas a repetir padrões de gerações passadas. É possível, ao mesmo tempo, reconhecer que se está agindo de maneira indesejada e se julgar incapaz de ter outra atitude. É possível saber que a criança depende de sua ajuda enquanto você grita com ela por pedir alguma coisa. Em uma batalha interna, tenta-se exorcizar o fantasma do passado. E, enquanto isso, pode parecer quase impossível ver que há uma ou mais crianças à nossa frente. Os fantasmas que vivem dentro de nós nos cegam.

Quer eles se mostrem diariamente ou de forma ocasional, vamos lançar luz sobre eles.

Tudo bem limpar esse pântano para deixar tudo um pouco mais claro? Invoque seu guia para te ajudar com esse exercício e te lembrar de que agora você é uma pessoa adulta, com controle sobre a própria vida.

- Que coisas da sua criação você não pretende repetir? (Podem ser muitas ou poucas.)
- Por que você não deseja repeti-las?

- Como se lembra de se sentir quando essas coisas aconteciam com você na infância?
- Em sua jornada como mãe ou pai, houve momentos em que você repetiu esses padrões (em que foi assombrada/o por esses fantasmas)?
- Como acha que seus filhos se sentiram nesse momento? (Oi, culpa! Se importa de ficar de lado um pouquinho?)
- O que você fez quando isso aconteceu? Como se sentiu? Como respondeu aos seus sentimentos? Ou simplesmente os ignorou?

Faça uma pausa. Respire. Retorne.

OS FANTASMAS QUE SENTIMOS, MAS NÃO CONSEGUIMOS ENXERGAR

Às vezes, é muito difícil enxergar nossos fantasmas, porque não envolvem experiências que recordamos, mas experiências contidas em nosso corpo. Resmaa Menakem descreveu isso lindamente em seu livro *My Grandmother's Hands* [As mãos da minha avó], sobre trauma racial transgeracional:

> *O corpo tem uma forma de conhecimento que é diferente daquela do cérebro cognitivo. Esse conhecimento costuma ser vivenciado como um senso de sentido de constrição ou expansão, dor ou bem-estar, energia ou torpor. Muitas vezes, ele é armazenado no corpo como histórias sem palavras sobre o que é seguro e o que é perigoso.*

Nossos fantasmas podem vir de experiências de antes de termos adquirido a linguagem necessária para compreendê-las, como ocasiões vivenciadas no útero. Ou mesmo experiências de muito antes de nascermos, presentes em nosso corpo através dos genes e fortalecidas por nossas próprias vivências. Embora saibamos que nossas experiências de infância podem moldar nossa vida futura, também sabemos que nossas experiências da concepção ao parto podem nos afetar através de informações que recebemos sobre o mundo que adentramos. Mais ainda: agora temos consciência de que a experiência de nossos ancestrais pode nos impactar através de informações passadas pelo DNA. Pesquisas — incluindo a sugestão de Rachel Yehuda de que descendentes de sobreviventes do Holocausto apresentam maior sensibilidade a transtornos de ansiedade e estresse — demonstram como o trauma e a opressão podem devastar uma família ao longo de gerações. Mesmo em se tratando de influências da parentalidade (por exemplo, o estresse parental), esses fantasmas são transmitidos por meio do corpo, até que alguém lance luz sobre eles.

Um dos mecanismos que poderiam explicar isso é a descoberta de que o eixo hipotálamo-pituitária-adrenal (HPA) — as conexões no cérebro ligadas à reação do corpo ao estresse — é extremamente responsivo a nossas experiências. Portanto, se nossos bisavós passaram por um forte estresse, isso pode ter promovido uma resposta mais aguda ao estresse em nosso avós, e se o ambiente em que viviam "ativava" isso, tal sensibilidade pode ter sido transmitida para nossos pais e, depois, para nós. Ao nos darmos conta disso, podemos agir para diminuir o estresse em nosso corpo e começar a reverter o ciclo para as gerações futuras.

O objetivo dos seres humanos é sobreviver. As experiências de nossos ancestrais deixam "marcas" em nosso corpo para que sejamos capazes de nos manter seguros. A questão é que nossa vigilância perante uma ameaça pode permanecer mesmo quando o ambiente em volta é seguro, o que pode causar problemas em nossa situação atual. Se estamos programados a identificar perigos, tendemos a vê-los em toda parte.

- Como acha que as experiências dos seus pais, avós e ancestrais influenciaram você?
- A história da sua família inclui experiências traumáticas?
Pode ser tanto algo objetivamente traumático, como guerra, deslocamento forçado ou um desastre natural, ou algo mais pessoal, como abuso, negligência ou violência. Como acha que isso te influenciou?
- Você identifica de alguma maneira que isso foi passado para seus filhos? (Por exemplo, uma preocupação com a segurança

deles, partes da história de sua família que você sente que foram silenciadas, preocupações em relação a eles que são baseadas nas suas experiências de mundo?)
- Como você se sente em relação a isso? Tem sido parte de sua jornada como mãe ou pai? De que maneira?
- Essas experiências e histórias ancestrais impactam sua vida diária como mãe ou pai? Talvez através do relacionamento com sua família de origem ou do impacto que teve no seu corpo?

CONVOCANDO NOSSOS ANJOS

Olhando um pouco mais de perto, você também verá algo que se assemelha a libélulas no pântano. São nossos anjos. Eles existem nos relacionamentos positivos que nós e nossos cuidadores vivenciaram — nas coisas que queremos repetir e que desejamos que nossos filhos sintam. Trata-se de momentos em que nos sentimos inteiramente cuidados, compreendidos e seguros. Em que nos sentimos plenos, íntegros e presentes na mente de alguém — independentemente de esse alguém ter sido ou não mãe, pai ou um responsável. Podemos ter muitas lembranças desses momentos, ou apenas uma ou duas. Alguma lhe vem à mente?

- Você se lembra de um momento em que se sentiu plenamente cuidado? Mesmo que tenha sido breve. Pode ser uma lembrança de alguém dando um beijo na sua testa, ou de alguém que te deu um abraço usando uma blusa de frio macia, ou a expressão preocupada e bondosa de uma pessoa da vizinhança.
- Qual é a sensação de lembrar disso agora? O que você vivencia fisicamente? Quais pensamentos lhe ocorrem?

Talvez esse seja um exercício fácil para você; talvez tenha várias lembranças calorosas de momentos em que se sentiu amada/o. Pode estar tudo relacionado a uma pessoa em especial. Talvez um cheiro lhe venha à mente — do perfume de uma tia, da fumaça nas roupas do seu pai quando ele chegava do trabalho. Talvez você se recorde de um toque, a sensação da mão fria de sua mãe em sua testa, o calor de um cobertor colocado em seus ombros, o prazer de pentearem seu cabelo com cuidado.

Talvez esse seja um exercício difícil para você — porque só lhe ocorrem poucas lembranças espaçadas, o que pode despertar emoções negativas, como tristeza ou raiva. Talvez você não consiga se recordar de nada. Nesse caso, talvez seja mais fácil se lembrar de um sentimento. Todos nós, em algum ponto, experimentamos momentos passageiros de proximidade e conexão com outra pessoa. Talvez uma professora boazinha, ou a moça da mercearia que lhe dava doces de graça. Veja se consegue sentir isso em seu corpo, notar a sensação e recordar mais detalhes — por exemplo, quem estava presente, onde você se encontrava, quantos anos tinha, como se sentiu, o cheiro que predominava no ar, o que viu, tocou, ouviu, saboreou. Se tiver muita dificuldade de lembrar, pense em experiências que você testemunhou e nos relacionamentos familiares a que aspirava.

- Quais "anjos" você gostaria de passar à sua família?
- Há alguma experiência de que você realmente desfrutou na infância e que gostaria de replicar em sua família? Por exemplo, ler um livro específico, ver TV todos juntos no sábado à noite, fazer bolo juntos nos aniversários. Algo que fazia com que se sentisse amada/o e segura/o quando criança.
- Como você se lembra de se sentir nesses momentos?
- Onde essa sensação reside em seu corpo?
- Você acha que há momentos em que seus filhos sentem o mesmo? Quando? Por que eles não acontecem com mais frequência?
- Agora que se aprofundou nesses anjos, outros lhe vêm à mente?

Identificando nossos fantasmas e anjos, você pode ter uma noção mais clara daquilo que deseja abandonar e daquilo que deseja que ocupe o lugar agora vago.

Nossos fantasmas tendem a vir de pessoas que cuidaram de nós na infância, e pode ser bastante doloroso encará-los. Nem sempre queremos olhar diretamente para eles, como acontece com tudo o que é assustador, e muitas vezes sentimos o impulso de fechar os olhos, enfiar a cabeça debaixo do cobertor e tapar os ouvidos. No entanto, se for capaz de encará-los, o que vê? De onde acha que tais fantasmas vieram, no caso de sua mãe, seu pai ou seus cuidadores? E antes ainda?

Fantasmas são transmitidos de uma geração para outra, imperceptivelmente, até que alguém decida ver o que realmente tem ali. É algo difícil, mas é exatamente o que você está fazendo agora. Parabéns, caça-fantasmas.

5
Histórias da sua infância

"É preciso coragem para crescer e se tornar
quem você realmente é."
E. E. Cummings

Exploramos o pântano e falamos sobre fantasmas e anjos do seu passado, as experiências que você e seus ancestrais tiveram e que você pode estar carregando em sua jornada como mãe ou pai. Agora vamos nos aprofundar um pouco na sensação que isso provoca em você, no que significa para você. Com "você", não estou falando de quem é agora, a pessoa adulta e consciente lendo este livro. Estou falando da criança que vivenciou essas coisas e que ainda existe em seu corpo, totalmente formada, como na época.

Os caminhos

Como qualquer bom mapa, este tem vários caminhos que se cruzam. Vamos dar uma olhada em alguns deles e em como conduzem a você criança.

A memória é traiçoeira, e ainda não a compreendemos plenamente e em toda a sua complexidade. Na verdade, quanto mais aprendemos, mais as velhas crenças caem por terra. Tendemos a ver a memória como papéis sendo arquivados, porém se trata de algo muito mais complicado. A memória é mais parecida com caminhos. Pode haver centenas ou milhares de caminhos no seu mapa. Alguns foram bastante trilhados e são bem sinalizados, contam com asfalto e postes de iluminação, de modo que percorrê-los não requer esforço. Eles envolvem coisas como "onde compro leite" ou "onde coloco a roupa suja". Outros andam um tanto abandonados, porém, com um pouco de esforço e boas botas, é possível segui-los para chegar aonde você deseja ir. Exemplos seriam "férias na praia" ou "músicas preferidas da infância". Às vezes, você entra por um caminho e, ao fazer isso, uma série de bifurcações surgem, prontas para serem exploradas.

E há alguns caminhos que nem deveriam mais ser chamados assim, porque desapareceram sob o mato. Ainda que você tenha a vaga sensação de que antes havia uma trilha ali, ela já não pode ser acessada. Por exemplo, o caminho levando àquilo que você estudou para as provas da escola. Também pode haver caminhos que cercamos com muros e colocamos placas de "proibida a entrada", porque são escuros e talvez tenha lobos neles. Alguns passam despercebidos até que se iluminam de repente, quando nos lembramos deles, mesmo que não estejamos à sua procura (e até preferiríamos esquecer onde estavam). Você consegue pensar em algo do tipo? Preste atenção. Ainda não precisamos ir por aí, porém daremos uma olhadinha nisso mais para a frente.

Para compreender quem somos, muitas vezes olhamos para nossas lembranças mais antigas, de quem sempre fomos. Por isso o clichê de que terapeutas perguntarão sobre sua lembrança mais antiga. Na verdade, a maior parte das pessoas não se recorda de nada de antes dos três ou quatro anos. Considerando todas as pesquisas indicando que os primeiros 1001 dias de vida são fundamentais para sua saúde mental posterior, há muito que não compreendemos sobre nós mesmos.

E há um bom motivo para isso. Temos dificuldade de articular lembranças de nossos primeiros anos porque ser capaz de fazer isso depende de muitos fatores — não apenas da força da lembrança em si e da frequência com que o caminho foi trilhado, mas também de nossa capacidade de usar a linguagem na época, além de nossas habilidades cognitivas quando a lembrança foi criada.

No entanto, nos primeiros anos de vida de nossos filhos, às vezes lembranças de nossa própria infância vêm com tudo — ou sentimentos antigos retornam, aqueles que considerávamos estarem no passado. Pode haver momentos em que de repente — quando estamos com a criança no colo, ou olhamos para filhos maiores, adolescentes, adultos ou mesmo netos — recordamos a maneira como nos sentimos quando tínhamos aquela idade, quase como se a tivéssemos de novo. Talvez não reconheçamos que isso está acontecendo; em vez disso, nos vemos desconcertados por uma sensação de corpo inteiro, ou surpresos com nossa angústia, ou furiosos por não compreender o que se passa.

Isso também pode surgir quando vemos nossos próprios pais ou cuidadores interagindo com nossos filhos. Ao testemunhar o que acontece, ou vivenciar sua ausência, começamos a acessar como nos sentíamos quando eles cuidavam de nós. Às vezes, com a presença de anjos, pode se tratar de uma experiência vinculadora, que nos ajuda a compreender pais ou cuidadores de uma nova maneira.

Às vezes, isso desperta fantasmas e perguntas do tipo: "Como podem ter me tratado assim?". A criança que carregamos dentro de nós pode surgir, desejosa de ser cuidada. Também pode ser muito confuso se nossos pais ou cuidadores demonstram muito mais ternura com nossos filhos do que demonstravam conosco, deixando-nos na posição peculiar de sentir um pouco de inveja deles.

Por que essas lembranças e esses sentimentos de repente se fazem tão presentes quando nos tornamos pais?

Não sou neurocientista, portanto minha compreensão das maneiras como o cérebro muda durante a gravidez e após o parto — no caso de todos os pais, e não só das mães que pariram — é limitada. Entretanto, trata-se de um período em que nosso cérebro se reorganiza de forma dramática por conta de hormônios, novas experiências, privação de sono e interações com nossos filhos. Tornar-se mãe ou pai tem o poder de disparar mudanças no cérebro que precisam acontecer para que possamos atender aos nossos filhos, embora isso aconteça de maneiras diferentes em pessoas diferentes, dependendo de toda uma gama de fatores (e nos deixe especialmente vulneráveis a problemas de saúde mental nesse período).

Quando acontece, é um pouco como se setas piscando apontassem para caminhos que haviam sido tomados pelo mato, indicando que "é por aqui!". Talvez porque estar com uma criança da mesma idade que tínhamos quando certa lembrança foi formada torne mais fácil acessá-la — o que chamamos de recordação de memória dependente de contexto, na qual a mera proximidade de uma criança pode abrir um trajeto para suas próprias lembranças de infância. Ou talvez por conta de mudanças no hipocampo, uma área do cérebro ligada à memória, no período perinatal. Ou ainda porque nos dedicamos mais a prestar atenção a lembranças que antes não pareciam tão importantes.

Quando falo em lembranças, não me refiro a algo como aquelas cenas de TV que às vezes passam em nosso cérebro. Lembranças, principalmente aquelas formadas antes dos quatro anos, são mais como sentimentos. Podemos ficar com medo quando o bebê chora, ou podemos gritar do nada, ou ainda dar um chilique que rivaliza com o de uma criança pequena. Também podemos nos convencer de que o bebê nos odeia, ou agir para resolver um problema que vemos nele e que na verdade tem mais a ver com uma experiência nossa. Tudo isso é mais complicado. Às vezes, as lembranças vêm como sensações no corpo, uma impressão, ou a repetição de uma frase, graças aos fantasmas de que já falamos.

Você se importa se trilharmos um desses caminhos para descobrir um pouco mais sobre o que há no fim dele? Para falar sobre você criança? Então vamos voltar para os primeiros anos da sua infância.

O CAMINHO DA PRIMEIRA INFÂNCIA

Que aparência esse caminho tem para você? Trata-se de um caminho que você já explorou muitas vezes? Talvez você o visite com frequência com sua família, relembrando eventos passados. Talvez ele seja bem trilhado porque você gosta de explorá-lo por conta própria, com amigos, com seu companheiro ou sua companheira, ou na terapia. Talvez o mato esteja um pouco alto, porque agora você é uma pessoa adulta e ele deixou de ser relevante. Pode contar com um portão enorme, com cadeado, cães de guarda. Ou talvez seja difícil identificá-lo, e você simplesmente imagina que está ali.

Independentemente do aspecto que esse caminho tenha, eu gostaria que o imaginasse por um momento. Note o que surge para você, no seu corpo. Use exercícios de aterramento se precisar — respire e concentre-se no aqui e agora —, e lembre-se de que você pode ir ao seu lugar de descanso sempre que quiser (ver p. 55).

Vamos pedir ao seu guia que esteja por perto, então reserve um momento para visualizá-lo bem, estendendo a mão para você. Você terá companhia ao longo de todo o caminho.

Se você teve uma infância segura e tranquila, pode estar um tanto impaciente, perguntando-se por que precisamos de toda essa preparação. Para algumas pessoas, considerar a própria infância é uma experiência agradável e prosaica. Também há muitas outras cujo corpo reage à menção da palavra "infância" como reagiria a uma ameaça. E há muitas mais no espectro entre esses dois extremos. Não sei onde você se encontra nele, e é meu papel me certificar de que se sinta em segurança enquanto lê este livro. Portanto, se estiver lendo e começar a entrar em pânico, ouça seus sentimentos, por favor — pode se tratar de um sinal de que você precisa que alguém real percorra esse caminho com você, e não um guia imaginário. Fique à vontade para prosseguir caso se sinta bem fazendo isso, porém vá devagar e dê uma olhadinha nos outros capítulos para saber o que está por vir.

Então vamos.

NOSSO LAR

Ao fim deste caminho há uma casa, que pode ter a cara que você quiser. Pode ser a casa onde cresceu, ou alguma imaginada. Essa casa representa suas experiências na primeira infância.

Você e seu guia vão olhar para essa casa juntos, portanto, dê uma boa conferida na fachada.

- Ela parece acolhedora e convidativa? Ou meio velha e decadente?
- As luzes estão acesas ou apagadas? A porta está aberta?
- Qual é a sensação de olhar para ela? Como você se sente quanto a entrar?

Restrinja-se a notar seus sentimentos; todos são bem-vindos.

Quando você passa pela porta da frente, alguma lembrança de infância retorna? Talvez não, mas em caso positivo, pare por um instante para prestar atenção nela. Que tipo de lembrança surgiu? Quantos anos você tinha na época? Quem aparece nela? Como você se sente nela? Talvez queira permanecer nela por um tempinho antes de continuarmos.

A COZINHA: O CORAÇÃO DA CASA

O primeiro cômodo que vamos explorar — na companhia do guia — é a cozinha. Trata-se do coração da casa, um lugar com um cheirinho bom, onde a família se reúne, a lição de casa é feita e risadas são dadas durante as refeições. Também é um lugar de tensão, onde nosso relacionamento com a comida (e às vezes com o corpo) é definido, onde discussões podem sair do controle; também pode ser um lugar vazio nas suas recordações.

Para nós, a cozinha vai representar os sentimentos que você lembra de suas primeiras experiências, os quais vão nos ajudar a compreender como era a atmosfera na casa. Peço que você se sente na cozinha — talvez à mesa, talvez à bancada — e identifique a sensação de estar ali.

Comece notando a aparência que sua cozinha tem, se há alguém nela, e como você se sente ali. É uma cozinha bagunçada, atravancada de coisas? Ou limpa, impecável? Talvez algo intermediário? É dia ou noite? Como está a temperatura? Você sente o cheirinho de algo sendo preparado?

O que você nota em seu corpo quando começa a pensar em como se sentia quando criança? Um calorzinho por dentro, talvez na barriga? Ou certa agitação? Talvez você comece a sentir ansiedade. Nesse caso, inspire fundo e solte o ar pela boca, com um suspiro, lembrando-se de que você é uma pessoa adulta, lendo um livro, e pode decidir o que acontecerá a seguir.

Agora que está começando a se conectar com a experiência emocional de ser criança, eu gostaria de compartilhar algumas pesquisas de que você pode ter ouvido falar e que podem ajudar a estruturar essas experiências. Antes, no entanto, quero lembrar você de que, embora estejamos refletindo sobre sua infância, tais experiências também podem fazer sentido em seu papel de mãe ou pai. Note os sentimentos que surgem e lembre-se de que você está aqui para aprender, e talvez um pouco para desaprender.

OS ~~TRÊS~~ CINCO URSOS DA CRIAÇÃO DE FILHOS
Nos anos 1960, a psicóloga clínica Diana Baumrind definiu três estilos de criar os filhos, todos centrados no modo como o poder e a responsividade apareciam. Esses estilos ainda são utilizados para compreender a parentalidade hoje, embora tenham sido expandidos para cinco.

Penso nisso um pouco como a história de Cachinhos Dourados e os três ursos. Como estamos na cozinha, vamos imaginar três tigelas de mingau na mesa. Vou falar em "pais", mas vale para a mãe, o pai ou qualquer outra pessoa no papel de cuidador. E embora nem sempre nossos pais tenham se mostrado assim, em geral eles têm um estilo predominante.

Primeiro, temos os pais autoritários — o mingau salgado. Eles detêm todo o poder na relação pais-filhos e não são responsivos às necessidades da criança única que têm.

Esses são os pais tipicamente rígidos, que gostam de frases como "não dê sua opinião se ninguém a pedir" e "enquanto você viver na minha casa vai respeitar as minhas regras". Eles até podem ser calorosos, mas também esperam um nível alto de disciplina, exigem que as crianças contribuam com as tarefas e podem usar estratégias como castigo, mandando-as para o quarto ou batendo nelas para que obedeçam. Nos casos extremos, podem ser pais abusivos.

Em segundo, os pais indulgentes ou permissos — o mingau doce. A primeira colherada pode ser deliciosa, mas logo fica evidente que no longo prazo não vai ser bom. Esses pais costumam ser amorosos e responsivos, e permitem que os filhos detenham todo o poder na relação. Eles podem dizer coisas como "ah, ela está apenas aprendendo a expressar sua raiva", enquanto a criança bate na cabeça de outra com uma raquete de tênis. Esses pais não têm muitas regras, estrutura ou rotina, e em geral permitem que os filhos decidam tudo. Quando, inevitavelmente, precisam incentivar a criança a moderar o comportamento, usam estratégias que mantém o controle na mão dela, por exemplo, raciocínio lógico, súplicas ou certa manipulação emocional, dizendo algo como "Você não quer que a mamãe fique triste, não é?", na esperança de conquistar obediência através da cooperação, e não do controle. Pais permissivos podem querer que a criança se sinta independente, mas também têm medo de seu próprio poder enquanto pais.

Nesses dois estilos de criação, conflitos e divergências não são bem-vindos. No primeiro caso, a divergência é eliminada, porque a palavra dos pais é a lei. No segundo caso, a discordância é desencorajada através da indulgência com a criança.

Pais autoritativos são o mingau "na medida". Buscam atentar às necessidades da criança e respondem a ela e compartilham o poder. A criança sabe o que se espera dela, mas conta com apoio para atender às expectativas, e quaisquer demandas são negociadas com o reconhecimento dos interesses de ambas as partes. Pais autoritativos podem dizer coisas como "Vamos conversar sobre isso", "O que você acha?" e "A resposta é não, mas vou explicar por quê". Carinho, compreensão e aceitação dentro de limites claros são a marca desse estilo de criação.

A quarta tigela de mingau está vazia, representando os pais negligentes. Por diferentes razões, esses pais não se envolvem com a criança. Ninguém detém o poder na relação; é como se a criança simplesmente não estivesse lá. Isso é particularmente comum entre pais que também foram negligenciados, que se sentem sobrecarregados com outras demandas ou que sejam usuários de substâncias que fazem com que se desconectem do mundo e das pessoas.

Pesquisas mais recentes sugerem outros estilos de criação, porém a maioria ainda recai entre os quatro discutidos até então. No entanto, há um estilo que vale a pena adicionar aqui: o dos pais-helicóptero (ou seja, a parentalidade superinvestida ou intensiva). Vamos retornar a isso no capítulo 10, porém sua criação também pode ter sido assim. Esse estilo se tornou mais e mais popular nas últimas quatro décadas, principalmente durante um período de prosperidade econômica em que os pais passaram a se preocupar menos com colocar comida na mesa e mais com o sucesso e as conquistas dos filhos. Reflete-se nas atividades que as crianças realizam — com o brincar livre sem supervisão sendo substituído pela agenda montada pelos pais — e na quantidade de tempo que os pais passam com as crianças (que nos Estados Unidos aumentou em 1h45 por dia entre 1975 e 2005).

Os pais-helicóptero são envolvidos e responsivos, porém, diferente dos pais autoritativos, continuam altamente envolvidos quando as crianças começam a precisar de independência — em se tratando de desenvolvimento. Esses pais não saem do lado da tigela e acabam dando o mingau na boca para o filho, mesmo depois que ele se torna adulto, sem nunca permitir que conheça a fome — o que é crucial. Pais-helicóptero partem de um desejo positivo de que a criança seja bem-sucedida e feliz, mas não permitem que a independência venha ou que ela aprenda com os próprios erros.

Agora que começamos a nos concentrar na relação pais-filhos, quero ampliar nossa visão para além da cozinha e lembrar que há um mundo fora de casa. Muitas vezes, pesquisas são apresentadas de uma maneira "ou tudo ou nada" — você é x enquanto mãe ou pai, e o resultado é y para a criança. Tudo se resume à dupla pai-filho (em geral, mãe-filho/a). No entanto, Baumrind já enfatizava o papel da sociedade na criação dos filhos, tanto nos termos das normas de uma comunidade quanto no apoio que o Estado dá aos responsáveis. Pesquisas mais recentes enfatizam que estilos de criação são vias de mão dupla, sugerindo que os pais podem mudar de abordagem de acordo com as necessidades da criança. E quanto ao contexto cultural no qual vivemos? Estilos de criação estão relacionados a expectativas culturais, e não apenas a necessidades individuais ou responsabilidades. O impacto do estilo de criação sobre a criança é moderado pelo que ela julga normal na comunidade em que vive e pelos diferentes objetivos dos pais (por exemplo, em uma região, o objetivo pode ser ensinar a criança a evitar o perigo, enquanto em outra, mesmo a poucos quilômetros de distância, o objetivo pode ser entrar em uma universidade de prestígio).

Eu me pergunto como você se sente lendo isso, e se reconhece ecos da própria infância enquanto examinamos as tigelas de mingau. Talvez você sinta que sua maneira de criar filhos envolve várias tigelas. Embora possamos mudar nosso comportamento enquanto mãe ou pai dia a dia, ou mesmo momento a momento, em geral recebemos uma tigela regularmente — e servimos uma tigela regularmente a nossos filhos.

Uma das ideias-chave quando aprendemos sobre estilos de criação é sobre poder — quem está no controle e por quê? Controle pode ser definido tanto como controle comportamental (definir regras e incentivar a criança a respeitá-las) quanto controle psicológico (se intrometer nos pensamentos da criança e usar estratégias como manipulação para influenciar o comportamento dela). Como pode ver, há um ponto ideal no qual o controle é compartilhado entre filhos e pais, porém, de diferentes maneiras, as crianças muitas vezes se deparam com uma imagem definida de quem deveriam ser e como deveriam se comportar.

- Quem tinha o poder na sua casa quando você era criança e como isso te impactou?
- Sua casa era calorosa? Como você sabe?
- Como você acha que respondiam a você de maneira geral? (Por exemplo: com curiosidade, preocupação, impaciência, distância...)
- Você acha que suas necessidades individuais — enquanto pessoa — foram levadas em conta pelas pessoas que te criaram? O que isso significou para você?
- Sua experiência foi parecida ou diferente daquela de outras crianças por perto? De que maneira? O que isso significou para você?
- Agora vamos falar de seus filhos. Como é o equilíbrio de poder entre vocês?
- Como se sente em relação a isso?

Não se esqueça: se isso está despertando coisas perturbadoras, relacionadas ao passado ou ao presente, você pode passar um tempo em seu lugar de descanso para se restaurar, ou pedir a seu guia algumas palavras de apoio ou de reafirmação. Caso esteja sentindo certo peso, pode querer fechar os olhos, levar a mão ao coração e repetir essas palavras em voz alta. Ou pode estender os braços, abrir o peito e inclinar a cabeça para trás enquanto inspira fundo, e suspirar enquanto endireita o corpo.

LAVANDO A LOUÇA
Agora vamos tirar as tigelas de mingau da mesa e jogar o que sobrou no lixo. Lave-as devagar na água quente e se permita ficar à pia por um momento. Estamos na cozinha, então imagine que você sente o piso frio sob as solas. Erga os dedos dos pés e volte a pousá-los devagar. Inspire fundo e expire mais devagar.

Vamos precisar nos embrenhar um pouco mais na sua casa de infância. Está preparada/o?

6
Histórias da sua época de bebê

"Carregamos o acúmulo dos anos em nosso corpo e nosso rosto, mas em geral nosso verdadeiro eu, a criança interior, permanece inocente e tímida, como as magnólias."
Maya Angelou, *Carta a minha filha*

Agora deixamos a cozinha e vamos para o quarto do bebê. Talvez não tenha havido um quarto do bebê no seu caso, e sim um quarto compartilhado, ou talvez você tenha dormido em algum outro lugar. Você pode não conseguir recordar, mas imagine que consegue.

Como é esse lugar? Qual é a sensação de estar nele? Quais sentimentos você nota surgirem em seu corpo?

O quarto do bebê: onde relações são formadas

O que acontece no quarto do bebê é a espinha dorsal de uma enorme quantidade de compreensão psicológica. Muitos modelos terapêuticos e teorias se baseiam na premissa de que nossos primeiros relacionamentos formam o mapa de nossos relacionamentos em geral, que levamos conosco para a vida adulta.

Isso explica por que a relação terapêutica é tão importante — o que é revivido no consultório é um reflexo do que acontece em seus outros relacionamentos; aquele se torna um lugar seguro para experimentar diferentes maneiras de se relacionar.

Se tivemos relacionamentos seguros e consistentes, levamos isso para nossos relacionamentos ao longo da vida — com amigos, colegas de trabalho, parceiros românticos e filhos. Quando nossos cuidadores foram inconsistentes, ausentes, distantes, intrusivos ou assustadores, fazemos o mesmo e levamos para nossos relacionamentos. As primeiras experiências não são apenas o mapa, mas também o papel em que ele foi escrito. Se recebemos um mapa repleto de experiências carinhosas, próximas e cuidadosas, não temos dificuldade de recriar nosso quarto de bebê. Se recebemos um mapa repleto de experiências complicadas ou mesmo perigosas, podemos nos pegar recriando-as também — ou, como acontece com muitas pessoas, passar a vida tentando criar algo diferente.

TRAUMA DE INFÂNCIA

Começamos a falar sobre trauma em nossos primeiros relacionamentos, e essa pode ser uma palavra traiçoeira. Quanto de nossas experiências atuais podem ser atribuídas a traumas de infância (ou seja, "eu não deveria ter superado isso a esta altura?").

Se eu tivesse escrito este livro dois anos atrás, falaria agora sobre como pode parecer exagerado imaginar que nossas primeiras experiências têm um impacto tão profundo em sentimentos e relacionamentos posteriores. No entanto, as redes sociais, repletas tanto de terapeutas quanto de pessoas se recuperando de suas vivências, fizeram uma boa parte do trabalho de normalizar discussões sobre traumas de infância. Ao mesmo tempo, isso vem sendo recebido com escárnio — e com sugestões de que estamos patologizando experiências normais, o que levaria a menor resiliência.

Só você sabe qual é sua posição nesse sentido: se apoia o aumento da discussão sobre saúde mental e a normalização de termos como "resposta ao trauma" e "gatilho", ou se isso te deixa desconfortável. No entanto, quer discussões sobre saúde mental lhe pareçam aceitáveis ou não, elas estão ocorrendo em um momento de enorme sofrimento global e falta de acesso e apoio à saúde mental centrado na pessoa. Individualmente, ainda temos muita dificuldade de rotular o que aconteceu conosco como "trauma", e sobreviventes de traumas de infância com frequência não buscam ajuda. Isso se deve ao fato de que crianças muitas vezes são culpadas por suas experiências por aqueles que as promovem (ao ponto de desmerecimento, vergonha e culpa se tornarem parte da identidade em desenvolvimento, por exemplo com as crianças sendo tachadas de "más") e à vergonha adicional de quando ela cresce e percebe que o que lhe aconteceu talvez fosse considerado "inaceitável" pela sociedade (o que cria outro obstáculo à revelação de suas experiências; a invalidação que sobreviventes muitas vezes recebem em troca quando finalmente procuram ajuda — como ser alvo de zombaria por falar a respeito nas redes sociais — só piora a situação).

Mais do que um termo da moda no TikTok, traumas de infância são mais comuns do que talvez imaginemos (ou somos capazes de suportar), com mais de dois terços das crianças classificando sua experiência de pelo menos um evento traumático antes de chegar aos dezesseis anos como abuso, negligência ou testemunho de violência em casa. Abuso emocional também é uma experiência comum, relatada por mais de um terço das pessoas, enquanto 18% vivenciam negligência emocional. Portanto, não é improvável que o aumento das discussões sobre traumas de infância na verdade destaque uma experiência comum que existiu tacitamente por tempo demais. Fora que, ao romper o silêncio que com tanta frequência envolve o tema, a maneira como as redes sociais nos permitem ler histórias e compartilhá-las talvez ajude as pessoas a processar suas vivências traumáticas.

Nem sempre pensamos em nossas experiências como traumáticas, principalmente se não vivenciamos incidentes traumáticos específicos, como abuso, e sobretudo se nossas experiências eram consideradas "normais" no ambiente em que fomos criados. No entanto, muitas pessoas lidaram com relacionamentos que fizeram com que se sentissem menos seguras psicologicamente. Pode ser útil pensar no trauma como pensaríamos em um machucado físico. Talvez tenhamos um osso quebrado que claramente precisa de tratamento, porém também podemos ter múltiplos ferimentos pequenos que nos deixam sensíveis e ansiosos para proteger o corpo de mais danos. Às vezes, escondemos bem esses ferimentos, e eles são vistos como meros inchaços, ainda que possam causar danos duradouros.

    Esse pode ter sido um parágrafo difícil de ler, portanto se permita respirar. Mesmo que você não tenha vivenciado esse tipo de incidente, ser mãe ou pai eleva sua sensação de ameaça, e é difícil encarar as experiências pelas quais as crianças podem passar. E se você vivenciou tais incidentes, ou passou por eles com seus filhos, isso pode mudar sua perspectiva de mundo. Agora mesmo, você sente alguma ameaça por perto? Você se sente em segurança em sua casa? Recorra ao seu lugar de descanso se precisar lembrar seu corpo de que não há nada acontecendo no momento. O trauma pode crescer através de repetidas experiências difíceis, e às vezes parece impossível imaginar que podemos mudar a maneira como ele nos ensinou a ver o mundo e os outros. Com o tempo, no entanto, e com repetidas experiências novas, certamente podemos promover uma transformação.

    E se a leitura destacou a insegurança que você sente no momento, considere buscar apoio local para se sentir em segurança. Essa ajuda pode ser encontrada em serviços públicos relacionados à saúde e ao bem-estar, em organizações beneficentes e voluntárias, no trabalho ou na internet.

Vamos voltar a nos concentrar no quarto do bebê. Como você se sente quanto a retornar às suas primeiras experiências, perguntando-se de que maneira elas influenciaram como se sente agora em relação a si, a seus filhos e às outras pessoas de seu convívio? Pode ser bastante difícil identificar padrões na própria vida, porém é comum perceber que estamos repetindo um padrão assim que começamos a refletir a respeito. Ou tendo a mesma discussão de maneiras diferentes, com pessoas diferentes. Isso pode ser frustrante quando acontece com uma mãe ou um pai, um/a parceiro/a romântico/a ou um/a amigo/a, mas talvez seja ainda pior quando começa a acontecer com bebês, filhos pequenos ou adolescentes.

    Vamos conhecer brevemente esses padrões?

NOSSO EU BEBÊ

Agora eu gostaria que você imaginasse como era seu quarto de bebê, lá no comecinho. Talvez pareça impossível, mas preste atenção no que lhe vem à mente. É provável que você tenha uma noção de como era bem pequeninho/a — ainda bebê ou já andando. Onde você se encontra no quarto? Tem alguém com você?

Vamos começar com você.

A conexão com nossa versão bebê pode soar inimaginável, porém essas primeiras experiências nos moldam de inúmeras maneiras que ressurgem quando nos tornamos mãe ou pai. Ao ficar frente a frente com um bebê — ou mesmo a ideia de um bebê —, nossos anseios iniciais retornam.

Como você deve saber, se já passou algum tempo com bebês, eles são pacotinhos de sentimentos extremos. Podem passar de tranquilos, felizes, sorridentes e balbuciantes a vermelhos de fúria em dez segundos. E, é claro, nesses primeiros dias não têm como explicar o que estão sentindo, portanto fome e saciedade, frio e calor, conforto e desconforto, satisfação e insatisfação são experiências intensas, vivenciadas no corpo todo.

Essas experiências são de difícil interpretação — motivo pelo qual têm servido amplamente como objeto de estudo. Para entender de verdade os bebês e como nos sentimos quando tínhamos essa idade, é preciso recorrer à psicanálise.

Se você é psicanalista, peço desculpas pelo que virá a seguir, porque vou resumir mais de cem anos de exploração em um único parágrafo.

Quando bebês, somos intensamente vulneráveis e nossa sobrevivência depende de um cuidado sintonizado das pessoas à nossa volta. Com frequência, sentimos que estamos desmoronando, e precisamos que os adultos nos mantenham íntegros. Se enquanto crescemos contamos com cuidado sintonizado em parte do tempo (note que escrevi "em parte do tempo", e não "o tempo todo"), internalizamos esse cuidado e nos sentimos capazes de nos virar sozinhos. Principalmente em momentos de estresse, temos a impressão de que ficaremos bem. Se não recebemos esse cuidado afinado, não atribuímos isso a nossos cuidadores, mas a nós mesmos enquanto bebês. A culpa deve ser nossa, ou a consequência (nossos cuidadores serem falhos e, portanto, representarem insegurança) será grave demais. Assim, fazemos todo o possível para nos sentirmos seguros — seja ao conter o choro, aprender a sorrir do jeito que provoca a melhor resposta dos cuidadores, nos manter imóveis, ou o que quer que ajude. Muitos de nós têm experiências inexprimíveis bastante assustadoras armazenadas em algum canto da mente. E se tornar mãe ou pai faz com que voltem à tona.

A psicanalista Joan Raphael-Leff chama isso de "coisas selvagens" — as coisas "sem forma", sem nome, indomadas, não processadas, irascíveis e caóticas que fervilham abaixo da superfície civilizada e vêm à tona em momentos de maior permeabilidade. Um desses momentos é aquele em que a pessoa se torna mãe ou pai; quando, com o recém-nascido nos braços (e depois a criança, o adolescente, a criança adulta), nos vemos defrontados por como nos sentíamos com a mesma idade. Essa talvez seja a parte mais difícil de ter filhos. Em todos os estágios, precisamos reviver alguns dos sentimentos e experiências complicados que tivemos no mesmo período, ao mesmo tempo que nos esforçamos ao máximo para apoiar nossos próprios filhos no processo deles.

Não sei quanto a você, mas eu gosto da ideia de que ainda há um bebezinho encolhido dentro de mim. A única coisa é que, quando esse bebê acorda, é com uma emoção pura e desenfreada. Você já sentiu que teve uma reação desproporcional? Sentiu-se abandonada/o por alguém, ou quis matar colegas de trabalho, ou sofreu por outra pessoa? É o nosso bebê que surge nesses casos. E as coisas que o fazem despertar são os momentos que faziam com que nos sentíssemos assim quando éramos bebês de fato.

- Como você recebe isso? Consegue imaginar, quando pensa nas experiências emocionais profundas e às vezes desconcertantes que teve, que isso lhe diz alguma coisa sobre seus anseios e necessidades enquanto bebê?
- Pelo que você acha que passou quando bebê?
- Se você consegue imaginar um bebezinho encolhido dentro de você, como gostaria de cuidar dele?

- Você consegue pensar em maneiras como isso surgiu em sua própria experiência como mãe ou pai ou em seu planejamento para ter filhos?
- Como seu bebê ou sua criança interior se fez notar nas suas experiências parentais até agora?

NOSSOS PAIS INTERNALIZADOS

Quando entramos pela primeira vez no quarto do bebê, pedi que você notasse se havia mais alguém ali com você. Agora, gostaria que retornasse a isso, se possível. Talvez você queira convidar seu guia para entrar também e se manter a seu lado, com uma mão em seu ombro.

Como você provavelmente percebeu conhecendo melhor o bebezinho em você, a maioria dos modelos de desenvolvimento psicológico enfatiza o desenvolvimento através do relacionamento com os outros. O psicanalista e pediatra Donald Winnicott chegou a dizer: "O bebê não existe", destacando que uma pessoa só se desenvolve *com* outra. O primeiro alvo dessa atenção tem sido historicamente a mãe. No entanto, como apontei no capítulo 1, há muitas outras influências sobre como nos desenvolvemos enquanto humanos — pais, cuidadores, irmãos, a família mais ampla, professores, pares e comunidades —, por isso cada vez mais pesquisas se debruçam sobre redes de apego, e não apenas a relação pais-filhos.

Você consegue imaginar uma cadeira de balanço no quarto, e que tem alguém nela, ou alguém segurando você bebê no colo? Quem seria? Como imagina que seguraria você? Como estaria a expressão da pessoa? Se você chorasse, o que imagina que ela faria? Seguraria você mais perto, olharia para você com confusão, colocaria você no berço até que parasse de chorar por conta própria? Qual você imagina que seria a sensação de estar no colo dessa pessoa? Como você acha que ela te segurava? Como ela falaria com você e que tipo de coisas diria?

Se você passou o início da vida separada/o de seus pais ou cuidadores, essa experiência provavelmente deve ter sido muito diferente. Relacionamentos são construídos ao longo da vida, mas talvez seu eu bebê ainda contenha algum resíduo disso. Você pode nutrir sentimentos relacionados a não ter sido carregada/o no colo por algum tempo, ou ter sido carregada/o de maneiras difíceis para o seu corpinho vivenciar. Talvez você imagine como a experiência foi para você, e eu sugiro que pense nos outros adultos de sua vida, que podem ter cumprido parte do papel dos pais no seu caso.

Pode ser difícil imaginar como esses relacionamentos iniciais eram porque envolveram experiências não verbais de nossa parte. Então note o que acontece com seu corpo enquanto você lê. O que você sente? Onde sente? Há emoções relacionadas? Não as questione, não estamos procurando por verdades objetivas, e sim pela *sua* verdade. Você pode notar um bloqueio, notar que não está sentindo muita coisa. Se for o caso, aceite; isso comunica ou que você não quer entrar nessa seara ou que, por algum motivo, é mesmo difícil recordar — e falaremos mais a respeito daqui a pouco.

Se você sentir alguma coisa, é importante se atentar para isso também. Pode ser um sentimento que você às vezes vivencia com seus filhos? Quando ele vem? Como você fica quando esse sentimento surge? Como você imagina que seja para seus filhos quando isso acontece? Por enquanto, só observe; vamos retornar a isso.

Tem mais alguém perto da cadeira de balanço? Talvez mais alguém da família? Talvez irmãos tenham ajudado a criar você, ou tios, ou avós. Ou ainda alguém de fora, como amigos da família, professores, assistentes sociais, pessoas que te acolheram.

A principal teoria que explica por que esses relacionamentos são tão importantes é a do apego. Ela conta com mais de setenta anos de pesquisas robustas e interculturais para apoiá-la, e é fundamentalmente diferente da criação com apego, com a qual não deve ser confundida. A ideia é que a pessoa constrói seu senso de si e dos outros através do relacionamento inicial com o cuidador primário (quer seja ou não a mãe ou o pai) — embora pesquisas mais recentes enfatizem que o apego não se desenvolve com uma única pessoa, mas em nossas interações com todos que cuidam de nós. Isso acontece porque precisamos de proximidade com um cuidador ou mais para sobreviver, e ajustamos nosso comportamento (desde bebês) a essas pessoas, para nos manter perto delas. Nossas experiências influenciam como nos sentimos em relação a nós; o quanto somos capazes de compreender, tolerar e regular nossas emoções e as emoções dos outros; como nos comportamos em nossos relacionamentos com os outros; e até mesmo quanto "espaço" temos na cabeça para refletir e aprender.

A *responsividade sensível* de nossos cuidadores (ou a falta dela) é chave nesse sentido — ou seja, quão sintonizados eles estão com nossas necessidades e quão responsivos eles são a agir apropriadamente em nome delas. Isso cria padrões de expectativas familiares em nossos relacionamentos, a menos que algo aconteça e mude tais perspectivas — tanto uma tragédia, como a perda do pai ou da mãe, quanto uma mudança positiva, que pode acontecer com o desenvolvimento de um relacionamento com apego seguro com outra pessoa (como um/a companheiro/a, amigos ou profissionais da saúde mental).

O que a teoria do apego tem de mais bonito é que ela mostra quão importantes nossos relacionamentos são para nós. Não desenvolvemos um estilo de apego por conta própria — apego é uma estratégia que usamos para tentar obter o melhor de nossos cuidadores. Eles são santuários para os quais retornamos. Mesmo que não pareçam sempre seguros ou consistentes, são familiares. A dificuldade aparece quando, mais adiante na vida, presumimos que outras pessoas vão se comportar da mesma maneira que eles. O pai da teoria do apego, John Bowlby, chamava isso de "modelo interno de funcionamento" dos relacionamentos — nossa planta.

Penso nisso um pouco como uma dança que aprendemos com um conjunto específico de parceiros. A chave é que isso nos mantêm próximos de nossos cuidadores — dançando mesmo quando os passos são difíceis. O problema com a dança é que tendemos a procurar parceiros que dançarão da mesma maneira que nossos cuidadores nos ensinaram... E, quando eles não agirem assim, muitas vezes tentaremos forçá-los a tal e ignoraremos quaisquer tentativas de variações, porque queremos aquilo com que estamos familiarizados.

A SALA DE ESTAR

Agora vamos sair do quarto do bebê e levar nossos cuidadores para a sala de estar. Os sofás foram afastados e uma música toca de uma vitrola. Vamos tentar visualizar a dança que você bebê e seus cuidadores aprenderam juntos. Pode ser difícil pensar sobre isso em relação aos primeiros meses de vida, mas você encontrará pistas nos relacionamentos em que se viu quando criança e depois, com amigos e companheiros. Ao longo dos anos, foram identificadas quatro danças-chave, embora algumas pesquisas tenham expandido isso para demonstrar quão complexas nossas coreografias se tornaram. Talvez não dancemos determinada dança o tempo todo — como no caso em que não escolhíamos somente uma tigela de mingau —, porém é a seus passos que recorremos com mais frequência.

A VALSA:
APEGO SEGURO

A primeira é a valsa, uma dança com ritmo e fluxo constantes. Os pais ou cuidadores conduzem, recebendo dicas da criança. Cada dançarino ocupa o próprio espaço, porém permanece em contato com o outro. A criança pode se distanciar um pouco, porém é recebida de volta e com proximidade quando precisa de segurança. Chamamos isso de apego seguro, e trata-se do estilo de apego da maioria das pessoas. Quando valsamos enquanto bebês e crianças, consideramos todos em volta capazes de valsar também. Vemos outras pessoas no salão e as convidamos a valsar conosco. Reconhecemos que nem todas são capazes de valsar, porém não sentimos que precisamos nos juntar a elas em sua própria dança.

Que cara essa valsa tem na vida real? Um bebê que chora e sabe que a maior parte do tempo será atendido por cuidadores que tentarão descobrir a causa do choro, tranquilizá-lo ou solucionar o problema. Uma criança que perde o controle e é recebida com curiosidade, aceitação e cuidado. Um adolescente que bate a porta e ouve o responsável dizer: "Estou aqui, se quiser falar comigo e quando for a hora". Um adulto autossuficiente que é capaz de pedir ajuda quando necessário e espera uma resposta empática em troca (e que não leva para o pessoal quando não recebe uma, mas busca uma resposta empática de outra pessoa).

A DANÇA IRLANDESA:
APEGO EVITATIVO

A segunda é a dança tradicional irlandesa — o apego evitativo. O que estamos evitando? Conexão, dependência, emoções. Historicamente, esse tem sido o segundo estilo de apego mais comum em países onde a individualidade é valorizada — como Inglaterra, Alemanha e Estados Unidos. As pessoas dançam uma ao lado da outra, sem se tocar. Na metade superior (ou na superfície), as coisas parecem controladas, diretas, constantes. Abaixo da cintura (ou por dentro) pode haver movimentos frenéticos, visíveis apenas quando você olha para baixo (ou para dentro).

Isso se mostra como um bebê que chora e não é confortado ou é ativamente rejeitado, tudo isso de maneira consistente — seja de propósito ou devido a demandas concorrentes dos cuidadores. Esses pais podem estar presentes e até ser protetores, mas não são apaziguadores. Assim, o bebê aprende a engolir o choro (e há bons motivos para isso em termos de sobrevivência). É o caso da criança pequena que se contenta em brincar sozinha, ou abre um sorriso mesmo quando está chateada. É o caso do adolescente que bate a porta sabendo que ninguém vai conferir como está e encontra outras maneiras de lidar com sentimentos fortes. E é o caso do adulto que reprime suas emoções na tentativa de compreender o mundo de maneira mais cerebral — ou até mesmo reprime seus sentimentos para cuidar dos sentimentos dos outros. Ou de um adulto que dá as costas para uma conversa difícil, ou responde minimizando ou ignorando as emoções envolvidas.

O TANGO ARGENTINO:
APEGO ANSIOSO

A terceira dança é o dramático e bonito tango argentino, que envolve boa dose de emoções, paixão e conflito. Uma dança na qual os parceiros podem estar bem juntinhos, bochecha a bochecha, e no momento seguinte se encontrar em lados opostos do salão. Trata-se do apego ambivalente/resistente/ansioso (é irônico que um padrão imprevisível tenha tantos nomes diferentes), o segundo padrão mais comum em países vistos como mais "coletivistas", com fortes laços sociais, como Japão e Israel.

Que cara o tango argentino tem na vida real? De um bebê que chora e às vezes recebe em troca amor, às vezes irritação, às vezes rejeição, às vezes angústia e às vezes é ignorado. De uma criança que, em vez de reprimir seus sentimentos, como na dança irlandesa, eleva a aposta, porque não sabe como vai ser recebida. Chora mais alto, agarra-se à mãe ou ao pai ao mesmo tempo que se afasta. Talvez bata neles, grite "Odeio você" quando internamente se pergunta: "Você me ama? Posso confiar em você?". Ou encontra maneiras complicadas de tentar obter respostas positivas dos cuidadores e acaba sendo descrita como "manipuladora". Na adolescência, isso pode implicar se apaixonar com frequência e sentir medo de ficar só. Na vida adulta, o tango argentino pode envolver uma necessidade constante de reafirmação do próprio valor e da própria importância por parte das pessoas em volta, ao mesmo tempo que se está plenamente convencido de que a rejeição virá a qualquer momento (às vezes afastando os outros no processo).

A DANÇA QUE NÃO É UMA DANÇA: APEGO DESORGANIZADO

Por último, temos uma dança que não chega a ser uma dança — trata-se de uma combinação de muitas coreografias diferentes, confusa e feia, na qual pessoas se machucam. É impossível prever o que seu parceiro vai fazer, portanto é preciso estar pronto para ser girado, arremessado e cair de costas no chão. Esse padrão é chamado de apego desorganizado, porém a psicóloga Patricia Crittenden apontou corretamente quão organizado ele muitas vezes é, porque o bebê ou a criança precisa aprender a se virar de maneiras complicadas para se manter seguro em caso de perigo físico, emocional ou societal. Isso pode se dever a abuso emocional ou físico, mas também pode ser o caso de alguém que cresce testemunhando violência ou com um cuidador consumido pelo próprio trauma prévio. E pode se revelar em uma variedade de maneiras — um bebê que parece congelado; uma criança que chama os pais, porém fica com medo quando eles vêm; um adolescente que volta seu medo e sua raiva contra o próprio corpo e incorre em automutilação; um adulto que busca proximidade intensa, depois afasta a outra pessoa ou se retrai repentinamente.

É importante lembrar que essas danças se desenvolvem porque nos mantêm próximas de nossos cuidadores (mesmo quando eles são assustadores). Os problemas começam quando saímos para o mundo e as danças que aprendemos nem sempre se encaixam com as dos outros. As danças que nos mantiveram seguros enquanto crianças podem inclusive causar danos.

As perguntas que se seguem são importantíssimas. Não tenha pressa em sua reflexão; faça intervalos quando necessário e utilize as ferramentas de apoio discutidas no capítulo 3 (ver pp. 49-59).

- O que isso despertou em você? Você reconhece alguns dos seus padrões nas danças que descrevi anteriormente?
- Se você teve mais de um cuidador presente quando bebê, dançava a mesma dança com todos ou não? No caso de danças diferentes, como você se alternava entre elas? Como acha que isso te influenciou?
- Você já tentou dançar sua dança com alguém mas acabaram se atrapalhando e dando de cara no chão? Por exemplo, alguém já achou sua proximidade intrusiva, ou quis uma resposta emocional mais intensa do que você se sentia confortável em dar?
- Alguém conseguiu te ensinar uma dança diferente?
- Se você tem um/a parceiro/a, como ele/a dança? Como isso se encaixa com sua própria dança (voltaremos a isso no capítulo 8)?
- Por que acha que seus pais ou cuidadores dançavam dessa forma?
- Como você acha que dança com seus filhos no momento? Às vezes, repetimos danças inconscientemente, porque elas nos são familiares. Se aprendemos a dança irlandesa, a valsa pode nos

parecer próxima e pessoal demais, de modo que naturalmente dançaremos a certa distância de nossos filhos.
- Ou você pode notar que está tentando algo diferente com seus filhos. Muitas pessoas que aprenderam a dança irlandesa acabam dançando tango argentino com os filhos, e vice-versa. Trata-se de um movimento em pêndulo que às vezes fazemos para oferecer algo que não tivemos, porém com frequência acabamos indo longe demais. Você acredita que esse seja o seu caso?

Ainda temos muito a aprender sobre o apego. A salas de estar é tão limitada quanto a cozinha — quem foi criado para dançar valsa provavelmente também faz uma tigela de mingau "na medida". Historicamente, as pesquisas se concentraram no relacionamento mãe-filho ou observaram o apego entre duas pessoas apenas. Embora saibamos que diferentes cuidadores (tanto dentro quanto fora da família) podem influenciar como uma criança e um adulto evoluem, ainda não sabemos ao certo como isso acontece, ou se deveríamos estar considerando como fomos ensinados a dançar por todas as pessoas com quem fomos criados. Talvez dançar a valsa com ambos os pais ofereça estabilidade adicional; talvez dançar a valsa apenas com um deles nos proteja de uma dança mais difícil com o outro. Talvez dançar a valsa com a pessoa que é nossa cuidadora primária tenha maior impacto sobre nós do que dançar a valsa com alguém menos envolvido. Ainda não compreendemos inteiramente como outros cuidadores (funcionários de creches, professores ou outros parentes, por exemplo) contribuem para essas danças.

É útil recordar que a maioria das pessoas dança a valsa — e que até mesmo as que passam por maus-tratos durante a infância talvez dancem. Uma pesquisa descobriu que 17% das crianças estudadas, criadas em instituições onde haviam sofrido "negligência estrutural", ainda demonstravam apego seguro em relação a seu principal cuidador. Há muitos motivos complexos para tal — relacionados à nossa predisposição genética, a características como temperamento e personalidade, ambiente, outras pessoas em nossa vida e à quantidade de estresse que vivenciamos. A existência de apenas um adulto caloroso nos apoiando na vida pode nos ajudar a aprender a valsa contra todas as probabilidades.

E podemos mudar nossa dança a qualquer momento, embora isso possa levar tempo — e é mais fácil quando há alguém para ensinar.

Onde você se encontra agora?

Não é fácil olhar para nossa infância, mesmo quando achamos que ela foi feliz. Talvez notemos coisas que não havíamos notado. Talvez preferíssemos não as ter percebido e tentemos escondê-las de novo.

Há uma metáfora envolvendo armários que é comum na terapia para tratar um trauma.

No momento, você se encontra na sala de estar. Saia dela, talvez passando ao corredor, e imagine que há um armário ali — talvez um daqueles armários antigos onde toalhas e lençóis eram guardados. Tendemos (porque, como mencionei, é difícil olhar para isso) a enfiar lembranças ruins, experiências difíceis, sentimentos mal resolvidos e pensamentos desafiadores nesse armário e bater a porta. Sempre que algo mais surge e nos deixa um pouco desconfortáveis, enfiamos ali também. Se você teve experiências traumáticas, às vezes a porta desse armário se abre sozinha, na forma de pesadelos, pensamentos intrusivos e flashbacks. Em todo caso, quando enfiamos coisas demais nesse armário por tempo demais, podemos ter certeza de que ele ficará entulhado. Então algo acontece — como o nascimento de um filho —, e a porta se abre e as toalhas amarrotadas caem todas sobre nossa cabeça.

Nos últimos capítulos, abrimos a porta desse armário e observamos as roupas de cama e banho aos poucos. Talvez pegando uma fronha que representa como sua mãe ou seu pai gritava com você na infância, o que te ajudou a fazer a ligação entre o mingau autoritário e as vezes em que do nada você se viu gritando com seus filhos. Talvez pegando um lençol relacionado a como às vezes um cuidador podia ser caloroso e amoroso e de repente ficava frio, e isso te ajudou a fazer ligação com a pressão que você se impõe para garantir sua presença *todas as vezes* que seus filhos precisarem, o que resulta em exaustão e maior probabilidade de precisar se afastar.

Antes de deixarmos sua casa de infância, vamos parar por um momento para verificar o efeito que tudo isso teve em você.

- Você aprendeu algo de surpreendente em relação às suas experiências de infância?
- Há algo que você deseje explorar mais — talvez falando com seus pais, cuidadores, irmãos ou outros parentes, amigos da família ou vizinhos —, a fim de compreender melhor as próprias experiências?
- Quais são os sentimentos-chave que ficam com você após a leitura desses capítulos? Você precisa fazer alguma coisa para se apoiar neste momento? (Não se esqueça do seu guia e do seu lugar de descanso.)
- Você notou alguma resistência ou evitação ao se debruçar sobre essas coisas? Uma parte de você dizendo: "Não entre aí, Emma!"? Por que acha que isso aconteceu? (Não há motivo de vergonha; é normal precisarmos fazer essa exploração aos poucos.)
- O que você acha que vem repetindo da sua infância sem se dar conta?
- Você tem se esforçado para não repetir alguma coisa, o que te levou a fazer algum tipo de supercompensação?
- Sabendo o que você sabe agora, há mudanças que gostaria de realizar em sua casa atual?
- Do que você precisaria para fazer isso (apoio, conversas, a participação de outra pessoa)?

Sempre que você faz isso — pensa no que sua infância e suas experiências passadas deixaram e considera o impacto (positivo ou não) disso na sua vida adulta —, dobra com cuidado outro artigo de cama ou banho, de modo que o armário fica muito mais organizado. Isso significa que você está criando seus filhos a partir de uma atenção consciente, e não de uma reação a algo que se encontra no fundo do armário.

Também significa que, quando discute ou entra em conflito com ou envolvendo seus filhos, você pode simplesmente abrir o armário, encontrar a fronha certa para compreender tudo melhor e compartilhar com a pessoa em questão. Talvez uma que diga: "Você pode dizer que sou superprotetor/a, mas na infância passei por algumas experiências perigosas e quero garantir que o mesmo não aconteça com você. Podemos conversar sobre como equilibrar isso". Ou uma que diga: "Quando meu bebê grita de alegria, quero tapar os ouvidos, porque sou sensível a barulho, em consequência do estresse que permeava minha casa de infância. Eu gostaria de explorar maneiras de tornar isso mais suportável para mim". Compreendendo de onde essas coisas vêm no nosso caso, não apenas impedimos que afetem nossa criação diária de maneira inadvertida como também aprendemos a aceitá-las com menos julgamento, e até a permitir que nossos filhos nos vejam como seres humanos com a própria história.

Eles ainda herdarão alguns pares de meias sujas que foram enfiados bem lá no fundo, porque todos herdamos, porém talvez tenham uma ideia mais clara de como lidar com essas meias.

Deixando nossa casa de infância

Antes de sair pela porta da frente, vamos fazer uma coisa. Eu gostaria que você imaginasse que seu guia está bem aí, ao seu lado, com uma mão em seu ombro. Talvez vocês estejam na soleira, olhando para dentro. Note o que vê agora. Quem está na casa? Como você se sente? Talvez ainda esteja olhando para um bebê no quarto, talvez uma criança pequena, ou maior. Talvez lembranças tenham retornado ao longo da leitura. Talvez haja outras pessoas na casa, enquanto algumas foram embora.

Eu gostaria de convidar quem quer que esteja nessa casa — suas partes bebê ou criança, quaisquer parentes e cuidadores — a dar uma boa olhada em você, à porta, com o apoio de seu guia. Permita que vejam você como é agora — uma pessoa adulta. Talvez até mãe ou pai, com um filho ou mais. Alguém capaz de decidir qual dança quer dançar.

Agora vamos sair pela porta da frente. E vamos dar mais uma olhadinha no mapa, para conferir o que mais há para explorar.

7
Histórias da sua vida adulta

"Não podemos nunca voltar. Agora sei disso. Podemos avançar. Podemos encontrar o amor pelo qual nosso coração anseia, mas só depois de abrir mão do sofrimento do amor perdido lá atrás, quando éramos pequenos e não tínhamos voz para expressar o anseio do coração."
bell hooks, *Tudo sobre o amor*

Agora eu gostaria que seguíssemos por outro caminho. Dessa vez, vamos à sua casa atual. Onde você mora hoje. Visualize essa casa, como quer que ela seja, e vamos entrar juntos pela porta da frente. Seu guia pode vir junto, se você quiser — vamos passar ao aqui e agora, e cabe a você decidir se quer companhia ou não.

Não sei como é sua casa atual, mas podemos imaginar que, entrando pela porta da frente, damos de cara com um espelho de corpo inteiro? Pare por um momento para se ver tal qual é no presente. Observe tudo: as partes de que gosta e as de que não gosta tanto.

Podemos esquecer isso facilmente, não é? Que somos adultos. Quando partes mais jovens de nós tomam conta, ou quando nos vemos presos a padrões familiares que nos levam de volta ao passado, esquecemos. Às vezes, é inacreditável que se espere que cuidemos de crianças, paguemos contas, realizemos tarefas todos os dias (no trabalho, dentro e fora de casa). Às vezes, nos sentimos como crianças aprendendo a andar.

Quando nos tornamos mãe ou pai e essas partes mais jovens ressurgem com força, a sensação é agridoce. Porque para ser a mãe ou o pai que queremos ser, precisamos nos sentir em casa em nosso eu adulto. Precisamos estar ancorados em quem somos, confiar em nossas respostas e ser flexíveis em nossas atitudes.

Porém, o que realmente significa ser um adulto?

- O que é uma pessoa adulta para você?
- De onde você tirou essas ideias?
- Você ainda acredita nelas?
- Você gostaria de substituí-las por alguma outra coisa? Que tipo de pessoa adulta você quer ser agora?
- O que te impede de se sentir uma pessoa adulta?

Uma imagem de nós mesmos

Muitas vezes, quando sentimos que estamos sendo "adultos", na verdade estamos correspondendo a um ideal que não é sustentável. Isso faz sentido para você? O ideal pode ser baseado em um adulto que você conheceu ou conhece, ou na comparação com outras pessoas. Talvez você sinta que está "arrasando" — trabalhando com eficiência, respondendo aos e-mails, riscando itens da sua lista de tarefas, lembrando-se de buscar a roupa na lavanderia, fazendo cinco refeições por dia, colocando as crianças na cama no horário certo, dando atenção a seu/sua companheiro/a, ligando para a família —, só para no dia seguinte, ou no momento seguinte, derramar café no pijama e se dar conta de que acabou o papel higiênico, o gato vomitou no chão e você não se sente nem um pouco um adulto (na verdade, gostaria até que um adulto aparecesse e cuidasse de tudo).

Porque o problema com os ideais é que eles tendem a não ser realistas, baseados em algumas daquelas histórias que mencionamos no capítulo 1 e, portanto, são difíceis de sustentar. Com frequência, não é de nós mesmos que partimos, mas de uma *imagem* de nós mesmos.

E por qual motivo criamos essas imagens idealizadas? Muitas vezes, como resposta direta a algumas das mensagens que recebemos — dos pais, dos parentes, de comunidades, da escola, da mídia, da cultura, da sociedade. Formamos ideias de como "deveríamos" ser — da versão de nós que parece mais aceitável aos outros — e nos esforçamos para corresponder a elas. Quando não conseguimos, sentimos que somos um fracasso (em vez de questionar se o ideal é algo que realmente queremos ou que podemos atingir).

Grande parte da vida adulta é vivida em reação às partes bebê e criança de nós que conhecemos nos capítulos anteriores. Nós nos afastamos das ocasiões em que sentimos vergonha ou vulnerabilidade, e nos protegemos com armaduras ou armações emocionais inteligentes para nunca mais nos sentirmos de tal maneira. Assim, ninguém nunca saberá que, no fundo, não sabemos exatamente o que estamos fazendo. No entanto, essas proteções podem nos atrapalhar quando estamos tentando nos conhecer de verdade e conhecer nossos filhos (ou outras pessoas em nossa vida). Elas nos impedem de realmente adentrar a vida adulta. E quem quer viver à espera de ser encontrado?

Agora eu gostaria de convidar você a se sentar por um momento em sua poltrona preferida, ou talvez você queira até ir para a cama (a cama de sua casa imaginária, porém se estiver em casa e quiser fazer isso literalmente, fique à vontade). Falamos sobre quem você foi e o que você pode estar carregando do passado. Vamos falar sobre o que você quer para os seus filhos. Para isso, precisamos conversar sobre o que te impede de conhecer quem você é agora.

NOS ESCONDENDO

Podemos ser nossos piores inimigos. Podemos nos conhecer bem e aceitar todas as partes diferentes de quem somos. Em geral, no entanto, há partes de nós que reprimimos e tentamos não observar muito de perto. Um dos motivos pelo qual é importante olhar para elas, além de nosso bem-estar, é porque nossos filhos veem TUDO. Sabe todas as coisas enfiadas no armário que mencionamos no capítulo anterior? Talvez nossos filhos não entendam o que são ou de onde vêm, mas com certeza sabem que estão ali.

Enquanto refletimos quando conhecemos os estilos de dança, nossos filhos precisam se manter próximos a nós para ficarem seguros, e com isso aprenderão a obter o máximo de nós. Parte disso envolve eles usarem seus sentidos para *sentir* o que nós emanamos. É como se antenazinhas captassem nosso sistema nervoso e nossas emoções para que eles saibam como se aproximar de nós. Você pode esconder algumas partes suas de si, de seus amigos, de seus colegas e até de seu/sua companheiro/a. Seus filhos, no entanto, veem tudo. E qualquer disparidade entre o que veem e o que você diz os confunde. Portanto, é melhor abraçar tudo e verificar se há algo que deseja ajustar. Porque provavelmente eles jogarão na sua cara.

Com frequência, as proteções que erguemos são como muros envolvendo os sentimentos da criança que carregamos conosco — medo do abandono, da crítica e da rejeição, medo da raiva ou da agressividade (próprias ou de outra pessoa), ansiedade quanto a sermos esquecidos ou invisíveis. Às vezes, trata-se de muros que construímos por causa de mensagens recebidas de outras pessoas — de que precisamos pedir menos ou ser mais durões; às vezes, vêm da sociedade — de que precisamos nos adaptar à conformidade. É preciso derrubar alguns desses muros para enxergar que nossos medos não vão se concretizar. E, às vezes, se nossos medos de fato se concretizam, precisamos descobrir maneiras de lidar com eles, em vez de reconstruir os muros.

Essa costuma ser a parte mais difícil da terapia, porque achamos que nossos muros nos mantêm seguros. No entanto, eles levam à desconexão. E quando olhamos além, podemos descobrir que não mais tememos o que estava por trás dessas proteções.

NOSSOS MUROS

Diferentes modelos psicológicos incluem o conceito de que desenvolvemos estratégias para nos sentir tão seguros quanto possível à medida que saímos para o mundo e lidamos com outras pessoas. Algumas delas são bastante saudáveis, e é claro que todos as executamos. Podemos fazer piadas quando nos sentimos desconfortáveis, para desarmar a outra pessoa e garantir que a conversa flua. Podemos deixar nossas necessidades de lado e oferecer ajuda para nos conectar com alguém que precisa de nós. Quando fazemos isso de maneira saudável, ainda conseguimos ver o problema enfrentado em sua integridade, além de reconhecer nossas limitações.

As coisas se complicam um pouco quando, principalmente em momentos de estresse, recorremos a estratégias que fazem com que nos sintamos um pouco pior, ou as pessoas à nossa volta se sintam. Talvez nossa adrenalina aumente e gritemos com aqueles que nos são mais próximos e queridos, aliviando assim a pressão, porém fazendo com que nos sintamos culpados e, em consequência, retraídos ou bravos. Ou então nos seguramos e seguimos o fluxo, desligados de nossos sentimentos. Essas estratégias, e outras parecidas, não resolvem o estresse com que lidamos e podem nos deixar chateados, desconectados e às vezes frustrados conosco ou com os outros. No entanto, elas funcionam, porque mantêm os muros erguidos, nos protegem da vulnerabilidade e nos são familiares, de modo que continuamos recorrendo a elas.

Escolhemos nossas estratégias com base em diferentes fatores: a dança de que falamos no capítulo anterior, o quanto repetimos as ações de nossos cuidadores e o quanto reagimos a elas, outras mensagens que recebemos das pessoas à nossa volta, nossas comunidades, nossa fé, nossos filmes preferidos, com quem estamos lidando no momento. Pode ser bastante útil pensar nisso como personagens que existem dentro de nós o tempo todo e que surgem quando requisitados. Às vezes, ficamos exasperados com eles, porém todos foram criados por nós para garantir a nossa segurança.

Agora vamos chamar alguns dos seus personagens para se juntar a você e vamos recebê-los bem? Se quiser, seu guia pode estar junto. Ele pode ser um personagem que você aspira ser, de modo que o convite é válido.

OS PERSONAGENS

Vou destacar aqui personagens que surgem comumente no meu consultório e alguns motivos pelos quais os criamos. De novo, não leve nada ao pé da letra. Você pode se identificar bastante com alguns deles, enquanto outros talvez não façam sentido para você — embora seja capaz identificá-los em outras pessoas. Talvez você não se identifique com nenhum dos personagens e, se for o caso, pense nos seus. Muitos deles contam com características positivas, que nos são úteis para lidar com o dia a dia. No entanto, quando tomam conta de nós por completo ou dominam nossos pensamentos, eles podem nos fazer perder o contato com outras partes de nós e visões alternativas do mundo.

O CRÍTICO

Esse é um dos personagens mais recorrentes, e imagino que você o conheça. Como é o seu? Que voz tem? Que tipo de mensagem transmite?

Na psicologia, a ideia de um crítico interior, ou de um guia moral interior, remonta a Freud e o superego. Às vezes, nosso crítico pode ser relativamente benigno, nos incentivando a conquistar mais, a nos sairmos melhor, a nos esforçarmos. Pode ser uma sensação de que as coisas ainda não estão "boas o bastante". Também pode ser uma voz que cospe e insulta, perguntando com desdém quem pensamos que somos, apontando para a variedade de opiniões negativas que outros podem ter a nosso respeito. O crítico coleciona réguas para nos medir — e tendemos a nunca estar à altura. O mantra do crítico é: "Você precisa tentar mais".

Com frequência, esse personagem aparece em resposta a uma sensação de inadequação, às vezes de não atender às expectativas. Tememos que, caso o crítico relaxe, nosso pior medo se torne realidade: de que na verdade somos inúteis, preguiçosos e indignos.

Há uma parte do crítico que nem sempre gostamos de admitir: podemos ser duros com os outros porque os medimos segundo os mesmos critérios.

O CUIDADOR

Também o amado, o nutridor, o protetor, a Mãe/Pai-Terra. É esse personagem que lida com o estresse, a angústia e o conflito, puxando as pessoas para mais perto e tomando conta delas. Às vezes, ao ponto de suas próprias necessidades ficarem em segundo plano em relação às das outras pessoas.

Ele é familiar a você? Como você vê o cuidador? Que voz tem? O que ele te encoraja a fazer?

Em algumas pessoas, esse personagem pode provocar desdém ou até medo. Se é o seu caso, preste atenção. Não é improvável que você tenha um cuidador na sua vida que possa estar cumprindo parte desse papel em seu benefício.

Trata-se de um personagem que encoraja a paz e o amor o tempo todo. Comportamentos difíceis por parte de outras pessoas devem ser recebidos com um sorriso simpático e um toque compassivo no braço. Outras tarefas são abandonadas no momento em que alguém nos expressa uma necessidade. Esse personagem diz em voz alta: "Claro", "Eu adoraria", "Não dá trabalho nenhum". E sussurra: "Não reclame", "Você deveria demonstrar gratidão" e "Poderia ser muito pior". A raiva não é permitida, o que significa que outras pessoas podem ser levadas inconscientemente a expressar raiva em seu nome.

O cuidador talvez venha de um sentimento de invisibilidade e desvalorização — quando as necessidades dos outros parecem muito mais importantes, aprendemos a afastar as nossas. Às vezes por causa de pais que precisavam que cuidássemos deles (física ou emocionalmente), ou por crescer em uma família em que as necessidades dos irmãos ofuscavam as nossas. Atendemos à nossa necessidade de amor oferecendo aos outros o que gostaríamos de receber, e nos sentimos valorizados diante da satisfação alheia com o que oferecemos. Expressar nossas necessidades é equiparado a pedir demais.

O cuidador pode envolver sentimentos de onipotência em algumas pessoas — uma sensação de que ninguém é capaz de oferecer o mesmo. Isso pode despertar sentimentos de satisfação e orgulho, mas também de frustração, ressentimento e fúria quando (inevitavelmente) precisamos nós mesmos de um pouco de amor.

O PREOCUPADO

"O que é aquilo se mexendo?" O preocupado está sempre atento a ameaças, pronto para agir no mesmo instante. Ele não tem tempo de se sentar ao seu lado e segurar sua mão; quer soluções, e rápido. Às vezes, é um bom solucionador de problemas, às vezes tem uma lista infinita de tarefas a cumprir, às vezes cria problemas tão rápido quanto consegue solucioná-los. Esse personagem está relacionado à nossa resposta de fuga e se mantém alerta o tempo todo para prevenir catástrofes (mesmo que imaginárias) e garantir a segurança de todos.

Se você teve o tipo de experiência que aprimorou seu corpo para a sobrevivência — no próprio nascimento, no que viveu até agora ou nos ambientes em que habitou —, é provável que o preocupado se faça bastante presente. Ele pode ser uma fonte constante de ansiedade na sua vida. Ou pode assumir a forma do solucionador de problemas, aquele que evita desastres.

Que cara o preocupado tem para você? Como se porta? Como é sua voz? Ele adora dizer coisas como "Tem sempre um desastre prestes a acontecer!", "Precisamos de um plano" e "Como deixei chegar a isso?".

O preocupado não gosta de sentir que não está no controle; na verdade, qualquer situação que não consiga controlar o extenua. Ele nem sempre entende que outras pessoas podem não embarcar em suas ideias e planos, ou vê-lo como excessivamente ansioso. Às vezes, ele pede desculpas demais quando o plano não atinge o objetivo desejado e se sente culpado por coisas que não estão em seu controle. Às vezes, ele nos impede de relaxar. No entanto, esse personagem é altamente recompensado pela sociedade, que adora um planejador.

O preocupado surge da ansiedade, da sensação de falta de controle e impotência. Ele se esforça ao máximo para evitar a ansiedade, mas ao fazer isso cria ainda mais coisas em relação às quais podemos nos sentir ansiosos.

O ESTOICO

Parecido com o preocupado, mas com uma armadura. Esse personagem não tem tempo para sentimentos — e até os considera desnecessários.

Trata-se de um personagem que você conhece? Como é sua voz? Quais expressões faciais costuma fazer? Como fala? Que cara tem?

O estoico adora dizer coisas como: "Não desperdice tempo se preocupando", "Mãos à obra", "Pelo menos..." ou "Poderia ser pior". Trata-se de um personagem ligado à dança irlandesa do capítulo anterior (ver p. 91), que lida com as partes complicadas da vida simplesmente ignorando-as e às vezes até silenciando-as. Em algumas culturas, esse personagem é bastante elogiado por seu pragmatismo e independência. Há toda uma escola de filosofia devotada a essa doutrina ética. O objetivo dos estoicos é viver de acordo com a razão e o raciocínio. Nossas necessidades e nosso apetite mais primitivos devem ser controlados.

Esse personagem muitas vezes surge de uma falta de validação de sentimentos, que se tornam obstáculos. Em alguns, isso vai ainda mais além, com o estoico vestindo uma armadura. Nossos sentimentos não têm escape, e os sentimentos alheios não conseguem entrar. Responde-se ao conflito com retraimento e talvez até censura, com uma atitude do tipo "se controla!".

O lado negativo é que, não importa o quanto tentamos ignorá-las, emoções incômodas sempre dão um jeito de extravasar. Por isso, talvez tenhamos que nos esforçar mais para manter a caixa de Pandora de nossos sentimentos fechada — e, ao nos recusar a ver os sentimentos dos outros, perdemos de vista a totalidade da pessoa que poderíamos vir a conhecer.

O GUERREIRO

O guerreiro pode assumir diferentes formas. Às vezes, alguém que luta contra injustiças; e outras, alguém que luta para que nossas necessidades sejam atendidas; e, certas vezes, alguém que está sempre lutando.

Há um guerreiro dentro de você? Você o reconhece em alguém que conhece bem? Que cara seu guerreiro tem? Ele lembra alguém?

As crianças têm um forte espírito guerreiro e sempre buscam justiça e equidade no mundo; às vezes, refinamos esse personagem mais adiante na vida; em outros casos, o reprimimos.

O guerreiro diz "Não é justo!", e seu mantra é: "Seja a mudança que você deseja ver no mundo". No entanto, também pode ser um pouco controlador, com uma ideia fixa a respeito do mundo que *ele* deseja ver e de como as pessoas devem agir. Quando isso é desafiado, o guerreiro pode lutar com ainda mais vigor ou se sentir derrotado. Guerreiros podem proteger aqueles que consideram mais fracos ou necessitados de ajuda, e podem demonstrar determinação de mudar as coisas para melhor.

Com frequência, guerreiro surgem de um sentimento de impotência. Algumas crianças que foram maltratadas nos primeiros anos de vida podem refinar seu guerreiro interior, a fim de se certificar que elas e outras como elas não passarão mais por tal experiência. É possível encontrar guerreiros trabalhando em organizações beneficentes, envolvidos em campanhas, na política e em profissões relacionadas ao cuidado.

O OGRO

É um personagem relacionado ao guerreiro, mas cujo instinto de lutar se torna verbal ou fisicamente agressivo. Algumas pessoas expressam a raiva ao longo da vida; já em outras, o ogro permanece latente até que alguém o cutuque (por exemplo, tendo filhos), e então ele se revela com força total.

Que cara o ogro tem? É provável que você tenha um dentro de você, mesmo que o mantenha muito bem controlado e ele não apareça com frequência. É nossa resposta lutar ao estresse. Como seu ogro soa? Ele tem alguma frase típica? Talvez "Me ouça!", ou "Faça como eu digo!". Talvez ele se expresse através de um grito gutural. Ou então pode ser que se expresse de maneiras mais sutis.

Na criação de filhos, o ogro costuma aparecer como a tigela de mingau salgada e autoritária (ver p. 75). Podemos morrer de medo do ogro, sobretudo se fomos criados por pessoas assustadoras. Podemos reprimir quaisquer sinais de raiva e idealizar nossa capacidade de afeto (o cuidador pode manter o ogro em xeque). No entanto, em momentos de estresse ou quando vemos nossos filhos, companheiros ou outras pessoas como potencialmente opressoras, o ogro pode atacar para proteger nossas partes vulneráveis. Essa raiva pode levar a gritos ou até agressões físicas, que talvez pareçam vindas do nada, principalmente quando nos vemos confrontados por impulsos agressivos ou movimentos de independência de nossos filhos. Quanto mais idealizamos o papel de mãe ou pai, não validamos sentimentos de ressentimento ou raiva, e deixamos nossas necessidades humanas básicas de lado, mais atiçamos o ogro. Essencialmente, se você ocupa um papel submisso enquanto mãe ou pai, em algum momento pode sentir que precisa ser o dominante para reafirmar seu senso de si como uma pessoa completa. Pode ser difícil para os filhos passarem por isso, mas também para nós, se nos esforçamos para não repetir a raiva que vivenciamos.

Não estou falando de abuso verbal ou físico, quando há um desequilíbrio de poder contínuo e comportamento controlador na relação entre os pais ou entre pai ou mãe e criança. O que descrevo são expressões indesejadas e importunas de raiva e agressividade — um grito do nada, uma mão vigorosa no braço, pegar a criança com mais força do que o pretendido —, as quais muitas vezes nos chocam tanto quanto chocam nossos filhos. Há um espectro, no entanto. Muitos pais atenciosos e cuidadosos podem incorrer em atos de abuso emocional e físico quando sob estresse ou pressão intensos. A diferença é se a pessoa vê isso como um chamado urgente à mudança ou como seu direito enquanto mãe ou pai. Pode ser difícil romper com ciclos abusivos em famílias sem apoio e orientação de especialistas, mas não é impossível. Se o ogro está se fazendo mais presente do que você gostaria, talvez seja hora de falar com um/a profissional para conhecê-lo com segurança.

O ogro pode afastar as pessoas e assustá-las (além de assustar outros personagens em nós). No entanto, se conseguimos nos aproximar dele, com frequência descobrimos que transmite mensagens úteis sobre como nos sentimos em relação ao poder nos relacionamentos e sobre nossa agressividade natural — o que pode nos levar a descobrir como aceitar e canalizar a raiva de maneira saudável.

Muitas vezes, o ogro esconde partes muito mais impotentes de nós, além de um medo profundo de vulnerabilidade. Que tem a ver com...

A ALMA FERIDA

Algumas pessoas podem estar bem familiarizadas com uma personagem defensiva que parece estar sempre profundamente magoada e que talvez seja até meio vitimista. Essa personagem gosta de dizer "Está tudo péssimo", "Qual é o sentido?" e talvez, para si mesma, "Desisto".

Você reconhece essa personagem? Que cara a alma ferida tem para você? Que tipo de roupa poderia usar? Que cores você associa a ela?

A alma ferida apresenta forte contraste em relação ao preocupado e ao estoico, que podem considerá-la muito frustrante mesmo quando os três habitam o mesmo corpo. Ela pode ser uma contraparte do ogro e se esconder atrás dele. No entanto, a própria alma ferida esconde as partes mais vulneráveis de nós, que sentem tristeza e pesar, em vez de desesperança e derrota.

Trata-se de uma personagem que surge porque não temos outras opções. Em uma situação de ameaça aguda, ela se manifestaria como um "colapso", e poderíamos simplesmente nos deitar porque não teríamos para onde fugir e porque lutar não ajudaria em nada. Talvez pareçamos bem, mas só seguimos o fluxo, e às vezes até nos retraímos.

Como acontece com o ogro, a alma ferida pode prosperar diante de sentimentos de impotência e desamparo — talvez vindos de mãe ou pai, ou de uma resposta à desigualdade social. Por exemplo, a pobreza na infância pode estar ligada a mais comportamentos de desamparo na adolescência e na vida adulta, porque a quantidade de fatores de estresse sociais e físicos enfrentados impactam o senso de autoridade e de controle.

O FLUTUADOR

Um último personagem bastante comum é o flutuador. Ele não deve ser confundido com o cuidador, que pode ser permissivo, mas se mantém presente. O flutuador vem à tona quando precisamos escapar. Isso pode estar ligado à resposta de congelamento e ser visto como uma forma de dissociação ou separação do mundo (e de nós mesmos).

A dissociação tem sido comumente relacionada a um trauma agudo — como mecanismo de sobrevivência a experiências terríveis, podemos levar nossa mente a outro lugar. Também podemos aprender a dissociar para lidar com experiências relacionais difíceis nos primeiros anos de vida, seja um evento traumático nas mãos de um cuidador (o que é conhecido como "trauma por traição"), ou uma experiência mais "discreta", como não ter recebido respostas consistentes de maneira apropriada. Nem sempre sabemos quando o flutuador está operando; principalmente se fomos criados para ser complacentes, podemos flutuar bastante. Em essência, se nossos cuidadores não nos conheciam por inteiro, podemos ter dificuldade de nos conhecer em absoluto. Podemos inclusive nos desligar por outros motivos — como sensibilidade a estímulos sensoriais, ter crescido em condições tumultuadas das quais só conseguíamos escapar viajando mentalmente, ou termos muito pouco respiro na vida atual e precisarmos de distanciamento para nos recuperar.

Todos flutuamos às vezes — se nos entediamos com uma tarefa e começamos a sonhar acordados, se estamos cansados e ficamos só mexendo no celular. No entanto, quando o flutuador se torna um personagem ao qual recorremos com frequência para lidar com a vida cotidiana, pode haver disrupção no processamento habitual, de modo que seu senso de si no mundo, sua expressão de pensamentos e suas lembranças podem parecer fragmentados. É como se a gente tivesse, várias vezes ao longo do dia, a sensação que temos quando sonhamos acordados em uma viagem longa de carro, e de repente nos damos conta de que avançamos sem prestar atenção.

Você tem um flutuador em si? Qual é a cara dele? Talvez ele não tenha cara nenhuma, só pareça uma névoa se aproximando. Na sua cabeça, como ele fala?

Na criação de filhos, muitas vezes nos pegamos flutuando — como forma de lidar com as tarefas mais mundanas envolvidas, porque dormimos pouco, porque não queremos representar um herói da Disney ou da Marvel pela milionésima vez. Principalmente nos primeiros anos, a flutuação pode ser essencial para se sintonizar com o mundo sonhador das crianças pequenas. No entanto, se fazemos isso com regularidade e, como resultado, deixamos os pedidos de atenção de nossos filhos passarem despercebidos, pode haver um impacto tanto em nós quanto neles.

APROXIMANDO NOSSOS PERSONAGENS

Você pode ter pensado em muitos outros personagens, e alguns deles podem estar com você agora mesmo, enquanto lê. Talvez você na posição de irmão ou irmã pode surgir, ou você em outro país, ou você no trabalho, ou você como uma pessoa japonesa, ou você como uma pessoa autista, ou você como pessoa com deficiência. Talvez exista um personagem importante baseado na sua fé, saúde, cultura, comunidade, raça ou forma física.

Também há seu guia, que pode ser uma espécie de figura parental idealizada que se encaixa em uma das alternativas anteriores, ou talvez seja uma mistura de outros personagens.

- Como você se sente após ter lido as descrições dos personagens? Há algum que reconheça claramente? Outros que percebeu que existem em você, embora ainda não os tivesse notado? Outros sobre os quais nem falamos?
- Onde esses personagens se manifestam em você?
- Onde você os sente em seu corpo?
- Em momentos diferentes, você utiliza personagens diferentes?
- Há personagens que você tenta afastar ou evitar?
- Eles sabem uns dos outros?
- Eles sabem sobre VOCÊ?

O mais importante a lembrar sobre esses personagens é que eles não são seres humanos COMPLETOS. Cada um deles pode ser uma parte de você, porém de modo algum você por inteiro, mesmo que às vezes possa parecer. Talvez você preferisse não conter alguns deles, talvez preferisse se basear em outros o tempo todo. Na verdade, entretanto, somos compostos por todos eles, trabalhando juntos de diferentes maneiras, fora as partes mais vulneráveis que conhecemos nos capítulos anteriores e muitos outros fatores — nossos relacionamentos agora, outras maneiras como nos comportamos no passado, necessidades atuais.

Qual seria a sensação de permitir que todos esses personagens tivessem voz? Se falassem sobre o que é importante para eles e por que sentem que precisam estar ali? Se vissem um ao outro e reconhecessem os benefícios que todos trazem? Muitas vezes, nossos personagens desconhecem a existência uns dos outros. Outras vezes, unem e trabalham juntos, como o cuidador e o crítico, que podem descobrir práticas de criação mais gentis e nos incentivar a atingir o status de pais perfeitos; ou o preocupado e o guerreiro, que podem trabalhar juntos para tentar gerar mais segurança para nossos filhos.

Um dos principais objetivos da terapia é aproximar todos esses personagens para que nos sintamos mais integrados, mais completos. Assim, podemos enxergar mais claramente por que agimos como agimos, e até mesmo por quem somos influenciados.

TRAZENDO NOSSOS FILHOS PARA A HISTÓRIA

É claro que esses personagens vão aparecer para nossos filhos, assim como para todas as pessoas com quem nos relacionamos. O flutuador pode surgir quando você está lendo pela milionésima vez o mesmo livro infantil, e o guerreiro pode aparecer quando outra criança sai correndo com o brinquedo preferido do seu bebê.

No entanto, uma das coisas mais complicadas relacionadas a esses personagens é o fato de que às vezes podemos transferi-los para nossos filhos. Isso talvez se deva ao fato de não gostarmos do personagem em questão, como o ogro. Talvez tenhamos o desejo de ser pais perfeitos, que não se deixam abalar, por isso quando nossos filhos não permitem isso (por exemplo, dizendo que odeiam a comida que preparamos com tanto carinho ou gritando que *nos* odeiam) e sentimos a raiva vir, "transferimos" isso para eles, que se tornam o ogro — uma pestinha ingrata. Ou queremos tanto ter filhos perfeitos que "transferimos" o cuidador para eles e só vemos as partes puras, amorosas e encantadoras, ignorando as mais complicadas, irritantes e desafiadoras.

Quando compreendemos todos os personagens dentro de nós — o que carregamos em nossa totalidade —, não precisamos fazer isso. Assim, temos a oportunidade de ver nossos filhos como eles realmente são — e de entender seus personagens também.

- Isso faz sentido para você? Houve vezes em que, a seus olhos, seus filhos assumiram um desses personagens?
- Como você se sentiu a respeito?
- Como você se sente a respeito agora que notou isso?
- Há personagens em especial que você se vê procurando em seus filhos?
- Há personagens em especial que seus filhos despertam em você?
- Se tem mais de um filho, você nota que eles despertam personagens diferentes em você? Como explica isso?
- Há personagens que seus filhos notam em você e que você gostaria de não conter? Como se sente em relação a isso? Por que acha que contém esse personagem? Como se sente em relação a ele? O que ele te oferece?
- Se você está lendo este livro com seu/sua companheiro/a, percebe que isso acontece com a outra pessoa e as crianças? Vocês podem discutir essas perguntas juntos e considerar como isso se desenrola na família.

Onde você se encontra agora?

Agora conhecemos você por inteiro. Bom, na verdade, nem tanto, mas conhecemos alguns de seus elementos-chave. Foi uma bela viagem.

Como você está se sentindo? É complicado, eu sei, e sua cabeça pode estar girando um pouco. No entanto, se conseguirmos fazer com que todas essas partes diferentes nos ajudem a compreender sua jornada como mãe ou pai, sua experiência diária talvez se torne muito mais simples. Se você mostrar compreensão a seus filhos reais, como eles são, e sua alma ferida te lembrar de que você não teve o mesmo privilégio, talvez dê para ouvir do que eles estão precisando *agora*. Talvez assim você compreenda o que vivenciou no passado, ofereça a si um pouco de compaixão pelo que perdeu e se orgulhe de tentar fornecer algo diferentes a seus filhos.

Se sua experiência como mãe ou pai vem sendo diferente do esperado e seu crítico começar a compará-lo com outras pessoas, te xingar e te repreender, talvez você consiga perceber o que isso te leva a fazer, pensar e sentir. Como essa voz crítica te afeta? Talvez assim você possa parar por um momento e se perguntar: "Por que estou acreditando no crítico? Quais histórias ele está me contando? Eu acredito nelas? Que custo isso tem para mim? O que o crítico se preocupa que possa vir a acontecer se eu falasse com mais gentileza?".

Quando agimos a partir desses diferentes personagens, podemos perder nosso senso de integridade e ter mais dificuldade de enxergar os outros como pessoas íntegras. Apenas saber que esses personagens estão aqui e que podemos ter curiosidade em relação ao que trazem consigo já nos ajuda a atualizar algumas das histórias sustentadas por eles.

COMO A MUDANÇA ACONTECE – SEM QUE A GENTE PERCEBA

Com frequência, esse é um processo que ocorre de maneira orgânica em meu trabalho terapêutico. De início, notamos esses personagens somente após o evento que faz com que se manifestem. Então sentimos certa frustração, porque é como se eles aparecessem sem ser chamados. No entanto, se nos debruçarmos com curiosidade, compaixão e aceitação sobre *por que* eles surgem, notamos mudanças e aprendemos mais sobre quem somos além dos muros que erguemos. É comum que, em seguida, passemos a notar o preciso momento em que esses personagens chegam. Assim, percebemos que assumimos uma postura mais observadora e somos mais capazes de fazer escolhas conscientes sobre como desejamos reagir. Então, de repente, nos damos conta de que esses personagens começam a se fundir um pouco e baixamos nossas defesas à medida que desenvolvemos a noção de quem somos quando não estamos representando um papel.

Pode ser um processo frustrante, e com frequência as pessoas por um momento pensam: "Quem eu sou, afinal?". Como vimos antes, podemos achar que somos um personagem e aspirar a desempenhar esse papel o tempo todo. Podemos nutrir sentimentos fortes quanto a isso e por que precisamos agir assim. À medida que começamos a nos compreender, percebemos que esses personagens talvez estivessem escondendo outras partes de nós, que talvez agora desejemos conhecer melhor. Para tornar as coisas ainda mais complicadas, podemos nos dar conta de que outras pessoas se identificam com esses personagens e talvez não tenham visto além das defesas deles. Isso pode afetar os relacionamentos dentro de casa, no trabalho e as amizades. É bastante coisa.

Então, o que fazemos a respeito?

LUTO

Em primeiro lugar, se você ainda não fez isso, inspire fundo e expire lentamente, de boca aberta. Mais uma vez. E mais uma, e mais uma depois, até uma sensação de tranquilidade tomar conta de si. Dê uma sacudida no corpo, boceje e se espreguice, se assim desejar. Você já trabalhou MUITO.

Talvez você esteja se sentindo mais leve, livre, com maior clareza mental quanto ao que carrega... bom, dentro de si. Talvez você tenha baixado algumas de suas defesas. Porém, também pode estar se sentindo bastante inquieto quanto a tudo isso. Talvez lembranças difíceis tenham sido despertadas. Pode ser complicado encarar os modos como aprendemos a nos proteger, porque isso significa encarar o que estamos protegendo.

Caso sinta certa tristeza, permita-se vivenciá-la. Caso esteja com raiva, permita-se isso também. Vale lembrar que a intenção não é culpar ou envergonhar ninguém. Estamos trabalhando a partir da compreensão de que todos fizeram o melhor com o que tinham. Mas "o melhor" pode não ter sido o bastante para você.

Talvez o luto se manifeste em você — pelas partes suas que manteve escondidas, pelo amor que gostaria de ter tido, pelas oportunidades perdidas, pelas heranças de família que não escolheu. Às vezes, precisamos viver o luto pelas partes de nós que não conseguiram o que precisavam para conseguirmos nos conectar com o presente. Se é nessa posição que você se encontra, como pode abrir espaço para isso? Passe mais tempo pensando em como se sente, converse a respeito se precisar.

Permita-se ficar de luto pelo que poderia ter sido, para depois conseguir olhar adiante, para o que virá.

Se estiver cansado/a, permita-se respirar e deixe que tudo se assente. Talvez nos próximos dias esses personagens e a origem deles em sua vida se tornem mais evidentes. Talvez você experimente certa confusão, e tudo bem. Foi bastante coisa. Reserve-se um tempo, escreva sobre o que percebe, converse com alguém, ou com várias pessoas. E tenha em mente que você está fazendo algo bem incrível ao percorrer esses caminhos comigo.

Vamos apenas conferir antes de seguir em frente:

1. Como está se sentindo? (Como está sua frequência cardíaca, seu nível de energia, como seu corpo se sente? E quanto a suas emoções? Você sente ansiedade, tristeza, empolgação, curiosidade ou alguma outra coisa?)
2. O que a leitura da parte II despertou em você? (Em termos de informações, ideias, lembranças, sentimentos?)
3. Cite uma única coisa que gostaria de levar consigo desses capítulos.

PARTE III
AS OUTRAS PESSOAS NA SUA HISTÓRIA

8
Parceiros na criação

"A maior mentira já contada sobre o amor
é que ele liberta você."
Zadie Smith

Não existimos em um vácuo, embora às vezes possa parecer que sim. Somos influenciados não apenas por nossas histórias, mas também pelas pessoas com quem estamos conectados e os ambientes em que vivemos. Podem ser coisas que nos afetam diretamente — como atendimento público de saúde pós-parto, a coordenação da escola dos seus filhos ou a acessibilidade dos parquinhos na sua região. Também podem ser mudanças sociais e históricas que você acompanhou, como uma pandemia, os movimentos Mee Too ou Black Lives Matter, o Brexit, a revogação de *Roe × Wade*,* recessões mundiais, a crise climática. Tudo isso interage e se altera ao longo de uma vida. Todas essas coisas não influenciarão apenas sua parentalidade, mas também seus filhos.

É o que muitas vezes ignoramos quando falamos sobre criação de filhos. Nós nos concentramos mais no papel da mãe ou do pai na vida da criança do que em como as crianças nascem em redes formadas por outras pessoas. Parte do desenvolvimento consiste em descobrir

---

*Decisão proferida pelo Supremo Tribunal dos Estados Unidos sobre a questão da constitucionalidade de leis que criminalizavam ou restringiam o acesso a abortos. (N. E.)

como existir nessas redes. Mas nos concentramos no que os pais estão fazendo, em vez de no que está acontecendo em sua vida e como isso influencia seus sentimentos, sua capacidade de criar os filhos e suas decisões.

Uma das influências mais importantes nessa jornada é com quem você está criando seus filhos. Isso deveria ser óbvio, mas qual das várias histórias sobre amor menciona que ele pode ser levado ao limite às quatro da manhã, quando duas pessoas se olham nos olhos, ao som de uma criança dando chilique, como quem diz: "FAÇA ALGUMA COISA!". Ou quando você nota que a outra pessoa consegue continuar dormindo *apesar* de a criança estar dando um chilique.

Quando falamos sobre criação de filhos, tendemos a nos concentrar na mãe e na criança. Raramente discutimos a criação de filhos considerando um casal, o papel do pai, companheiro ou outro responsável, ou o impacto da criação solo. No Reino Unido, na maioria das vezes é um casal — do mesmo sexo ou de sexos opostos — que cria um filho. Dito isso, o número de mães e pais solo está aumentando — um estudo apontou que a criação solo podia ser observada em um terço das famílias estudadas —, assim como o número de famílias recompostas, quando esses pais e mães solo encontram novos companheiros. As famílias mudam com o tempo, de modo que, ao longo da vida, uma criança pode ser criada por pais, avós e uma família acolhedora. Enquanto pai ou mãe, talvez tenhamos que negociar nossas decisões relativas à criação com todas essas pessoas.

De alguma maneira, precisamos unir nossos mapas aos mapas de diferentes pessoas — algumas das quais desejam seguir uma direção muito diferente da nossa.

E isso pode ser motivo de tensão.

Se você está criando ou pretende criar filhos com outra pessoa, talvez seja bom considerar envolvê-la na leitura deste livro, se é que isso ainda não aconteceu. O que tendo a encontrar, no atendimento clínico e nas conversas com pais — principalmente aqueles que criam filhos a dois — é que uma pessoa abriu seu mapa, examinou, chamou guias turísticos para aprender a navegar os territórios desconhecidos, depois convidou a outra parte a abrir o próprio mapa e ouviu como resposta: "Não preciso de um mapa, sei o caminho". Ou "Tenho meu próprio

mapa, é melhor você me seguir". Ou "Que mapa? Não tenho um mapa".
Às vezes, por trás dessas respostas, escondem-se dúvidas como "O que vai acontecer se eu não seguir meu mapa?", "O que a outra pessoa vai pensar de mim se eu admitir que não sei o caminho?".

É claro que acabamos trilhando caminhos diferentes. Então problemas começam a surgir na forma de ressentimento, frustração e desconexão.

Tudo pode se tornar ainda mais confuso para todo mundo quando pais e cuidadores passam a se dedicar mais a provar que estão certos do que em se conectar enquanto família e embarcar juntos na jornada.

Alguns de nós têm outras barreiras a derrubar antes de poder realizar esse tipo de reflexão — por isso, talvez você já saiba que convidar a outra pessoa a ler este livro pode criar um problema que exigiria uma energia que você não tem para ser resolvido. No entanto, se você acha que ela pode topar fazer isso em conjunto, é bom convidá-la agora, para que vocês possam discutir o restante. A outra pessoa pode ler os primeiros capítulos por conta própria (vai ser MUITO útil enquanto casal também aprender esse tipo de coisa sobre a outra parte), depois vocês seguirão juntos com o livro.

Sei que tais conversas podem ser complicadas, então sinta-se livre para mostrar este trecho para a outra pessoa:

Olá. Sou a dra. Emma Svanberg, psicóloga clínica que trabalha com futuros pais, pais e cuidadores, e adoraria que você lesse este livro.

Tendemos a pensar na criação dos filhos como algo que nos vem naturalmente (principalmente às mães). No entanto, trata-se de uma capacidade a ser desenvolvida, como qualquer outra. Algumas pessoas herdaram muitas das habilidades necessárias com os pais, porém outras precisam aprendê-las (e às vezes precisam desaprender bastante coisa também). Além disso, cada criança é única, e pode ser preciso aprender sobre ela para que você possa oferecer aquilo de que ela precisa. Muitas vezes, aprender mais sobre nós mesmos e como operamos pode nos ajudar a ver como nossos filhos operam.

Quando aprendemos isso, ser mãe ou pai se torna muito mais fácil. Mais fácil para nós, enquanto mães ou pais; mais fácil para nós, enquanto pessoas alheias a nosso papel de mães ou pais; mais fácil para as crianças. O que pode levar a um pouco mais de harmonia no lar. O modo mais rápido de fazer isso é aprendendo juntos, como uma unidade parental, para que vocês estejam na mesma página e não discutam a respeito quando a criança estiver em meio a uma crise. É como um conjunto de blocos de montar. Quanto mais alinhados vocês estiverem em seus objetivos e valores enquanto pais, mais habilidades sentirem que têm dentro da manga e mais conectados se mostrarem enquanto dupla, mais sólida será a fundação sob os pés de seus filhos. O que significa que será mais fácil para eles florescer, e vocês desfrutarão mais do papel de pais. E talvez também desfrutem mais de seus outros relacionamentos (incluindo seu relacionamento consigo mesmos).

Se você está criando solo ou sabe que a outra pessoa não tem condições de pensar sobre isso agora, tudo o que se segue te ajudará a compreender isso um pouco melhor.

Talvez, ao ler esta parte, você pense que de jeito nenhum vai conseguir ter uma conversa assim com a outra pessoa, porque tem medo da resposta dela. Quando há abuso — seja violência física, abuso emocional, controle coercivo (incluindo financeiro) —, essa pode não ser uma conversa segura. Se você acredita que esse seja seu caso, considere buscar algum profissional ou uma organização que possa te ajudar.

Unindo mapas

Vamos passar as próximas páginas descobrindo o que pode dificultar o encaixe de seus mapas enquanto dupla. É claro que isso diverge entre as pessoas, porém há temas que se repetem todos os dias no meu atendimento e que espero que possam esclarecer o que acontece no caso de vocês também. Muitas vezes, sentimos que somos os únicos a passar por esses conflitos e nos concentramos tanto em passar a impressão de família perfeita que não dividimos com as pessoas à nossa volta o que realmente acontece. Se fizéssemos isso, saberíamos que os obstáculos são bastante comuns.

Imagine que vocês abriram cada um o seu mapa, porém há uma lacuna enorme entre eles.

Olhando mais de perto, você descobrirá que essa lacuna é a distância entre a vida familiar imaginada e a realidade, e ela pode ser do tamanho do Grand Canyon. Vamos chamá-la de "Cânion do Casal". Pontes podem ser construídas, porém isso não impediria que monstros aguardassem debaixo delas, prontos para atacar assim que você tentasse atravessar. Eles podem gritar coisas como "Não é JUSTO", "Você não pode estar cansada/o, *eu* é que estou", "Você está falando igualzinho a seu pai/sua mãe", "Você não faz ideia", "O tempo que você gasta para chegar ao trabalho é um descanso em comparação com o que tenho que lidar aqui", "Não entendo o que explica essa bagunça se você passou o dia em casa", "Se você falar com nossos filhos assim vai deixá-los traumatizados", "Afe, esquece, deixa que eu resolvo". Às vezes, ele não grita nada, só faz uma cara tão feia que você foge.

Se estamos tendo problemas enquanto casal, às vezes olhamos para a outra pessoa e desejamos que ela fosse diferente. Se fosse mais calma, mais tolerante, menos chata, mais compreensiva, se não te pressionasse tanto, se parasse de mandar em você, se falasse com mais carinho, se falasse sobre seus sentimentos etc., tudo ficaria bem. Pensar que nem você nem a outra pessoa são o problema pode ajudar. O problema é o monstro. Se vocês conseguirem se unir e construir uma ponte mais sólida, o relacionamento resistirá a ele.

No entanto, vocês podem até encontrar um caminho de volta ao outro, isso até o cânion se ampliar com um terremoto, dificultando ainda mais a construção de pontes. A vida familiar imaginada se transforma com o mundo e coisas como papéis de gênero e expectativas, o cuidado das crianças e o trabalho. É fácil um casal criando filhos sentir que acabou de encontrar terra firme e de repente sentir ela tremendo sob seus pés.

TORNANDO-SE PAIS

Eu gostaria que você imaginasse que está de um lado do cânion, na beirada do seu mapa, e que a outra pessoa está do outro lado, na beirada do mapa dela. Vocês sabem quão longe se encontram no momento e quais partes da ponte construíram juntos.

Primeiro, vamos pensar sobre por que a distância se abriu. Na verdade, ela talvez sempre tenha estado ali.

Uma das coisas mais difíceis de ter filhos é como isso pode ressaltar partes do relacionamento do casal que pareciam aceitáveis até vir a pressão. Assim que o primeiro ano do bebê passa, a maioria dos casais descobre que sobreviveram à tempestade e talvez tenham até se fortalecido. No entanto, se a jornada acentuou problemas prévios, ou criou outros, podem ficar presos em um conflito muito difícil de resolver.

Tornar-se pais juntos não é apenas uma questão de ter filhos; envolve aproximar dois sistemas de valores possivelmente muito diferentes e tentar criar um conjunto de valores compartilhado pela família. Isso já é difícil o bastante — e se torna ainda mais quando precisamos construir outras pontes em virtude de diferenças raciais, étnicas, socioeconômicas, políticas, de classe, culturais ou de criação.

Tornar-se mãe ou pai também muda as pessoas individualmente, e na criação dos filhos podemos nos ver cara a cara com todas as coisas de que falamos na parte I. Com frequência, descobrimos que o que queremos de nossa parceria mudou. E o que queremos oferecer a nossos filhos reais (em vez dos filhos que imaginamos juntos) também pode ser diferente.

Vamos começar pelo começo. Pelo início de vocês como casal. O que queriam para si. Olhando para os mapas individualmente, talvez você veja um cupido no canto, disparando flechas. Essas flechas terão rótulos diferentes de acordo com o que te levou a desenvolver sua ideia do que é ser um casal e do que é amor. Talvez os rótulos sejam "casais felizes amam tudo um no outro", ou "comédias românticas dos anos 1990", ou "as regras de relacionamentos que aprendi na minha adolescência e na faixa dos vinte e poucos anos estão gravadas no meu inconsciente" (o que é bastante comum).

Assim como fizemos para compreender você enquanto indivíduo, quanto mais soubermos como você opera enquanto uma unidade parental, mais sólida parecerá a ponte, para que você e as crianças a atravessem sem medo de monstros.

A PONTE QUEBRADA

Graças ao cupido — e ao tipo de ideias e histórias que vemos e ouvimos à medida que crescemos —, muitas vezes iniciamos relacionamentos amorosos com ideias claras de como eles serão. Isso pode estar relacionado às danças que aprendemos no capítulo 6, e a todas aquelas flechas. E, como o amor é poderoso, podemos até nos convencer de que estamos vivendo essas ideias. Vemos a outra pessoa sob certa óptica, determinados a ver a história de amor que achamos que foi escrita para nós. E agimos de maneira compatível com essa história (mesmo que outras pessoas em nosso elenco possam se sentir silenciadas, um pouco preocupadas quanto a como nossa história terminará ou prontas para nos defender).

Essas são algumas das narrativas que constroem uma ponte entre nós antes que as crianças venham. Nessa ponte estão escritos (talvez com tinta invisível, porque essas coisas não costumam ser deixadas claras) os acordos e as expectativas que vocês têm.

Talvez algo parecido com isto:

Estamos criando uma vida juntos e sinto que quero cuidar de você. Ambos consideramos nosso relacionamento importante e queremos priorizá-lo, por exemplo, reservando as noites de sexta só para nós. Chegaremos em casa, colocaremos roupas confortáveis, pediremos comida e veremos um filme juntos. Nós nos importamos com nossa família e queremos que ela esteja envolvida na nossa vida, por isso entendemos que se o pai ou a mãe de um de nós liga quando estamos juntos, essa ligação deve ser atendida. Esperamos que eu/você abra mão do trabalho para criar nossos filhos no futuro.

Ou talvez:

Ambos trabalhamos em período integral e nos importamos com a carreira, por isso apoiaremos um ao outro enquanto procuramos conquistar nossas ambições. Liberdade e independência são prioridade para nós, por isso não reclamamos quando o outro cancela planos ou passa boa parte da semana com amigos ou outras pessoas. Concordamos em não sentir que temos uma obrigação com os amigos e a família do outro. Esperamos que ter filhos não altere muito nossa vida.

Ou ainda:

Queremos ter um relacionamento que funcione em seus próprios termos, e conversamos bastante sobre o que ambos desejam. Para nós, é importante que seja uma parceria entre iguais. Nossas responsabilidades no lar e um com o outro são compartilhadas e abertamente discutidas. Levaremos essa abertura e esse desejo de equidade para a criação de nossos filhos.

Esses são exemplos breves, e é claro que há múltiplas nuances em se tratando das expectativas que negociamos ao longo do tempo, mesmo sem perceber. De pequenas coisas, como quem vai tirar o lixo e de que lado da cama cada um dorme, até coisas maiores, tal qual o relacionamento com a família e os amigos do outro e a divisão financeira. Fora aquilo que não é dito, como a opinião de quem é mais ouvida e quão preparado o casal está para fazer o que a sociedade acredita que devem fazer.

O que acontece quando temos filhos — e muitas vezes assim que iniciamos a conversa sobre ter filhos — é que a ponte começa a tremer, e às vezes até quebra. Percebemos que havia muitos acordos tácitos que não podemos ou não queremos mais cumprir. E outras coisas fazem com que rachaduras apareçam na ponte. Precisamos reforçá-la, reconstruir as partes quebradas reavaliando o que está escrito nelas.

Só que não temos o costume de fazer isso. Porque estamos sempre cansados, porque sentimos que deveríamos ser capazes de nos virar sem discutir (talvez por conta das comédias românticas) ou porque não queremos que as coisas mudem. Às vezes, a ponte simplesmente cai, e cada parte do casal trabalha do seu lado do cânion, sem saber das expectativas de um em relação ao outro e ficando com raiva e se ressentindo quando tais expectativas não são atendidas.

Procurem responder às perguntas seguintes juntos. Às vezes, podemos discordar quanto à base sobre a qual construímos nossa ponte, ou sentir que desempenhamos ou estamos desempenhando um papel que não é reconhecido. Com frequência, nós nos sentimos presos e não conseguimos imaginar como a ponte será. Se puderem, apenas ouçam um ao outro, sem julgar ou corrigir. Vocês podem até se revezar para falar sem interrupção, enquanto a outra parte se compromete a ouvir e tentar compreender a visão do/a parceiro/a, ainda que não concorde com ela. Vocês também podem fazer anotações separadamente sobre o que pensam das questões a seguir e depois se reunir para um debate. Às vezes, as diferenças entre essas ideias podem nos ajudar a compreender de onde vêm as discordâncias. E trabalhando juntos para construir uma nova ponte baseada na vida como é agora, podemos dar um passo na direção de unir nossos mapas.

1. Sobre o que vocês acham que sua ponte se baseava antes de terem filhos ou começarem a falar a respeito? É possível falar de responsabilidades domésticas, dinheiro, amizades, família, sexo, papéis sociais e muito mais.
2. Quão claras eram as palavras na ponte? Vocês conversavam abertamente sobre suas expectativas em relação ao outro e ao relacionamento? Em caso positivo, o que ajudava nesse sentido? Em caso negativo, o que impedia vocês e como se sentem quanto a falar explicitamente sobre isso? (E estaria alguma história atrapalhando, por exemplo a ideia de que não é muito sexy ou romântico falar sobre esse tipo de coisa? O que essas histórias custavam a vocês?)
3. Como você acha que a ponte mudou, ou onde acha que quebrou, desde que vocês se tornaram pais ou começaram a falar sobre ter filhos?
4. O que você acha que precisa ser discutido antes que uma nova ponte seja construída ou a antiga seja fortalecida? (Por exemplo, tarefas domésticas, as partes de vocês que levam a vulnerabilidade, exaustão emocional, pressão no trabalho, maiores dificuldades familiares.) Quando essas suposições, expectativas e ressentimentos vêm à tona, é possível encontrar soluções que se aplicam a vocês como são agora. Vale ressaltar que criação dos filhos e tarefas domésticas são dois assuntos diferentes. Muitas vezes são relacionados (o que daria uma longa discussão por si só), porém separá-los pode resolver muitas confusões.

5 O que torna mais difícil atender a essas expectativas e suposições? O que você acha que a outra pessoa precisa saber sobre sua vida atual que faria o monstro reaparecer? (Por exemplo, que é difícil atender à expectativa de que você esteja em casa toda noite na hora do banho, por conta da pressão no trabalho. Ou que a suposição de que vocês conversarão depois do jantar parece absurda, devido ao seu nível de esgotamento no fim do dia, mas será que vocês não conseguiriam se conectar de outra maneira ou tolerar isso por mais um tempinho? Ou mesmo que a expectativa de vocês completarem este livro juntos parece opressora, porque ler é um desafio no seu caso, mas que você adoraria ouvir a versão resumida, se não houver problema.)

Unindo-se

Além das pressões sobre os casais, também enfrentamos as expectativas em relação ao que significa cumprir o papel individual de mãe ou pai. Casais com frequência supõem que uma pessoa será a cuidadora principal e a outra assumirá o papel de apoio. Isso muitas vezes é amplificado pela maneira como pesquisas complexas sobre o desenvolvimento da criança são reduzidas à importância de um cuidador primário. Na prática, em muitas famílias — por conta de uma mistura intrincada de expectativas de gênero, trabalho, dinheiro, suposições sociais, consciência emocional e muito mais — isso significa que haverá uma pessoa sobrecarregada pelo trabalho invisível do cuidado e tudo o que vem junto dele, enquanto a outra pessoa se sentirá excluída e insegura de sua posição. Isso inevitavelmente alarga o cânion, e pode vir com a suposição tácita de que o mapa da outra pessoa não importa muito.

No entanto, a realidade é que ambos — e as outras pessoas presentes na vida da família — influenciam a criança. Elas leem todos os mapas, quer saibamos ou não, e quer estejamos familiarizados com eles ou não.

No capítulo 6, falamos sobre como o apego não constitui apenas uma dança entre duas pessoas, mas abrange toda uma rede de dançarinos, de modo que uma criança pode aprender danças distintas com pessoas diferentes e ainda aprender a dançar em relacionamentos muito mais complexos. Vamos analisar como as danças sobre as quais você leu no capítulo 6 podem ajudar a construir pontes em parcerias.

DANÇAS FAMILIARES

Podemos imaginar que um casal começa a dançar junto como um par. Na melhor das hipóteses, mesmo quando nossos pais não nos ensinaram a constância da valsa, com tempo e compreensão podemos aprender a valsar juntos. E isso nos ajuda a treinar o calor, a reciprocidade e a intimidade que contribui para a criação dos filhos. Quando nos tornamos pais, idealmente nossa valsa se expande de modo que nos tornamos uma família dançando em conjunto, com os pés em sincronia e cada indivíduo contribuindo para o ritmo do todo.

No entanto, o que pode acontecer com muitas famílias é cada pai (ou mais pessoas) seguir os próprios passos, fora de sincronia com o outro. Quanto mais isso acontece, mais rachaduras surgem na ponte.

Podemos descobrir que uma pessoa está tentando trazer a outra para mais perto, porém a outra retorna sempre a seu lado do cânion. Ou que ambas as partes estão coladas, bochecha a bochecha, e não têm como se distanciar sem que uma delas caia da ponte. Ambas as partes podem estar dançando sozinhas, uma em cada ponta, ou mesmo fora de vista, em seus próprios mapas. Talvez existam passos complicados, envolvendo outras pessoas. Podemos ter sido atraídos por companheiros que ofereciam algo diferente das danças com que fomos criados, ou podemos descobrir que repetimos danças familiares sem nos dar conta.

Quando filhos entram na coreografia, somos forçados a observar os passos que vínhamos realizando e a pensar em uma maneira de incluí-los. O amor que temos por nossos filhos e nossa disposição para dançar o tempo todo com eles pode nos deixar profundamente conscientes da ansiedade, da evitação, da crítica, do retraimento, da rejeição e até mesmo da difamação que talvez fizesse parte da nossa dança antes da chegada deles.

Também precisamos dar um jeito de incluir uma terceira pessoa na sequência de passos. Às vezes, mesmo quando executamos danças diferentes, desenvolvemos passos para manter o ritmo constante. Por exemplo, se uma pessoa está executando a dança irlandesa da evitação e a outra dança o tango argentino do apego ansioso, quando uma criança aparece, às vezes compensações começam a ser feitas para que ela tenha acesso a um ritmo consistente. Com frequência, no entanto, discutimos em relação aos passos que acreditamos que nossos filhos devem aprender.

Como resultado, as crianças às vezes têm que aprender a dançar várias coreografias diferentes para se manter conosco na ponte. Às vezes, nem há espaço para que ela dance. Às vezes, uma pessoa fica de escanteio e a criança se revela a única parceira de dança disponível — alguém com quem você finalmente pode realizar os passos que sempre quis. Às vezes, a criança acaba em meio a um cabo de guerra entre os pais, ambos convencidos de que ela tem que executar determinados passos. Quando há conflito entre os pais, os filhos podem sentir um conflito em sua própria lealdade. Isso pode ser confuso para eles, que precisam se aliar a uma parte para se sentir seguros, em um processo que chamamos de "triangulação".

Agora vamos parar por um momento, porque isso pode ter despertado sentimentos difíceis em você. Tendemos a nos concentrar mais na parentalidade que no relacionamento do casal. Podemos considerar o impacto em nossos filhos, mas muitas vezes se trata de um tema difícil. A criação muitas vezes traz frustrações gigantescas para o relacionamento, e no furacão da vida familiar não é fácil decidir por onde começar a tentar melhorar as coisas. No entanto, quando nos atentamos aos passos que estamos dançando e observamos como nossos filhos estão sendo conduzidos, podemos começar a fazer mudanças, caso se façam necessárias. Se possível, verifique se há a possibilidade de discutir as perguntas a seguir com a pessoa com quem você cria seus filhos. Se não for, reflita a sós.

- Retomando o capítulo 6, que dança ambos aprenderam? Como essas danças trabalham juntas?
- Há momentos em que vocês têm dificuldade de acompanhar os passos um do outro? Como isso se mostra no relacionamento?
- Isso às vezes é fonte de conflitos?
- Que tipo de dança você acha que há entre você (individualmente) e seus filhos?
- Como os filhos estão envolvidos na dança do casal?
- Há algo que vocês gostariam de mudar em relação a essas danças? Como isso seria possível?

Às vezes, precisamos do envolvimento de alguém especializado em danças para nos ajudar a recuperar a sincronia enquanto um casal criando filhos juntos. Com frequência, as pessoas presumem que terapia de casal é para quem está à beira da separação ou em momentos de muito conflito. Na verdade, a terapia pode ser uma excelente maneira de apoiar o casal ao longo das transições de vida e de dar a ambas as partes o espaço necessário para considerar como querem seguir em frente enquanto equipe — contando com a experiência e a objetividade de alguém de fora.

Agora vamos fazer outra pausa e respirar algumas vezes.

Estamos falando de coisas importantes, discutindo você como parte de um casal, você individualmente, você com seus filhos e você com sua família. Ainda nos encontramos no capítulo 8, e em um consultório talvez levássemos meses para chegar aqui. Então verifique como você está, invoque seu guia se necessário, vá para seu lugar de descanso ou simplesmente deixe o livro de lado por alguns minutos e respire fundo algumas vezes. Se sua cabeça está girando por algum motivo, vá fazer outra coisa por um tempo e deixe as informações assentarem antes de retornar à leitura.

PAIS E FILHOS

Essa parte é um pouco complicada, algo que, mesmo que lá no fundo saibamos, temos dificuldade de encarar. Como os conflitos do casal impactam os filhos e a maneira como se relacionam conosco. O que acontece com os filhos quando a ponte começa a ruir. À medida que lê, lembre-se da intenção estabelecida no capítulo 3 — por que você está lendo este livro e suas expectativas para sua família (ver p. 51). É o tipo de coisa que costumamos esconder no fundo do armário, porém agora precisaremos resgatar e dar uma boa olhada, para poder dobrar direitinho antes guardá-la novamente.

Quando casais estão satisfeitos (na maior parte do tempo, porque nunca estamos satisfeitos o tempo todo) com o relacionamento, não é difícil ver que isso tem um impacto positivo na criação dos filhos. A satisfação no relacionamento está associada a uma criação mais cooperativa — com pais se apoiando e resolvendo suas diferenças de forma amigável. E o compartilhamento no cuidado por parte dos adultos envolvidos na vida da criança não apenas a beneficia como melhora o nível de satisfação com o relacionamento, levando a práticas de criação mais alinhadas. Isso cria um círculo do qual todos saem ganhando.

No entanto, a tensão no relacionamento não afeta apenas quão juntos os pais estão na criação como transborda para os relacionamentos individuais com a criança. Quando discutimos com a pessoa com quem compartilhamos a parentalidade, temos maior propensão a discutir com a criança também. Ou podemos compensar a falta de intimidade ou afeto despejando tudo sobre ela.

Não apenas triângulos se desenvolvem, mas verdadeiras teias de aranha, com dinâmicas intrincadas — os pais podem acabar controlando o relacionamento do outro com a criança ou brigando através dos filhos, e a criança pode expressar seu desconforto por meio do humor ou do comportamento.

A coisa se complica rapidamente, o que explica por que as conversas sobre relacionamento e criação se tornam difíceis depois que os filhos nascem. Não estamos falando apenas de como lidar com a hora de dormir, e sim de duas histórias individuais diferentes que precisam ser conciliadas por conta de uma criança única (e muitas vezes exigente) em circunstâncias sociais complexas.

- Isso faz sentido para você, enquanto casal ou na criação compartilhada?
- O que isso te faz pensar?
- Há algo que você gostaria de mudar na maneira como você reage à outra pessoa? Principalmente agora que sabe um pouco mais sobre o mapa dela.
- O que impede que isso aconteça?
- O que precisa mudar para que vocês progridam juntos?

PAIS ≠ MÃE

O Cânion do Casal costuma ser grande assim porque o que pensamos que íamos querer quando imaginamos nossa vida familiar pela primeira vez às vezes é muito diferente do que queríamos quando conhecemos a outra pessoa, e também muito diferente de quando temos filhos. Parte dessa diferença vem da mudança nos papéis de gênero dos membros do casal.

Aqui, vou me concentrar em famílias que se encontram em arranjos heteronormativos. Escrevo "que se encontram" porque essa é com muita frequência a experiência dos pais com que trabalho: eles parecem terminar em um arranjo familiar tradicional, mesmo sem desejar ativamente que isso acontecesse. Casais e famílias que operam fora das expectativas heteronormativas com frequência descobrem como unir seus mapas antes de ter filhos. Sem os contos de fadas envolvendo a vida familiar com que os casais heterossexuais foram criados, casais LGBTQIA+ e pessoas em arranjos familiares não tradicionais (como amigos que decidem criar um filho juntos ou uma pessoa que decide ter um filho sozinha) têm maiores chances de criar mapas com base em papéis que se adequam a suas circunstâncias únicas. Isso não quer dizer que não haverá conflitos ou dificuldade adicionais, como estigmas, quer dizer apenas que a questão dos papéis de gênero talvez não seja tão central. E é claro que há muitos casais que escolhem ativamente criar os filhos seguindo papéis de gênero mais tradicionais, então descobrem que seus mapas se unem porque foi tomada uma decisão consciente após uma discussão aberta em torno de valores compartilhados.

À medida que as ideias sobre masculinidade e feminilidade evoluem, assim como os próprios conceitos de gênero, família e parentalidade, podemos sentir que estamos tentando construir pontes em um terreno instável.

É claro que não é assim que essas conversas se dão dentro do âmbito familiar. Em geral, não dizemos: "Não quero lavar sua roupa porque me ressinto das estruturas patriarcais que me levaram a considerar como filhos se encaixariam na minha vida antes mesmo que minha carreira tivesse início e também que meu trabalho seria menos valorizado financeiramente que o seu, por isso acabei tendo que conciliar um trabalho de meio período com cuidar das crianças e me ressinto do fato de que você e a sociedade de modo geral não reconhecem isso. Então lave você a porcaria das suas cuecas". Tampouco dizemos: "Não tenho ideia do que você está falando quando diz que preciso validar as emoções de nossos filhos, porque desde que eu tinha uns cinco anos, se eu considerasse demonstrar qualquer emoção além de alegria ou raiva era ridicularizado por todo mundo, então não conheço nem minhas próprias emoções, muito menos a de nossos filhos, e gostaria de poder falar com você a respeito, mas não sei como, não sem me sentir superexposto, e você está tão frustrada comigo que não tenho certeza de como vai reagir".

Também é incomum que, quando começamos a falar sobre ter filhos juntos nós nos sentemos para conversar sobre o que aprendemos sobre maternidade e paternidade observando nossos próprios pais, como isso nos impactou e o que talvez queiramos fazer diferente no contexto em que vivemos.

Talvez agora vejamos mais conversas sobre carga mental, ou a maneira desigual como o cuidado com as crianças e o trabalho doméstico é dividido entre os casais. Certamente são assuntos que surgem com frequência nas conversas que tenho com pais — e que levam a discussões acaloradas. Esta é uma realidade: a revolução de gênero estagnou, e as mulheres ainda realizam o dobro que os homens do trabalho doméstico e do trabalho do cuidado com as crianças. Isso apesar da tendência mundial de arranjos familiares mais igualitários, e muitas vezes apesar de nossa boa vontade. Tentar resolver isso dentro de nossa própria família em geral faz o monstro sair de debaixo da ponte para iniciar uma batalha relacionada a quem fica com a pior parte.

É mais fácil falar enquanto casal sobre a sensação de estar preso. Podemos nos encontrar em um ponto onde sabemos que há um cânion, mas não sabemos como construir uma ponte, porque ainda não definimos como queremos que ela seja. E talvez seja tão difícil falar a respeito pelos mesmos motivos — porque não estamos falando apenas da roupa para lavar ou de acessos de raiva. Estamos falando de histórias societais incrivelmente complexas sobre poder e desigualdade que influenciaram nossa vida e são tão difíceis de desemaranhar que nem sabemos por onde começar.

Isso é algo que vejo bastante nos casais que atendo. Pais que querem ser diferentes de seus pais ou de modelos de paternalidade que talvez antes vissem como normais, porém não sabem como fazer isso e ainda sentem a pressão de precisar ser o "provedor". Pais mais envolvidos, mas com dificuldade de sair de um papel tradicional e autoritário. Pais que desejam se sentir mais conectados emocionalmente com a família e construir pontes fortes, mas que não falam a língua capaz de atravessar o cânion. Mães que se sentem divididas entre o papel maternal que foi colocado em um pedestal para elas, questionando o sacrifício feito por suas próprias mães e encarando a realidade de ter que lidar com trabalho, família e seu senso de identidade. "Rainhas do lar" relutantes, que se sentem insatisfeitas, ressentidas e esgotadas, mas não têm tempo de fazer nada a respeito, porque precisam cumprir os prazos do trabalho, participar dos eventos escolares e abastecer a geladeira, e esperam que outra pessoa se ocupe de construir a ponte.

Talvez possamos simplificar tudo. Porque o objetivo é uma ponte (razoavelmente) firme na qual nossos filhos possam dançar, cuja base deve ser o amor. O amor que nos uniu; o amor que dita o ritmo da família; o amor que talvez não tenha nada a ver com as flechas que o cupido atirou em nós, mas que nos mantêm conectados na adversidade; o amor que queremos expressar a nossos filhos e receber deles. No entanto, para muitas pessoas, amor é um conceito muito difícil.

Como podemos garantir que tanto homens quanto mulheres tenham permissão para sentir amor e sejam incentivados a expressar esse sentimento um pelo outro e pelos filhos? É disso que estamos falando. De como criar filhos em lares amorosos, e o que isso significa para nós. E, para quem quiser mais, como garantir que continuemos nos sentindo amados pelo outro — da maneira como precisamos, e não da maneira como a outra pessoa supõe — quando estamos cobertos de ranho e só podemos nos comunicar através de grunhidos.

Esteja você lendo este livro com a pessoa com quem se relaciona ou com quem cria seus filhos ou não, eu gostaria de te incentivar a conversar sobre essas questões com ela. Você também pode querer acrescentar outras, dependendo do seu arranjo familiar. É possível dividi-las em algumas noites, ou ler todas e iniciar uma conversa em cima disso. Mesmo que você crie seus filhos com alguém com quem não se relaciona romanticamente, caso a relação de vocês seja amigável, veja se conseguem conversar sobre algumas das histórias que influenciam sua parentalidade. Mesmo que você seja mãe ou pai solo, as expectativas de gênero e como elas aparecem na sua vida ainda podem ser relevantes, se não uma fonte de conflito.

De novo: ouça sem julgamento e com curiosidade em relação à experiência do outro. Não há respostas certas. Quanto mais aprendemos sobre a outra pessoa, mais nos entendemos e avançamos na construção da ponte.

- Como você está se sentindo em relação a ser mãe ou pai?
- Que histórias você ouviu sobre ser mãe ou pai e o que uma mãe ou um pai faz?
- Que expectativas isso criou para você?
- Você tem modelos específicos de mãe ou pai? Eles se encaixam com o que você quer para sua família?
- Quando você pensa no gênero de seus filhos, o que isso desperta em você quanto a ideias que ouviu sobre seu próprio gênero? Você quer que seja diferente para eles?
- Como você se sente em relação ao amor? E o modo como demonstramos amor a nossos filhos e ao outro? Do que

precisamos do outro para nos sentir amados em meio ao estresse da vida familiar?

Mesmo quando somos claros quanto ao fato de que queremos construir pontes em nosso próprio lar, podemos encontrar obstáculos. As informações sobre a gravidez e o parto são focadas nas mulheres, e os serviços relacionados são focados na mãe e na criança. As expectativas da sociedade mais ampla permanecem profundamente enraizadas — mães e pais vivenciam diferenças menores, embora importantes (por exemplo, sorriem para um pai empurrando um carrinho, enquanto podem fazer cara feia para uma mãe empurrando o mesmo carinho por ocupar tanto espaço da calçada), e diferenças gigantescas (por exemplo, a disparidade salarial ainda maior entre homens e mulheres quando se trata de mães). Políticas e estruturas que incentivam uma parentalidade mais equilibrada são bastante falhas. Os poucos países que apoiam o envolvimento igual no trabalho e no lar não apenas oferecem mais oportunidades de trabalho às mulheres como apresentam benefícios importantes para o relacionamento do casal e o relacionamento de ambos com os filhos. Onde se implementam políticas que permitem a construção de uma ponte sobre o Cânion do Casal, a satisfação com a vida aumenta — principalmente para as mulheres. Portanto, embora seja possível ter esse tipo de conversa dentro de casa, também precisamos do apoio da sociedade para que as famílias tenham a chance de descobrir o que funciona para elas, considerando suas circunstâncias únicas.

Se você às vezes sente que o cânion na sua casa parece intransponível, saiba que não está só. Embora possamos encontrar maneiras de melhorar as coisas para nós, é útil saber que há obstáculos enormes à construção dessas pontes. Se o casal agir como equipe em uma tentativa de descobrir maneiras de superá-los, pode encontrar o caminho de volta um para o outro.

Lidando com conflitos

Às vezes, é difícil pensar em ter essas conversas, porque só falar em conversar já pode levar a outra discussão. Assim como consideramos nosso poder nos relacionamentos com nossos pais e cuidadores, é importante observar o poder no casal ou na relação que você tem com a pessoa com quem cria seus filhos. Disputas por poder podem atrapalhar e muito nossa capacidade de encontrar soluções. Afirmar nosso poder nos oferece validação do nosso papel no curto prazo, porém nos mantém presos a ele (que talvez nem queiramos mais, caso paremos para pensar a respeito!) no longo prazo. Isso alimenta o monstro debaixo da ponte.

O poder pode ser demonstrado abertamente ("A minha palavra é a final! Não me contradiga!") ou indiretamente, através do controle ("Você não está conseguindo acalmar o bebê, é melhor passar para mim"). Também pode ser que uma parte esteja menos disposta a conversar sobre mudança ou encontrar um meio-termo, porque sua posição atual lhe confere certo poder — seja isso consciente ou não —, o que pode levar a uma ruptura difícil de solucionar no relacionamento.

No entanto, a maioria dos adultos que criam filhos juntos, como casal ou não, desejam resolver seus conflitos pelo bem das crianças. Em vez de empacar em quem está "certo" — e quem precisa mudar para que os problemas sejam resolvidos —, ver o monstro como um problema compartilhado costuma ajudar. Do que ele precisa para te deixar atravessar a ponte?

Você pode enxergar o monstro como um personagem diferente — alguém que protege vocês de maneiras diversas de algumas das injustiças ou dos conflitos que impactam seu relacionamento ou impactaram vocês no passado. O que o monstro precisa ouvir de vocês para não interferir? O que vocês precisam ouvir um do outro?

Ter a oportunidade de conhecer o mapa um do outro também ajuda a lidar com o monstro. Assim, nós nos afastamos da culpa e nos aproximamos de uma compreensão de como operamos. Podemos ver nossas diferenças com compaixão e nos apoiar nos pontos fortes de cada um. Uma pessoa pode ficar entusiasmada com o martelo e os pregos que tem, outra pode estar convencida de que precisa de madeira... Juntas, elas podem descobrir como transformar tudo aquilo em uma ponte funcional.

CONSTRUINDO PONTES

Depois que lançamos luz sobre essas ideias, temos a grande oportunidade de fazer uma revolução em nosso próprio lar. Podemos decidir como queremos criar filhos juntos e o tipo de fundação que desejamos estabelecer para nossa família. Podemos decidir que cara a ponte vai ter e até mesmo como queremos que seja o paisagismo do Cânion do Casal.

Eis um ponto de partida para algumas conversas sobre como transformar tudo isso em um plano. Vocês podem escolher uma ou duas questões para trabalhar por vez e reservar uma boa hora para isso. Pense nas informações aprendidas nos capítulos anteriores sobre suas próprias experiências e como elas podem influenciar vocês em seu relacionamento como casal ou na criação dos filhos, além de em sua própria parentalidade. Muitas das questões podem ser relevantes para mães ou pais solo.

Antes, no entanto, algumas dicas. Procure ouvir o outro sem julgar — todos desenvolvemos posturas, crenças e opiniões com base no que nos parecia certo e no que nos manteve psicologicamente seguros. Podemos ter dificuldade de abrir mão de algumas coisas ou nos adaptar, porém quando chegamos a um meio-termo enquanto casal ou duas pessoas criando filhos somos capazes de estabelecer uma fundação mais sólida para eles. Todos operamos de maneira única, e muitas vezes somos atraídos por pessoas muito diferentes de nós. Assim, embora possamos nos sentir frustrados com o silêncio da outra pessoa, talvez ela só precise de um pouco mais de tempo para processar e considerar o que estamos dizendo e se sinta pressionada por nossa impaciência. Ou, embora nosso desejo seja de dar as costas e pesquisar ideias variadas, a outra pessoa talvez precise saber que desejamos encontrar uma solução tanto quanto ela.

Vocês também podem se preparar falando sobre conversar. Conversas podem ser facilitadas quando uma parte diz à outra o que funciona para ela, o que é difícil para ela e qual é a expectativa dela. Conforme conversam, normalizem as pausas para verificar como a outra pessoa está (por exemplo, "Você não está dizendo nada, o que passa a impressão de que se desligou", ou "Você está falando sobre muitas coisas diferentes, podemos ir um pouco mais devagar?"). Estratégias de comunicação saudável não aparecem nas comédias românticas, porém contribuem para um lar mais harmônico e, ainda por cima, caso se tornem parte de sua vida familiar e seus filhos vejam isso, podem levar a um lar onde a curiosidade em relação à experiência do outro e a compaixão pela vivência do próximo aumentam dia a dia.

Caso você perceba que está se irritando ou se frustrando, faça um intervalo. Tenha em mente que executamos as danças que aprendemos muito tempo atrás. Não se trata do tipo de coisa que será resolvido da noite para o dia. E se dar início a essas conversas se provar mais complicado do que você imaginava, talvez seja hora de falarem com alguém de fora que possa ajudá-los a criar seus filhos como uma equipe.

- Quais exemplo vocês querem dar a seus filhos? Em termos de comunicação, papéis de gênero, gerenciamento de estresse, equilíbrio entre trabalho e vida pessoal, e assim por diante.
- Como vocês esperam que eles criem seus próprios filhos em parceria?
- Quais valores são importantes para vocês dois, no que se refere à vida familiar? Quais são os tijolos que vocês julgam essenciais à família? (Valores são princípios-guia fundamentais; podem incluir como nos relacionamos uns com os outros, o que é importante para nós e como nos portamos em casa, no trabalho ou na escola.)
- Na opinião de vocês, quais são seus pontos fortes enquanto pais? Em que precisam trabalhar juntos? Como podem se ajudar a fazer isso?
- Como podem se manter unidos mesmo nas dificuldades? Como vocês pretendem lembrar um ao outro que se comprometeram a fazer isso?
- Pondo ênfase em alianças imperfeitas e sabendo que vocês frustrarão e irritarão um ao outro de muitas maneiras, como pretendem continuar se apoiando? Como poderão oferecer o

tempo e o espaço necessários um ao outro para mostrar que, mesmo quando estão irritados, ainda se importam?

Reservem um tempo toda semana para verificar como o outro está — sem julgar — e como a parentalidade está sendo para cada um de vocês. Assim, a ponte estará em manutenção constante e vocês formarão uma aliança contra o monstro que vive debaixo dela.

Se você faz parte de uma família recomposta, talvez queira expandir as conversas deste capítulo de modo a incluir outros adultos envolvidos na criação de seus filhos, ou pensar em maneiras de garantir que sua dança familiar se mantenha tão constante quanto possível.

Como a mudança acontece – devagar e sempre

Com frequência, o que acontece quando estou tendo essas discussões com pais é que uma pessoa vê com clareza onde gostaria de chegar e fica frustrada porque a outra não parece acompanhá-la. Principalmente quando estamos falando de equilibrar os cuidados da casa e dos filhos, ou nosso estilo de criação, nunca estamos falando apenas do superficial — falamos também de algo muito mais fundamental, que raras vezes é nomeado. Assim, se somos a pessoa que busca uma mudança, podemos perceber uma reação contrária, ou uma relutância ou recusa em se envolver.

Mudar é difícil, e resistir à mudança não precisa ser sinal de teimosia ou indisposição. Em geral, tem a ver com medo. Medo do que significa um pedido para mudarmos, medo do que significa termos desenvolvido determinado comportamento, medo do que acontecerá se fizermos algo que não nos é familiar. Medo de estragar tudo. Medo de não sermos o bastante.

Precisamos de muita paciência para sermos participantes ativos e dispostos na família, e de ainda mais paciência quando instigamos a mudança.

Eis cinco coisas que podem ajudar um pouco:

1
A MUDANÇA É PROGRESSIVA

Mudanças acontecem devagar, levam tempo e muitas vezes não saem como esperado. Como em geral promovemos mudanças em períodos de crise, as expectativas tendem a ser altas. Depois nos frustramos e nos desesperamos quando elas não são atendidas.

Se pudermos estabelecer objetivos graduais no processo de alcançar um objetivo maior, talvez não percamos a esperança enquanto promovemos uma mudança. Isso pode ser feito em equipe.

O objetivo final pode ser uma divisão mais igualitária do colocar as crianças para dormir. No processo, vocês precisarão se apoiar, descobrir o que funciona e esperar alguns obstáculos (inclusive por parte dos filhos, porque crianças em geral resistem à mudança tanto quanto adultos).

2
NUNCA É APENAS SOBRE O QUE PARECE SER

Mesmo quando sabemos o que queremos, às vezes iniciamos uma mudança antes que nosso coração esteja a par. Podemos concordar em mudar e até querer mudar, porém quando encaramos a realidade repetimos a velha dança. Nossas partes criança ressurgem, dizendo "Já aguentei coisa MUITO pior", e o ogro pode vir à tona e bater pé. Trata-se de uma situação difícil de desenredar, porém reações fortes em geral são sinal de envolvimento de uma daquelas histórias de sua infância ou da infância da outra pessoa. Em vez de se frustrar com o que talvez aparente ser resistência à mudança, demonstre curiosidade sobre por que a mudança está se revelando tão difícil.

3
UMA COMUNICAÇÃO CLARA E RECORRENTE FACILITA A MUDANÇA

Pode levar um tempo para um princípio geral ser filtrado, para que descubram juntos o que ele significa para vocês, para que seja testado em momentos de estresse e finalmente seja compreendido pelo coração e absorvido na vida diária. Podemos precisar discutir um assunto ou objetivo várias vezes antes que realmente tenha efeito. Mesmo assim, com frequência nos comportamos de maneira automática, por isso é inevitável que haja momentos em que recaímos em algo familiar mesmo sem querer. Uma parte pode se sentir um disco riscado, porém aplicar a mesma ideia a muitas situações diferentes da vida real exige tempo e comunicação calma e recorrente. "Ei, sabe quando você fez x, y, z com nosso filho? Era disso que eu estava falando" é capaz de promover mais movimento que aquele "O que você está fazendo? Falamos que não seria assim!" de costume.

4
SEMPRE OUÇA A CRIANÇA EM VOCÊ

O que torna tudo isso muito mais difícil é a criança em nós ser ativada tanto pelo relacionamento com o/a parceiro/a quanto ao observar as interações com nossos filhos. Isso pode criar tamanha sensação de urgência em nós que torna difícil aceitar os primeiros três pontos. Podemos responder a partir das partes mais vulneráveis da criança em nós, ou de alguns dos personagens que criamos para proteger essas partes mais vulneráveis. Podemos nos sentir pessoalmente atacados quando vemos a outra pessoa agindo da maneira que nos afetava quando criança. Como responder tal qual adultos calmos, curiosos e pacientes quando a criança em nós assume o controle?

Saber isso sobre o outro pode ajudar a compreender por que às vezes um comportamento desperta uma reação desproporcional. E saber isso sobre nós mesmos – através de toda a exploração conduzida até agora – ajuda essas nossas partes mais jovens a se sentirem ouvidas e não surgirem tão repentinamente.

5
PERDOAR FACILITA A MUDANÇA

Acima de tudo, enquanto promovemos mudanças cometeremos inúmeros erros e nos sentiremos derrotados, como se as coisas só pudessem ficar mais difíceis (falaremos mais sobre isso na parte IV). Como mencionado no início deste livro, somos todos trabalhos em construção, sempre. Se pudermos perdoar a outra pessoa quando ela faz algo que preferiríamos que não tivesse feito, isso nos ajudará a conversar com mais compaixão sobre a mudança que queremos realizar. E, é claro, se pudermos nos perdoar também.

Onde você se encontra agora?

Talvez bastante coisa tenha mudado para você, e talvez para a pessoa com quem você cria seus filhos também, ao longo deste capítulo. Podem ter restado algumas perguntas, no entanto, ou questões que você identifique que precisam ser discutidas com mais profundidade. Talvez você tenha encontrado uma ponte. Talvez o Cânion do Casal pareça ainda mais largo, porque essas conversas soam difíceis demais.

Reserve-se um tempo para verificar o impacto que tudo isso teve em você. Talvez esteja se perguntando se concorda com o papel que ocupa. Talvez se sinta bem nesse papel, mas precise de um pouco mais de reconhecimento por parte da outra pessoa ou de quem quer que seja. Talvez você prefira dar um exemplo diferente a seus filhos.

Também falamos sobre questões históricas gigantescas, que influenciam todos nós. Porém podemos construir pontes simples de madeira entre nossos mapas só nos mostrando preparados para ouvir. Talvez isso não resulte em responsabilidades de criação compartilhadas, mas pode significar que a outra parte compreenderá por que é tão importante acordar com você no meio da noite, ou perguntar sobre seu dia, ou te ouvir descrever os detalhes de um chilique.

Só de perguntar "O que realmente importa para você?" e "Por quê?", criamos uma estrutura em cima da qual podemos trabalhar. Talvez as lacunas não sejam resolvidas da noite para o dia, mas podemos colaborar para nos manter na ponte.

No próximo capítulo, vamos pensar nas outras pessoas que podem nos influenciar enquanto pais — aquelas que contribuíram para os nossos mapas e para o papel em que eles foram desenhados.

9
Seus coadjuvantes

"Depois de um bom jantar, pode-se perdoar qualquer pessoa, inclusive os parentes."
Oscar Wilde

Eu gostaria que você desse uma olhada em seu mapa e verificasse se tem mais alguém nele. Porque uma das coisas que mais ouço de pais é como a criação dos filhos pode ser solitária. Parece um paradoxo, porque raramente ficamos sós, porém a parentalidade moderna nos isola dos outros. Social e emocionalmente.

Parte disso vem das histórias que mencionamos antes. Histórias como "Criar filhos é algo natural, portanto eu deveria ser capaz de fazê-lo sozinha/o", "Não posso pedir ajuda, ou vão achar que não estou dando conta" e "Minha família e meus amigos não aprovam meu estilo de criação, por isso não posso deixar que saibam como estou achando difícil". Parte vem da vida moderna e da frequência com que criamos filhos a portas fechadas, sob uma pressão enorme e em constante mudança (mais a respeito no próximo capítulo). Parte vem de circunstâncias particulares, que podem nos deixar mais solitários que outros (por exemplo, se temos um bebê recém-nascido, ou uma criança com uma doença crônica ou com deficiência, ou se somos mãe ou pai solo). Parte vem do quanto as práticas parentais, ou nossas aspirações parentais, mudaram desde nossa criação, o que pode nos fazer sentir que estamos desbravando um terreno desconhecido a sós.

Humanos são criaturas sociais, e historicamente, em diferentes culturas, criamos os filhos dentro de grupos. Quando banhamos nossos filhos de amor, precisamos que alguém nos banhe de amor também. Precisamos nos relacionar com outras pessoas.

O psicanalista Wilfred Bion descreveu isso de maneira precisa em seu conceito de "contenção". Como pais, contemos nossos filhos. Absorvemos suas emoções brutas, digerimos e as devolvemos em uma forma mais palatável. Também precisamos disso, de uma maneira que funcione para nós. Precisamos que pessoas, comunidades e a sociedade como um todo ouçam nossas emoções brutas, absorvam-nas e nos confirmem que elas são aceitáveis. Isso nos liberta para seguir em frente e pensar em soluções que funcionarão para o nosso caso. No entanto, raramente isso acontece.

Você considerou antes o apoio que receberia, ou não receberia, quando tivesse filhos? Porque não costumamos reconhecer a rapidez com que as visitas minguam (e como às vezes as pessoas nem visitam mais a partir do segundo bebê). Ou a frequência com que recebemos visitas quando estamos desesperados para tomar banho e liberar nossos braços, mas nos sentamos, preparamos uma xícara de chá e recusamos as ofertas de ajuda. Às vezes, moramos com nossa família estendida ou por algum motivo há várias pessoas à nossa volta que poderiam pegar o bebê um pouco ou oferecer algo para comer, porém nos sentimos mais sós que nunca, porque elas ficam nos dizendo o que fazer e como nos sentir, ou suas conjecturas se encontram a um mundo de distância de nossos desejos ou da realidade. Às vezes, quando pedimos ajuda — de amigos, parentes ou profissionais —, nosso desespero é minimizado e deixado de lado, como se fosse uma parte normal de ser mãe ou pai sentir que o mundo está ruindo.

Um breve comentário: às vezes, o estresse da criação dos filhos nos deixa prontos para pensar que está sendo (ou foi) mais fácil para os outros. Que no passado os pais contavam com mais apoio, ou que outras culturas apoiam mais as famílias. No entanto, a solidão e o isolamento há muito são a experiência das "donas de casa" —

pelo menos desde o século XIX. Até mesmo em culturas que são elogiadas pelo apoio que oferecem às mães (como as que fornecem cuidados à mulher por cerca de quarenta dias para que recupere seu bem-estar e sua saúde após a gravidez e o parto), muitos pais consideram que esses rituais do mundo moderno só aumentam a pressão na ausência de um apoio familiar mais amplo. E, embora possamos desejar apoio da família estendida, isso também traz problemas. Por exemplo, um estudo em onze países descobriu que a presença da sogra era muitas vezes citada como fonte de infelicidade por novos pais... O que indica que as piadas têm um fundo de verdade, no fim das contas.

Pais querem ajuda que de fato lhes seja útil (e não o tipo de ajuda prescrito por rituais tradicionais, pelo cuidado institucional, ou pela família e pelas normas sociais). Essa ajuda pode parecer completamente diversa para famílias diferentes com arranjos diferentes. E, é claro, receber uma ajuda que não nos parece útil torna ainda menos provável pedir ajuda de novo. Ser constrangido por precisar de ajuda (uma experiência terrivelmente comum) diminui essa probabilidade ainda mais.

Embora seja claro que precisamos de muitas coisas enquanto pais, duas delas se mostram particularmente importantes: ajuda prática e apoio emocional. E, como discutimos no capítulo 6, ter filhos pode despertar nossas necessidades mais primitivas e infantis. Com frequência, as primeiras pessoas em quem pensamos em momentos de necessidade são nossos pais ou cuidadores. E tendemos a pensar não em nossos pais ou cuidadores reais, mas em suas versões idealizadas. Só isso já é capaz de aumentar a sensação de isolamento.

Os pais ou cuidadores internalizados, aqueles que nos ensinaram os passos que ainda dançamos, podem muito bem ser os pais ou cuidadores externos, da vida real, com quem continuamos dançando. Onde em seu mapa estão seus pais ou cuidadores? Ainda no seu lar de infância, na sua casa atual ou no meio do caminho? Talvez eles não apareçam no mapa. Muitos pais criam os filhos sem os próprios pais ao seu lado. Mesmo que seu pai ou sua mãe tenha morrido, no entanto, tornar-se pai ou mãe transforma o relacionamento com as lembranças dele/a. No caso de pais e filhos que se distanciaram — o que é muito mais comum do que parece, afetando cerca de uma em cada cinco famílias no Reino Unido e uma em cada quatro nos Estados Unidos —, o nascimento de filhos/netos às vezes leva à reconexão e, em outras, a uma distância ainda maior.

Na próxima seção, vou falar sobre avós, o que pode não significar nada na sua experiência. Se for o caso, pense em qualquer outra pessoa mais velha que tenha cuidado de você, seja ou não um parente, fazendo ou não parte de sua família até hoje.

O papel dos avós

Historicamente, pais se voltam para os próprios pais e a família mais ampla em busca de apoio para a criação dos filhos. No entanto, assim como as ideias de qual cara uma família deve ter e do que a parentalidade envolve mudaram enormemente nos últimos cinquenta anos, nosso relacionamento com nossa família de origem também. Assim como nossas expectativas em relação a ela.

Uma parte é bastante prática. A globalização permite que famílias extrapolem fronteiras. No entanto, também houve uma mudança tão significativa na criação dos filhos que às vezes nos sentimos a mundos de distância mesmo quando somos vizinhos de porta. Podemos compartilhar nosso estilo de criação com nossos cuidadores, ou repetir as danças que nos ensinaram, mas as práticas e os valores parentais se transformaram de tal maneira que surgem diferenças quase inevitáveis de postura na criação entre gerações.

Quais histórias guardamos de avós? De senhorinhas bondosas cheirando a bala de hortelã que ensinam nossos filhos a remendar as próprias roupas? De senhorzinhos de paletó que trazem alegrias desaceleradas, como pescar e fazer marcenaria, a nosso mundo focado na tecnologia? Pessoas amorosas, calorosas, grisalhas, que aparecem para dar beijinhos em machucados e dobrar a roupa lavada?

Isso descreve sua experiência? Muitos avós se envolvem e apoiam a família, e 40% dos avós do Reino Unido e da Europa cuidam regularmente dos netos, o que traz benefícios tanto para eles quanto para as crianças.

No entanto, isso não está de acordo com muitas das histórias que ouvi dos pais que atendo. Os avós estão ausentes de muitas dessas famílias por uma série de motivos, que vão do afastamento ao desejo de aproveitar ao máximo a aposentadoria. Também há aqueles que estão presentes, mas provocam tensão. Ou avós que não conseguem abrir mão totalmente do papel de mãe ou pai, e entram em uma disputa quanto a quem está no controle. Ou ainda avós amados, mas que acabam se revelando pouco confiáveis para cuidar das crianças. Ou mesmo avós que se esforçam ao máximo, mas têm dificuldade de aceitar que a criação mudou, assim como as expectativas em relação a eles, o que isso diz a respeito de sua própria infância e da infância que seus filhos tiveram.

Embora talvez desejemos que os avós aliviem o fardo da criação, a verdade é que nossos pais reais — em conjunto com os pais internalizados que reencontramos no quarto do bebê (p. 87) — podem provocar emoções confusas em nós. E neles também. Ser desafiados nas escolas de criação feitas, em uma época em que talvez aquela fosse a norma, pode fazer surgir sentimentos incrivelmente difíceis nos avós, que achavam que estavam fazendo o melhor com as informações e as possibilidades de que dispunham.

O relacionamento com nossos pais e cuidadores na vida adulta muitas vezes depende do tipo de dança que dançávamos com eles na infância, o que não chega a surpreender. Também há diferenças culturais similares — relacionamentos desapegados com os pais são mais comuns na Alemanha, por exemplo; enquanto relacionamentos amistosos são mais comuns na Noruega; ambivalência (muita proximidade e muito conflito) é mais comum em Israel; e os relacionamentos menos harmoniosos são os dos estadunidenses.

- Quais fantasias relacionadas a avós você guardava? Como isso mudou?
- Como se tornar mãe ou pai mudou seu relacionamento com seus pais e cuidadores, se é que isso aconteceu?
- Como se tornar mãe ou pai mudou a visão de sua própria infância, se é que mudou?

- Como é possível assumir o papel de mãe ou pai mesmo ainda sendo filha ou filho de alguém? O que isso significa em relação à perda da sua identidade?
- Onde conflitos relacionados a valores e diferenças podem surgir?
- O que você acha que mudou desde que era criança em relação às expectativas de criação?
- Em que circunstâncias seus pais ou cuidadores criaram você?

Lembra quando mencionamos os pais internalizados e seu eu bebê de quem eles cuidavam (ver p. 87)? Encarar nosso eu bebê enquanto criamos filhos faz nossas ideias quanto ao que é uma criação aceitável ficarem mais claras. O que parecia bom para nós talvez não pareça bom para nossos filhos. Podemos olhar para nossas experiências de maneira diferente. Temos que deixar de ser a criança do relacionamento para ser mãe ou pai, e assumir plenamente a condição de adultos, o que não é uma tarefa fácil. Esses relacionamentos muitas vezes são negociados ao longo do tempo com nossos companheiros também, e embora algumas famílias criem relacionamentos próximos e de apoio em se tratando dos avós, muitas mais experimentam novos níveis de sofrimento e confusão e precisam descobrir como traçar limites e criar novas relações.

É importante dizer aqui que nem sempre é preciso ter essa conversa com seus pais ou cuidadores para resolver sentimentos feridos de sua infância que possam ressurgir agora. Conversar sobre o tipo de mãe ou pai que você gostaria de ser, e o que isso desperta em você em relação à sua experiência sendo criado/a, pode ser tremendamente difícil.

Quando os cuidadores ainda estão vivos, permanecem presentes e são receptivos a ouvir nossos desejos, experiências e esperanças, esse pode ser um passo na direção de um relacionamento saudável de adulto para adulto, baseado no apoio mútuo e na aceitação de uma humanidade compartilhada (e falha). No entanto, às vezes, por uma variedade de motivos (entre eles o fato de gerações anteriores não terem sido ensinadas a discutir emoções abertamente), nossos pais e cuidadores talvez não sejam capazes de abrir essas portas ao nosso lado. Nessas situações, em vez de resolver mágoas passadas, pode ser necessário considerar o que precisamos resolver por nós mesmos ou como nos proteger.

Talvez exista certo luto envolvido. Pense no eu bebê que mencionamos antes (ver p. 85) e pergunte-se do que ele pode estar precisando de você no momento. Que se comprometa a cuidar de si? Que invoque seu guia? Ou que receba um abraço de alguém? Talvez que você leia estas palavras: "Sinto muito que você não tenha recebido o que precisava na época. Estamos em um momento diferente, e agora você pode conseguir aquilo de que precisa, enquanto adulta/o".

Tem mais alguém nos caminhos do seu mapa?

Irmãos crescidos

Não tendemos a falar muito na vida adulta sobre como esses relacionamentos nos influenciam e influenciam nossos filhos. No entanto, o relacionamento entre irmãos pode ser o mais duradouro de todos. Ele pode variar e pode mudar ao longo da vida. É possível ter um relacionamento próximo, um relacionamento ativamente hostil e tudo o que há no meio. Quando sentimos que os pais interferem na relação entre os irmãos, ou favorecem um dos filhos, é mais comum eles não se darem bem mais adiante na vida. De maneira análoga, irmãos que têm uma boa convivência com os pais têm maiores chances de desenvolver relacionamentos calorosos na vida adulta. Algumas pessoas foram criadas por irmãos — outras contam com a experiência de cuidar dos irmãos mais novos. Nossa experiência enquanto irmãos pode impactar não apenas nossa personalidade (por exemplo, filhos mais velhos costumam ser mais responsáveis e mais suscetíveis a estresse, filhos mais novos costumam ser mais rebeldes), mas como nos relacionamos com nossos próprios filhos e sua posição na família. Por exemplo, se vemos um filho mais novo insistindo com um filho mais velho que não quer brincar, como irmãos mais velhos que se lembram de como isso era intrusivo, podemos ficar mais propensos a sugerir que o filho mais novo procure outra coisa para fazer. No entanto, como irmãos mais novos que se lembram do sentimento de rejeição, podemos tender a sugerir que o irmão mais velho faça a vontade do caçula.

Se você não tinha irmãos, isso também pode impactar como se sente em relação a seu papel de mãe ou pai, e como se sente em relação a seu próprio filho ter ou não irmãos e até mesmo sua tolerância a brigas entre eles.

- Se você tem irmãos, qual é sua relação com eles agora?
- Quão envolvidos eles são em sua vida familiar?

Assim como podemos repetir danças que aprendemos com nossos pais, em nossa própria família podemos nos ver reproduzindo o relacionamento com nossos irmãos em coisas pequenas que encorajamos e desencorajamos entre nossos filhos. Se estendermos essa dança para incluir todos os membros da família mais ampla, podemos até descobrir que nossos filhos são atraídos pelas danças que executamos com nossos irmãos. Por exemplo, irmãos que discutem sobre o nível de envolvimento dos avós talvez na verdade continuem dando andamento a discussões do tipo "não é justo" da infância.

Irmãos também podem oferecer apoio, e como tios podem ter relacionamentos importantes com nossos filhos. Eles podem ser divertidos, confidentes e até proteger o relacionamento entre nós e nossos filhos em momentos de conflito. Como há menos fantasias e contos de fadas envolvendo tios, nossos irmãos muitas vezes ficam livres para desenvolver uma relação única com os sobrinhos.

- Se você tem irmãos, como era seu relacionamento com eles na infância? E agora?
- Como seus irmãos influenciam seus filhos? Como eles apoiam sua parentalidade, se é que o fazem?
- Se você tem mais de um filho, o que espera do relacionamento entre eles? (Reserve-se um momento para verificar se suas expectativas são realistas ou se fantasias as contaminam. De onde essas ideias vêm?) Como você se sente quanto a apoiar esse relacionamento?
- O que você considera mais difícil no relacionamento entre seus filhos? Por que pensa assim? Esses momentos difíceis lembram você de algo de sua própria infância?

COMO A MUDANÇA ACONTECE:
O EQUILÍBRIO FAMILIAR

Ter filhos pode levar a mudanças no relacionamento com a família de maneiras positivas e de maneiras mais desafiadoras. Tentar seguir uma linha diferente daquela em que fomos criados pode parecer uma crítica implícita àqueles que nos criaram ou que foram criados conosco, mesmo se valorizamos suas ações. À medida que nossa família se desenvolve e formamos novas unidades familiares, nós e outros membros de nossa família mais ampla também podemos vivenciar uma sensação de perda da família de origem que deixamos para trás. À medida que nos apropriamos de nosso eu adulto, com filhos também podemos precisar lidar com as suposições que nossa família de origem faz a nosso respeito.

- Qual papel você cumpria na família em que cresceu?
- Como isso mudou ao longo do tempo?
- Como você é puxada/o de volta a esse papel? Como se sente a respeito?
- Como você gostaria que fosse sua relação com sua família de origem?
- Como seu papel na sua família de origem influencia como você se sente agora em relação a si?
- O que isso te faz pensar sobre a família que está criando agora?

Pode ser útil usar uma ideia da terapia familiar para compreender por que tudo se complica tanto quando nos tornamos mãe ou pai. Se pensamos na família como um sistema que cria o próprio senso de equilíbrio e ordem, cada membro contribui para tal. Nossa família escreve histórias estreladas por nós, muitas vezes ao longo de gerações. Essas histórias fazem sentido, porém, à medida que crescemos e mudamos, podemos perceber que o papel antigo não se aplica. No entanto, para restaurar o equilíbrio, a família muitas vezes — sem se dar conta — tenta nos levar de volta àquele papel, porque é o que faz sentido na nossa história familiar (um dos motivos pelos quais você pode acabar se sentindo um/a adolescente quando passa as festas de fim de ano com a família). Mudanças ocorrem quando um ou mais membros perturbam o equilíbrio e ocasionam um abalo sísmico. Isso pode ser desconfortável — porém, com sorte, a família se reorganizará em torno da nova narrativa. Podemos reescrever nossas histórias de família, mesmo aquelas escritas muito tempo antes.

Lembre-se de que o mapa que estamos explorando juntos pode ser bastante antigo — vir de múltiplas gerações anteriores e ter sido reescrito várias vezes. Nossos irmãos e outros membros da família talvez tenham as próprias versões do mesmo mapa. Quando começamos a seguir um caminho diferente, nos distanciando de nosso lar de infância e dizendo à família: "Olha, vamos por aqui!", os outros podem se preocupar com a possibilidade de nos perdermos. De talvez nunca encontrarmos o caminho de volta.

Esses novos caminhos podem aparecer de muitas maneiras. Talvez um novo trajeto consista em perguntar aos filhos o que eles querem, em vez de lhes dizer o que fazer. Talvez outro consista em mandar os filhos para a creche, embora tenhamos sido cuidados pela mãe em casa. Talvez outro consista em se mudar para longe do restante da família. Talvez outro consista em criar os filhos em uma religião, em um país ou em uma cultura diferente.

Na união de nosso mapa com o mapa da pessoa com quem nos relacionamos, o mapa prévio da nossa família pode se juntar ao monstro debaixo da ponte e gritar: "Não faça isso! Não é assim que a gente faz!". A reação à família pode não estar relacionada à criação dos filhos em si, mas às mudanças pelas quais passamos como resultado de nos tornarmos pais. Por exemplo, talvez fechemos a porta metafórica de nosso lar e nossa família não compreenda por que ela não fica sempre aberta, por que não a convidamos a entrar.

À medida que criamos nossa própria família — talvez experimentando novos passos de dança, mudando a maneira como fazemos o mingau, expulsando alguns fantasmas, baixando algumas defesas —, abrimos novos caminhos e escrevemos novas histórias. Às vezes, as pessoas à nossa volta, do passado e do presente, se juntam à nossa jornada; às vezes, elas precisam ver que não estamos em perigo antes de dar alguns passos hesitantes; às vezes, precisamos mostrar a elas o mapa que estamos escrevendo; às vezes, mesmo que iluminemos o caminho, elas vão permanecer onde estão. Pode haver uma sensação de perda, de ambos os lados, conforme descobrimos novos papéis. Na reescrita de nosso mapa, pode ser útil encontrar maneiras de dizer: "Sei que você se preocupa com a possibilidade de eu me perder, mas quero explorar um pouco. Prometo que encontrarei o caminho de volta para casa, mas talvez só para visitar".

Talvez você leia isso pensando em como se sente criando filhos na ausência de qualquer apoio e de um relacionamento com sua família mais ampla. Uma das conversas que muitas vezes surge com os pais que atendo envolve como é difícil, para a mãe ou para o pai, quando outros simplesmente concluem que *há* uma família a qual podem recorrer. Certas vezes, precisamos das pessoas à nossa volta para criar uma versão diferente de família, ou encontramos maneiras de cuidar de nós mesmos enquanto pais com um pouco de apoio dos outros. O que nos leva a...

O vilarejo

Agora eu gostaria que você voltasse a olhar para seu mapa e desenhasse um pequeno grupo de pessoas perto de sua casa atual. Talvez seu vilarejo seja composto de apenas uma ou duas pessoas, ou mais. Talvez você conte com alguns vilarejos diferentes, grupos de amigos que fez ao longo dos anos. Ter uma comunidade de pais — pessoas que perguntam "Seus filhos fazem isso também?", para dividir os deveres do cuidado, buscar as crianças na escola quando você acaba presa/o em outro lugar, ou oferecer um sorriso em apoio quando tudo está ruindo — pode salvar sua vida em meio às trincheiras.

Imagino que esse não seja um conceito novo para você: o de que, para criar uma criança, é preciso um vilarejo. Desde 2015, sou administradora de uma comunidade na internet chamada The Village, criada especificamente para que pais apoiem uns aos outros e ofereçam solidariedade nos altos e baixos da criação dos filhos.

No entanto, como acontece com muitas outras coisas, nossas amizades podem passar por uma transição gigantesca quando nos tornamos pais. Nossos amigos às vezes se sentem a um mundo de distância, sobretudo quando se encontram em um momento diferente da vida. Pode ser especialmente difícil quando uma pessoa passa por dificuldades de fertilidade ou de criação e sua experiência não é compartilhada. Fora que não é fácil fazer novos amigos.

Parte disso se deve ao fato de não sabermos ao certo o que procuramos em uma comunidade de pais, uma vez que nós mesmos ainda estamos descobrindo quem somos enquanto pai ou mãe. Nossa identidade muda e se altera de maneiras que lembram muito os anos da adolescência (o que é conhecido como "matrescência" no caso das mães e "patrescência" no caso dos pais). Lembra como você se sentia desconfortável socializando na adolescência? Tornar-se mãe ou pai também pode trazer essa sensação de desconforto social, principalmente quando você precisa dividir sua atenção entre as necessidades do bebê ou a impaciência da criança e uma conversa com alguém que não conhece e que também está dividindo a própria atenção. Assim como Bridget Jones tinha seus amigos "bem-casados", podemos encontrar pais que parecem (e é importante enfatizar esse parecem) ter tudo sob controle, o que faz com que nos sintamos ainda mais isolados.

Como é o caso muitas vezes na parentalidade, esse é um momento em que precisamos de apoio social mais do que nunca, mas temos dificuldade para encontrá-lo.

Assim como discutido no capítulo anterior, podemos descobrir que — mesmo quando nos esforçamos ao máximo para construir um vilarejo — há obstáculos no caminho. Um obstáculo gigantesco, por exemplo, foi a pandemia de covid-19, que deixou os pais completamente desprovidos de vilarejos. Há obstáculos mais sutis, claro, que às vezes nos passam despercebidos. Por exemplo, muitos ambientes urbanos não levam crianças e famílias em consideração, de modo que fica mais difícil para os pais passarem tempo juntos.

Talvez precisemos de tempo para acrescentar o vilarejo em nosso mapa, e talvez ele não tenha a cara que imaginamos. No entanto, assim como na adolescência, à medida que nos sentimos mais seguros com nossa identidade enquanto mãe ou pai, talvez percebamos que uma pequena comunidade se forma sem nos darmos conta. Com sorte, uma comunidade receptiva a casas bagunçadas, crianças cansadas e você, exatamente como você é.

Onde você se encontra agora?

Estamos nos aproximando do fim da parte III, depois de ter explorado seus relacionamentos do passado e do presente, e me pergunto que cara seu mapa tem agora. Talvez você esteja com uma ideia mais clara do que te influencia como mãe ou pai atualmente. Talvez também tenha uma ideia mais clara de quem é enquanto pessoa adulta. Espero que tenha maior compreensão de como quer que as coisas sejam em sua casa e das conversas em que talvez deva insistir para continuar reescrevendo seu mapa de maneira a deixar tudo esclarecido.

No entanto, é preciso lembrar que esses são assuntos complicados. Você pode ter sido lembrada/o de quão só se sente em seu papel de mãe ou pai, ou de como tem sido difícil encontrar solidariedade. Talvez você agora esteja se perguntando o que quer para sua família e quão diferente isso é da sua própria experiência. Quem sabe você tenha sido levada/o a pensar em quem te acompanhou nos diferentes caminhos, ou acendeu uma lanterna e iluminou o trajeto.

Antes de seguir em frente e começar a falar sobre as crianças na sua vida e o mapa delas, vale lembrar que deve haver algo escondido em seu mapa que te mantém presa/o a histórias e torna mais difícil ver seus filhos como eles realmente são. Então vamos dar uma olhada em algumas das histórias que podem influenciar sua vida diária enquanto pai ou mãe.

10
Históricas da sociedade

> "Na juventude, o costume ditava
> Fazer o melhor para agradar.
> E, a cada homem, eu mudava
> Para às suas teorias me adequar.
> Mas sei o que sei agora
> E faço o que faço.
> E se não gosta de mim, ora,
> Vá pro inferno, seu palhaço."
> Dorothy Parker

Há muitas coisas que você pode ter esperado sentir enquanto mãe ou pai. Amor. Alegria. Admiração. No entanto, há um sentimento que pode ser bastante dominante na parentalidade, um sentimento que definitivamente não está representado nas belas imagens de pais olhando encantados para seus filhos, um sentimento que não entrou nos poemas e nas músicas que se debruçam sobre o tempo.

O sentimento de inutilidade.

Já discutimos como ter filhos pode nos deixar mais em contato com nossa parte bebê ou criança. E como pode nos levar a questionar o que é ser uma pessoa adulta. E como podemos ficar mais em contato conosco nos livrando de algumas das estratégias de que nos utilizamos para tentar nos sentir mais adultos. Ainda não discutimos como conciliar a enorme distância que há entre o que talvez acreditemos ser uma "boa" mãe ou um "bom" pai e como nos sentimos no dia a dia enquanto pais.

Ser mãe ou pai pode desafiar tudo em nós que faz com que nos sintamos capazes. De repente, entramos em contato com partes primitivas — e encaramos as partes mais elementares da humanidade ao nos sintonizar com criaturinhas que são bebês, crianças pequenas e grandes — e nos perdemos. Talvez pela primeira vez desde a nossa própria infância, sentimos que estamos à deriva. Não há nada que possa reduzir o mais competente e poderoso adulto a uma mistura de ansiedade e insegurança tanto quanto um bebê recém-nascido que não se acalma.

E como fomos criados para ser humanos capazes e com um propósito, tendemos a encontrar maneiras de nos sentir capazes e com um propósito de novo. Diante do pacotinho de fúria que é um recém-nascido inconsolável, ou uma criança pequena gritando de frustração, ou uma criança maior de cara feia, ou um adolescente nos censurando com os olhos, nada pode ser mais atraente do que orientações sobre o que fazer.

Se você der uma olhada em seu mapa, vai ver dois caminhos ali. São caminhos tão lindos que poderiam ter sido construídos com tijolos de ouro. Também são bem iluminados, com placas que lembram você de que eles estão ali e insistindo para que os siga. Muitas outras pessoas pegam esses caminhos, e pessoas importantes insistem que são os caminhos certos. Você pega um deles e encontra frases escritas nas laterais, como "Você tem apenas dezoito verões com seus filhos, aproveite-os", ou "Cinco erros para não cometer ao falar com seus filhos". À medida que segue, além de esperança, talvez sinta certa ansiedade. Mas você insiste. Há outras pessoas no caminho, o que parece indicar que você está indo na direção certa. Então se dá conta de que sua ansiedade se tornou um pouco excessiva, e tem a impressão de que está fazendo tudo errado, que não pertence àquele caminho. Mas segue em frente, porque pelo menos há um caminho a seguir, e parece que pode ser o certo, sendo que você nem sabe se há alternativas.

Então, de repente, você dá de cara com um beco sem saída. E você se dá conta de que se perdeu.

Sejam bem-vindos aos becos sem saída — os dois caminhos da criação sob alta pressão. Tendemos a percorrer ambos ao mesmo tempo, muitas vezes sem perceber, até que eles deixam de avançar e não sabemos para onde voltar. Talvez o beco sem saída seja sua própria exaustão. Talvez seja um filho que não segue o mesmo caminho que o seu. Talvez seja tudo o que envolve sua vida fora da parentalidade. Esses caminhos surgem com a promessa de conduzir você a seus filhos, porém muitas vezes levam à direção oposta.

Primeiro beco sem saída: a pressão para criar filhos perfeitos

O caminho número um é o da pressão para criar filhos de maneira cada vez mais prescritiva. Você já enveredou por ele? Acreditamos que esse caminho conduzirá a crianças felizes. Na verdade, com frequência se trata de uma rota atravancada pelas muitas maneiras como sentimos estar falhando com eles.

A criação intensiva enquanto tendência começou com os pais baby boomers — quando a parentalidade passou a se concentrar no desenvolvimento ideal e sucesso futuro das crianças. Desde então, com nosso conhecimento cada vez maior da neurociência e como as experiências iniciais de apego (as danças discutidas anteriormente) afetam o desenvolvimento cerebral, temos a sensação de que há MUITA coisa em risco quando criamos filhos. A impressão é de que cada coisinha que fazemos terá um resultado claro, e esse resultado ou é uma criança sem qualquer mácula ou (quando erramos) uma criança prejudicada.

Já atendi muitas pessoas cuja ansiedade era amplificada pela maneira como pesquisas psicológicas complexas adentraram nossa consciência — de mulheres grávidas morrendo de medo de que a tensão no trabalho possa reconfigurar o cérebro do feto, a pais preocupados que não atender bebês no mesmo instante poderia fazer com que se sentissem negligenciados e afetar seus relacionamentos pelo resto da vida, àqueles que se preocupam cada vez mais com a chegada do aniversário de três anos da criança, porque "Estraguei tudo e agora é tarde, meu filho não tem conserto".

É verdade que nossos primeiros relacionamentos nos influenciam. É verdade até que nossas experiências iniciais afetam o desenvolvimento cerebral. Também é verdade que nosso cérebro é plástico (e está mudando AGORA MESMO!), que apego é uma questão de ritmo, e não há um livro de regras técnicas a seguir, que as pessoas e seus ambientes estão sempre mudando, e que o desenvolvimento das crianças é complexo. Não há absolutamente nenhum estudo psicológico que aponte uma relação de causa e efeito integral entre comportamentos dos pais e resultados nos filhos, porque as variáveis a considerar são múltiplas. Nada é definitivo.

Crianças — como todos os humanos — são tão complexas que nunca saberemos ao certo se fazem x por conta de y. Elas são compostas de muitas camadas e influenciadas por diversas coisas. Nunca as compreenderemos por inteiro.

Isso pode ser uma agonia para nós, na condição de pais. Se sigo uma rotina do sono estrita, o bebê ou a criança dormirá melhor? O bebê vai ter asma porque o parto foi cesárea? Minha filha vai ter problemas de comportamento na escola porque tive depressão pós-parto? Se eu me divorciar, meu filho adolescente vai ter mais dificuldade de formar vínculos românticos na vida?

Com frequência, informações sobre o desenvolvimento da criança nos são apresentadas assim. Isso começa tão logo procuramos conselhos sobre como engravidar — de repente, ainda que até ali nossa vida adulta fosse cheia de nuances, recebemos uma lista do que fazer e do que não fazer. "Siga este caminho e tudo vai ficar bem." No entanto, embora certamente haja fatores que tornem mais ou menos provável que algo aconteça com alguém, é raro que exista uma relação direta de causa e efeito.

Se você segue uma rotina de sono estrita, seu bebê ou filho *pode* dormir melhor — mas temperamento, genes, exposição a telas, doenças, temperatura corporal, preocupações, sua própria ansiedade da separação e seu próprio histórico de sono também influenciam, além de outros fatores.

Se você fez uma cesárea, seu filho *pode* ter maiores chances de desenvolver asma, porém há uma enorme variedade de fatores moderadores; tampouco está totalmente claro por que isso às vezes acontece; ainda que existam diferentes teorias, nenhuma delas é conclusiva.

Se você teve depressão pós-parto, sua filha *pode* apresentar problemas de comportamento depois... Porém pessoas com depressão também têm maior probabilidade de relatar o comportamento dos filhos como problemático (porque, com a motivação baixa, crianças felizes e ativas podem ser um desafio extraordinário). E há outros fatores envolvidos, como a relação entre pobreza e depressão pós-parto e a relação entre efeitos da pobreza em nível comunitário e problemas de comportamento por parte das crianças. Assim, a depressão pós-parto pode ser um ponto que impacta o comportamento da criança — e certamente pais com problemas de saúde mental precisam ter acesso a apoio que compense isso —, porém quando ela ocorre em uma família e em uma comunidade em que há fatores de estresse múltiplos, abordagens no nível da comunidade também devem ser consideradas.

E seu filho adolescente *pode* ter dificuldade de se relacionar romanticamente caso você se divorcie — embora os indícios não sejam claros. Isso também pode ser moderado pela qualidade do seu relacionamento antes do divórcio (jovens adultos que vivenciavam níveis altos de conflito antes que os pais se separassem têm maiores chances de ver o divórcio como um resultado favorável) e o relacionamento que o filho tem com cada um dos pais — isso também pode implicar uma visão mais positiva de términos, que levará à menor tendência a insistir em um relacionamento difícil.

Há muitos motivos e soluções possíveis para os problemas diários que enfrentamos com os filhos. E muitas vezes os pais descobrem o que funciona para eles por meio de um processo de tentativa e erro — quando saímos do caminho e encontramos o que se aplica a nós. Nós e nossos filhos mudamos o tempo todo, e os resultados que esperamos podem mudar também. Com frequência, o processo de mudança envolve experimentar, coletar informações de diferentes fontes e testar o que funciona. Às vezes, o processo de mudança envolve aceitar que não é como o esperado. E às vezes pode necessitar do envolvimento de um/a profissional, alguém capaz de conhecer sua família e como ela opera.

Então como podemos sair desse caminho? Em primeiro lugar, precisamos reconhecer que estamos nele. Em segundo lugar — e isso é o mais complicado —, precisamos reconhecer que nossos filhos podem estar nele também. Tentar otimizar nossa criação implica tentar otimizar nossos filhos, e isso cria um obstáculo para conhecê-los como realmente são. E pode até aumentar a probabilidade de que nos preocupemos com as falhas deles e de que o estresse de tentar criar filhos perfeitos extravase para como nos relacionamos com eles e respondemos a eles. Se é difícil ler isso, não se esqueça de que se trata de um caminho bem iluminado, que parece muito convidativo. Por último, precisamos descobrir como reduzir a pressão sobre nós mesmos para criar espécimes humanos perfeitos.

Se esse caminho parece familiar, verifique o que você pensa sobre as seguintes questões:

- Qual lhe parece ser o objetivo na criação de filhos? (Pode haver muitas respostas diferentes aqui.)
- Quais são os "resultados" que você espera atingir no que se refere a seus filhos? (Por exemplo, dormir a noite toda, comer de tudo, ser calmo, inteligente etc.)
- De onde vêm essas ideias?
- Essas ideias colocam mais pressão sobre você?
- Existem ideias alternativas que poderiam reduzir a pressão? (Por exemplo: "Se eu gritar com meus filhos, eles ficarão marcados pelo resto da vida", ou "Se eu gritar com meus filhos, posso pedir desculpas depois, permitindo que saibam que sou humana/o".)
- Agora, vamos acrescentar algo para garantir que estão cuidando um pouco de você também. Do que você precisa para que essa pressão seja reduzida? (Por exemplo: "Colocando tanta pressão em mim mesma ao considerar o impacto no longo prazo de tudo o que faço na verdade aumenta a chance de que eu grite. Vou tentar me concentrar no que está acontecendo aqui e agora. Se grito, é por conta de estresse, então o que preciso fazer para recuperar a calma?".)

E para o caso de ser isso que está te fazendo insistir no caminho, uma reação *muito* comum a se dar conta de que você está nele é aquela vozinha na sua mente (provavelmente o crítico se fazendo ouvir): "Tá, tá, eu entendo isso em relação aos *outros*, mas *meu* filho *vai* ser tudo isso se eu me esforçar". Mas por quê? E qual é o custo dessa crença para você? Ela pode estar implicando um custo para ele também?

Se precisar de mais ajuda para sair desse caminho:

- Quais são suas aspirações para seus filhos? Elas são realistas?
- Algumas delas se chocam? Ou se chocam com seus filhos reais e como eles são? Ou com você e como você é?
- Se pudesse escolher uma única aspiração para seus filhos, algo para a vida toda, qual seria? (Se você respondeu "ser feliz", pense um pouco mais, por favor. Ninguém é capaz de ser feliz o tempo todo, e a pressão para tal pode aumentar nosso nível de ansiedade. "Ter um senso de propósito" ou "se aceitar" seriam alternativas mais realistas, e contribuem com o sentimento geral de bem-estar.)

Esse beco sem saída é bastante poderoso, porque é mantido iluminado pelas pessoas à nossa volta e suas expectativas. Um olhar em julgamento quando a criança chora em público, um "Você pode fazer seu bebê ficar quieto?", uma foto no Instagram de uma família calma e sorridente e com roupas combinando, uma constatação de que o filho de outra pessoa faz algo que parece fora de alcance para o nosso, ou mesmo o grande número de metas a partir das quais nossos filhos são avaliados na educação — tudo contribui para isso. Pode ser incrivelmente difícil abandonar esse caminho e olhar para como isso pode impactar você e seus filhos — e mudar de direção pode ser mais complicado ainda.

Sim, a criação nos influencia, mas nossa personalidade, nosso ambiente, nossos outros relacionamentos e nossa exposição a informações novas também. Como aprenderemos na próxima parte, nossos filhos têm muito a dizer quando se trata de como vão crescer. Em vez de criar filhos perfeitos, como seria simplesmente criar SEU filho?

Segundo beco sem saída: a pressão para ser a mãe perfeita ou o pai perfeito

Quando saímos desse caminho, acabamos nos vendo em outro: o da pressão para ser a mãe perfeita ou o pai perfeito. Acreditamos que esse caminho levará a competência, porém quanto mais avançamos nele, mais nos damos conta de que não tem fim e de que a competência parece cada vez mais difícil de alcançar. Podemos vislumbrá-la aqui e ali, porém sempre há mais a percorrer, e novos obstáculos no caminho.

Você talvez não se dê conta de que está nesse caminho. Quando falo sobre perfeccionismo com meus pacientes, muitas vezes ouço algo como: "Não posso ser perfeccionista, porque não sou perfeita/o" (em outras palavras: "Continuo errando em muita coisa, ainda tenho muito o que me esforçar, nunca consigo atender às minhas expectativas"). Se você reconhece o sentimento, saiba que está na trilha do perfeccionismo.

Todos os dias, recebemos uma quantidade absurda de informações (muitas vezes simplificadas demais) sobre gravidez, parto, criação de filhos, desenvolvimento da criança e saúde mental, de uma ampla variedade de fontes. É claro que isso pode ser benéfico até certo ponto, porém também aumenta a pressão sobre nós, passando a impressão de que há uma maneira "certa" de fazer as coisas — mesmo que essa maneira mude constantemente. Se a criação nos anos 1980 era focada no desenvolvimento e na inteligência, desde meados dos anos 1990 ela enfatiza a autoestima, a expressão emocional e a conexão — e a ideia de que tudo isso pode ser obtido através de uma alteração no comportamento dos pais. Nosso papel enquanto pais não é apenas nutrir ou orientar... é promover ao máximo o desenvolvimento da criança. Deixamos de ser apenas pais para ser criadores de adultos ideais.

Quem tem mais de um filho pode se sentir puxado em direções diferentes e incapaz de atender inteiramente às necessidades de qualquer um deles. No entanto, a vida familiar assim, e essa também é parte do problema da maneira como falamos sobre criação — porque, se precisamos atender INTEIRAMENTE às necessidades de todos, nunca teremos "sucesso".

Para dar um exemplo: se eu buscar "como criar bem os filhos" no Google, o resultado são páginas e páginas de listas: nove maneira de criar filhos com mais eficiência; cinco habilidades necessárias aos pais; os dez mandamentos da boa criação de filhos; cinquenta maneiras fáceis de ser uma mãe fantástica. Sem que percebamos, passamos a nos medir por essas listas, principalmente se temos um crítico ou um preocupado trabalhando juntos ativamente, e mais ainda se nosso cuidador recebe validação ao atender às expectativas.

No entanto, se reduzíssemos a criação a um único mandamento, ele seria: "Ama teu filho incondicionalmente". Mas como fazer isso? E se nunca vivenciarmos amor incondicional? E se existem coisas em nossos filhos que nos parecem desafiadoras? Como estabelecer limites e incentivar comportamentos que julgamos aceitáveis sem que a criança sinta que não é amada? E, afinal, o que é amor? Um imperativo assim simples — que podemos ler sem muito envolvimento — traz consigo questões importantes relacionadas ao que é uma boa criação e como colocá-la em prática. Muitas vezes, ela leva a uma variedade de perguntas menores, relacionadas ao que estamos fazendo ser ou não aceitável.

Percebo isso claramente no tipo de pergunta que surge quando converso com pais, no número cada vez maior de dúvidas em relação ao impacto no longo prazo de ações momentâneas. Agir de maneira menos que perfeita desperta culpa, vergonha e ansiedade. "Gritei com minha filha, o que isso vai causar nela?", "Meus filhos assistem a mais de duas horas de TV por dia, quais danos isso vai causar?", "Estou cansada/o de brincar, mas não quero que meu filho se sinta rejeitado, como faço para continuar?".

Com as informações ficando cada vez mais específicas, nossas chances de errar aumentam também. Assim, posso ter uma conversa com um pai ou uma mãe do tipo: "Minha filha deu um chilique e eu falei o que aprendi no Instagram, mas ela não parou. E agora?". Ou: "Eu disse 'não', mas li que não se deve mais dizer isso. O que faço agora?". As perguntas reais por trás dessas são: "Estraguei tudo?", "Sou uma mãe ou um pai ruim?", "Meus filhos vão ficar bem?". À medida que nos embrenhamos por esse caminho, nossa ansiedade aumenta e faz com que sintamos que a responsabilidade que ser mãe ou pai implica é intransponível. Fica cada vez mais difícil ver nossos filhos como seres humanos em vez de uma série de tarefas a cumprir.

Mas espere aí. Porque, ao mesmo tempo, essa ansiedade toda não é normal. Como isso impactará o desenvolvimento cerebral ideal? E retornamos ao primeiro caminho.

É claro que as pessoas e suas expectativas iluminam esse caminho também. Se você já se sentiu sobrecarregada/o pela quantidade de e-mails da creche ou escola, talvez se identifique com isso. De novo, é preciso um enorme esforço para abandonar esse caminho, verificar o que há fora dele e questionar o que funcionaria em sua família sem se deixar ser arrastado de volta.

Algo que notei nos conselhos modernos é que a pressão não é aumentada apenas por aqueles relacionados a práticas e estratégias parentais. Até mesmo conselhos relacionados ao bem-estar dos pais fazem isso. Um exemplo é a noção de "pais suficientemente bons" apresentada pelo psicanalista Donald Winnicott. A ideia é de que não apenas podemos decepcionar nossos filhos enquanto pais, cometer erros e aceitar que eles talvez se desiludam em relação a nós, mas de que *devemos* fazer isso para que eles possam aprender gradualmente sobre si mesmos como pessoas separadas e se sentir bem em cometer erros e desiludir outros. Se permitirmos que vejam nossa humanidade, eles poderão ser humanos também. No entanto, à medida que esse conceito foi incorporado a títulos de livros, memes e até mesmo cursos on-line sobre a criação de filhos, passou também a ser uma forma de pressão. Quanto podemos falhar com nossos filhos? De que maneira? A ideia de "suficientemente boa" não é uma desculpa? Na prática, como posso ser uma mãe suficientemente boa perfeita, ou um pai suficientemente bom perfeito?

Outro exemplo é o rompimento de ciclos, que parece empoderador à princípio, mas também pode ser um fardo pesado de carregar. Romper com ciclos de traumas é complexo, envolve anos de teoria e se refere a traumas de infância e adversidade, trauma racial e trauma intergeracional. E que se tornou uma hashtag popular no TikTok (#breakingthecycle), com mais de 50 milhões de visualizações no momento em que escrevo.

Embora haja muitas maneiras de romper com ciclos de gerações passadas, a ideia de ser quem rompe com eles pode ser bastante opressiva.

A verdade é que ciclos podem mudar, mas não ser rompidos — e é assim que a mudança ocorre na terapia. Quando alteramos algo, percebemos outra coisa que talvez precisemos mudar. Nossos filhos crescem e precisam de coisas diferentes de nós. Nossas circunstâncias mudam. É uma ideia linda a de que podemos entregar a nossos filhos uma folha de papel em branco na qual eles vão escrever o próprio mapa, à sua maneira. Porém por mais que fôssemos gostar disso não temos como apagar nossas experiências e as complexidades de nossa vida. A ideia de que podemos nos transformar tão completamente não é apenas simplista, mas traz sentimentos de fracasso quando inevitavelmente repetimos o que é automático para nós.

Lembra-se da vitrola que se encontrava na sala de estar, tocando a música que acompanhava sua dança (p. 89)? Nossas maneiras de reagir e nos relacionar, nossos sentimentos em relação a nós mesmos e ao mundo, tudo isso é como um risco no disco. Quando tocamos a mesma música ao longo de muitos anos, a agulha da vitrola retorna facilmente a ela. Quando promovemos mudanças, precisamos tocar bastante as músicas novas até que elas pareçam familiares — no processo, a agulha vai retornar facilmente àquela ranhura familiar, até termos ouvido a nova música vezes o bastante para criar outra ranhura. Isso não é fracasso, é aprendizagem.

Se você se identifica com isso, vamos descobrir como abandonar o caminho considerando as seguintes questões:

- O que você acha que pais ideais deveriam estar fazendo? Faça uma lista, se possível.
- Como você se sente olhando para essa lista?
- De onde essas ideias vêm, no seu caso?
- Se seus filhos já têm idade o suficiente, pergunte a eles o que acham que faz uma boa mãe ou um bom pai. Compare as listas de vocês. Elas são muito diferentes?

De novo, se uma vozinha começar a dizer "Tá, isso vale para os outros, mas eu vou continuar dando duro na criação dos meus filhos", faça-se a seguinte pergunta: "Se eu pudesse deixar de lado a pressão para ser a mãe ou o pai ideal, o que essa liberdade me permitiria fazer? Sentir? Ser? Qual seria a diferença no meu dia?". Se é difícil imaginar isso, volte à parte II e demonstre curiosidade em relação ao motivo de você se esforçar tanto e o que isso pode estar lhe custando. Você também pode invocar o seu guia e incentivá-lo a oferecer alternativas.

Outro beco sem saída (agora invisível): a pressão para não sentir pressão

Após abandonar os caminhos mencionados, perguntando-se como foi parar neles, você de repente se depara com outro beco sem saída. Esse ainda por cima é invisível: o da pressão para não sentir nenhuma pressão em relação a seu papel de pai ou mãe.

Esse caminho é um pouco diferente dos dois anteriores, e se relaciona com muitas coisas que já discutimos. Ele vem de histórias sobre como os papéis de pai e mãe são naturais, por isso deveriam ser fáceis. Sobre como, se dermos a impressão de que não estamos dando conta, seremos julgados negativamente. Sobre como as crianças devem se comportar, sobre como devemos sorrir para as pessoas no supermercado enquanto, com os dentes cerrados, mandamos a criança parar de choramingar. Vem de todas aquelas outras histórias que mencionamos, de modo que talvez aspiremos a ser pais inabaláveis, que sempre carregam lencinhos, ou pais legais e envolvidos, que estão sempre prontos para se divertir. E vem de nossas experiências reais sendo criticados pelos outros — ou mesmo pelas experiências imaginadas de julgamento de quando nos comparamos com outros pais (seja na vida real, seja nas redes sociais).

Também pode vir de algo um pouco mais profundo, o que torna mais difícil manifestar nossos sentimentos, ou de histórias herdadas sobre como crianças deveriam se comportar. Isso implica dificuldade de criar nossos filhos olhando nos olhos deles, o que nos leva a precisar olhá-los meio de lado. Vivemos com eles, mas não conseguimos nos conectar. E nos mantemos nesse caminho porque talvez nos preocupemos com a possibilidade de nos perder de verdade caso encaremos nossos verdadeiros sentimentos em relação a ser mãe ou pai.

Lembra quando estávamos sentados na cozinha, com nossas tigelas de mingau, e falamos sobre poder? Ou o início deste capítulo, quando falamos em competência?

Tentamos transmitir calma para sentir que estamos no controle. Porque precisamos sentir que estamos no controle, e precisamos que outras pessoas vejam que estamos no controle. Às vezes, porque não temos poder, nunca tivemos, e nos sentimos impotentes. Por que isso vem à tona com tanta força na parentalidade?

Em primeiro lugar, porque criar filhos envolve amor. E, como você provavelmente sabe bem a esta altura, amor é algo muito complicado para nós. Tornar-se mãe ou pai desperta muito de nossa própria experiência de como fomos amados e de como amamos. Nossos sentimentos de amor — e nossos sentimentos em geral — enquanto pais podem ser tão poderosos que chega a chocar. Assim, ter parâmetros para "provar" que amamos direito — que somos bons pais — parece seguro, mesmo quando aumenta a pressão sobre nós.

Em segundo lugar, porque filhos trazem o CAOS.

Eles fazem com que nos sintamos totalmente impotentes, várias vezes, de diferentes maneiras.

Filhos destroem qualquer ilusão de controle sobre basicamente tudo, mas sobretudo outras pessoas. Podemos tentar, com afinco, de inúmeras maneiras, criar uma sensação de controle e ordem sobre o caos. Podemos fazer ioga durante a gravidez, dormir no transporte público, criar uma rotina, seguir manuais de criação, tentar moldá-los e oferecer a eles TODO o necessário para que se tornem — como já discutimos — seres humanos ideais. E então eles acabam em uma posição estranha no útero e temos um parto complicado, ou vomitam no tapete novo, sujam seu cabelo de pasta de amendoim, xingam sua mãe, pulam o muro da escola, não voltam para casa quando dizem que voltariam, saem com pessoas que você não suporta, largam a faculdade, não agradecem seu apoio ao longo da vida.

Podemos ou nos esforçar mais, ler mais dicas, experimentar coisas novas, falar com outras pessoas para encontrar soluções. Ou abrir mão dos conceitos adultos de poder e pressão, receber o caos de braços abertos e procurar compreendê-lo melhor.

Não estou falando de abrir mão de todo o senso de controle. Podemos controlar ambientes, podemos nos controlar, podemos ter certo controle sobre nossos planos. No entanto, o que não temos como controlar são as pessoas, incluindo nossos filhos. O que *podemos* fazer é conhecê-los. Porque não estamos criando seres ideais; estamos criando seres humanos complexos e muitas vezes exasperadores em sua plenitude.

Agora que abandonamos o último caminho, podemos conhecer nossos filhos. Vamos apenas conferir antes de seguir em frente:

1. Como está se sentindo? (Como está sua frequência cardíaca, seu nível de energia, como seu corpo se sente? E quanto a suas emoções? Você sente ansiedade, tristeza, empolgação, curiosidade ou alguma outra coisa?)
2. O que a leitura da parte III despertou em você? (Em termos de informações, ideias, lembranças, sentimentos?)
3. Cite uma única coisa que você gostaria de levar consigo desses capítulos.

PARTE IV
A HISTÓRIA DOS FILHOS

11
Ferramentas para a jornada

"Todos os adultos foram crianças primeiro,
porém poucos se lembram disso."
Antoine de Saint-Exupéry, *O pequeno príncipe*

É hora de abrir seu mapa mais uma vez. Dê uma boa olhada e reflita sobre o quanto avançamos na jornada desde o início deste livro. Espero que agora você tenha muito mais clareza quanto a por que opera como opera alguns dos personagens que te influenciam e as pessoas na sua vida que influenciam sua parentalidade. Talvez você tenha uma boa noção de quem é lá no fundo, e do tipo de mãe ou pai que pretende ser — alguém baseado em você, seus valores e sua vida única, e não nas histórias e expectativas que nos cercam.

Como dissemos logo no começo, você pode ter muitas outras perguntas e até sentir menos segurança, porque as coisas que aparentavam certas talvez agora não pareçam tanto assim. Nessa jornada — como costuma acontecer no processo terapêutico —, você pode ter a sensação de que coisas demais estão sendo atiradas para o alto (talvez as roupas de cama e as toalhas que tinham sido enfiadas no armário). Talvez seja necessário se reservar um momento para verificar onde elas vão parar antes de voltar a guardá-las. Se as coisas estão parecendo um tanto bagunçadas, lembre-se de que tudo bem deixar o livro de lado por um tempo, até que você tenha uma ideia mais clara de seu mapa e de como deseja reescrevê-lo.

Mantenha seu mapa próximo, porque talvez precise dele novamente. Não retornaremos à vida normal, com suas rotinas, a louça para lavar, as fraldas para trocar ou o jantar para fazer — ainda não. Vamos um pouco mais além em nossa aventura. Traga seu guia para oferecer apoio, porque eu gostaria de lhe apresentar um mapa totalmente novo. Em geral, não o abrimos, porque perdemos a habilidade de segui-lo assim que crescemos. É comum crianças ficarem desesperadas para deixar esse mapa e adentrar o mundo adulto. E é comum adultos abrirem o próprio mapa por cima do das crianças. Ou, especialmente quando queremos reescrever o nosso, nos voltarmos para o mapa de outros adultos. Consideramos os mapas à nossa volta, os mapas que achamos que os filhos de nossos amigos têm, os mapas de nossos amigos de infância, os mapas apresentados em livros sobre a criação de filhos; vemos trechos de mapas de outras pessoas na TV, nas redes sociais, em filmes e livros.

No entanto, as crianças também vêm com um mapa.

Nos capítulos que se seguem, vamos aprender a conhecer o mapa de nossos filhos — principalmente se ele for (e inevitavelmente será) diferente do nosso, diferente do mapa da pessoa com quem os criamos, diferente do mapa das outras crianças em volta, diferente do que esperávamos, diferente do que a comunidade esperava e diferente do que a sociedade esperava.

E só para que esteja claro ao entrarmos na próxima parte da jornada, e porque você pode estar pensando "Finalmente ela vai me dizer o que fazer", já adianto que não farei isso. E vou explicar o motivo.

Não conheço você e não conheço seus filhos.

O que vou fazer é apresentar alguns traços bem gerais das crianças que podem ajudar você a entendê-las um pouco melhor, porém é grande a chance de que a leitura da seção seguinte leve a ainda mais perguntas do que você tinha de início. E tudo bem. Na verdade, tudo ótimo. Porque, como vimos na introdução, nosso papel enquanto mãe ou pai não é moldar nossos filhos, mas apoiá-los na descoberta de seu eu mágico e de sua forma única de ser, além de oferecer uma fundação sólida na qual poderão confiar quando precisarem.

Como aconteceu quando se tratava do seu mapa, vamos precisar de algumas coisinhas antes de examinar o mapa dos seus filhos.

Nessa Terra do Nunca em que nos encontramos, entre seu mapa e o mapa deles, receberemos cinco ferramentas para nos ajudar na leitura. Ferramentas que você poderá usar em qualquer momento da jornada parental, e em seus outros relacionamentos também. Como já foi dito, elas podem parecer simples na teoria, porém você verá que exigem prática — como quaisquer outras ferramentas — para serem usadas de maneira habilidosa. Então as coisas podem mudar de novo, e você terá que aprender a utilizá-las em outros contextos. É como se estivéssemos sempre começando.

Ferramenta 1: reparação

Como não cometer múltiplos "erros" quando passamos horas (às vezes *muitas* horas) com nossos filhos, ou não fazer coisas que não pretendíamos fazer, ou dizer coisas que não pretendíamos dizer? E como garantir que eles não cometam múltiplos erros também?

Uma das ferramentas mais úteis com que podemos contar na criação dos filhos (e em todos os relacionamentos) é a *reparação*. É como se um campo de força protegesse nossa família dos momentos difíceis envolvendo ruptura e desconexão. Quanto mais aceitamos que somos humanos falhos, caóticos e imperfeitos, e quanto mais aceitamos que nossos filhos também são, menos resistimos aos indícios dessas falhas. Assim, mais fácil se torna superar as dificuldades.

Precisamos aprender a aceitar os momentos em que não estamos em sintonia, e aceitar que nos digam isso. Precisamos ser capazes de pensar "Droga, errei aqui" e nos manter abertos ao que é necessário para evoluir. Precisamos ser capazes de dizer: "Ei, você errou ali, mas ainda te amo". Essas rupturas não constituem fracasso. São *essenciais*. Não é nos momentos de conexão perfeita que construímos relações, e sim quando fazemos as pazes.

Para aceitar a reparação, precisamos estar confortáveis com o conflito. E não quero dizer apenas o óbvio — discussões, gritos, bater de frente por algum motivo. Nosso dia enquanto pais é repleto de conflitos, que podemos evitar ou reprimir. Conflitos internos ("Tudo bem eu sair hoje à noite mesmo que a criança chore?), com nossos filhos ("Ah, que besteira, o molho está ótimo, agora coma") e, é claro, entre nossos filhos, com nossos companheiros, coadjuvantes e a comunidade mais ampla.

Estar confortável com o conflito pode desafiar muitas das coisas que vieram à tona nas seções anteriores deste livro. Talvez nossas expectativas não sejam atendidas, talvez as histórias que carregamos sobre parentalidade e vida familiar não se comprovem, e então nos questionamos, ou questionamos nossos filhos. Talvez um conflito nos leve a um daqueles becos sem saída do capítulo anterior, por isso evitamos frustrar as crianças, para não nos afastarmos dos ideais de pais e filhos perfeitos que sempre se dão bem. Nosso relacionamento com o conflito é formado nas danças que aprendemos no capítulo 6. Famílias acostumadas com o tango argentino podem se sentir bastante confortáveis trocando gritos num minuto e rimos no seguinte, enquanto se na sua casa imperava a dança irlandesa, uma discussão pode parecer catastrófica.

Também chegamos à parentalidade com nosso próprio mundo interno. Talvez o crítico surja e diga: "Olha só a confusão que você fez", e então o flutuador entra em cena para afastar os sentimentos difíceis, como a vergonha, e fingir que nada aconteceu. Ou o cuidador nos diz que precisamos acalmar os ânimos o mais rápido possível, mesmo que isso signifique ignorar nossas necessidades e evitar um confronto com nossos filhos. O preocupado pode se esforçar ao máximo para evitar que qualquer conflito surja, enquanto o estoico não dá trela a insolências. Podemos culpar nossos filhos por causar o conflito e voltar nosso crítico contra eles, concluindo que é tudo culpa deles e, portanto, não precisamos nos sentir mal.

Também carregamos experiências passadas com conflitos, claro. Talvez a criança dentro de nós venha à tona com a lembrança de como era ser punida severamente por um pequeno mau comportamento, ou de como era assustador ouvir discussões em casa. Os sentimentos que isso pode evocar em nós — como medo de que nossos filhos se sintam como nos sentimos no passado — podem nos impedir de lidar com problemas e diferenças de opinião.

Podemos ter medo do conflito por inúmeras razões, porém quando o evitamos ele se manifesta de outras maneiras, por exemplo perdendo a paciência com o/a companheiro/a ou se sentindo para baixo ou desconfortável. Quando sentimos que o conflito se instalou, às vezes nem sabemos por onde começar, e a reparação parece distante demais.

E a reparação em si pode parecer bastante complicada — assim como ser a pessoa estendendo a mão. Se experimentamos a tigela de mingau salgada da criação autoritária (ver p. 75), a reparação — admitir que talvez tenhamos errado — é contraintuitiva. Envolve admitir que não somos figuras de autoridade onipotentes, mas seres humanos falíveis. Podemos achar que oferecer reparação e pedir desculpas minarão nosso poder enquanto pais e o respeito de nossos filhos por nós.

Se somos adeptos da tigela de mingau doce da criação permissiva — ou se esse mingau que preparamos agora —, ou se damos o mingau de colherzinha enquanto pais-helicóptero, quaisquer erros de nossa parte parecem inaceitáveis. Isso significaria reconhecer a falha de nossos filhos, o que pode levar a conflitos.

A ferramenta da reparação nos permite reconhecer que aprender com os erros, em vez de evitá-los, é parte da experiência humana. Assim como nossos filhos aprenderam a andar caindo, aprenderemos sobre nossos relacionamentos e sobre o outro quando erramos. Pais e filhos cometerão erros continuamente, e haverá incontáveis briguinhas nos relacionamentos. No entanto, enquanto adultos, precisamos ser os responsáveis pela reparação e dar o exemplo de como ela se dá. Em algum momento, nossos filhos seguirão nosso modelo, porque aprenderão conosco que é fácil se reconectar. Para reparar, não é preciso saber de quem é a culpa. Podemos ver nossos conflitos como outro monstro debaixo da ponte — e, então solucionar os conflitos e a desconexão se torna um problema a superar juntos.

Que cara tem a reparação na vida real? Em primeiro lugar, precisamos nos sentir bem conosco — e falaremos mais disso no capítulo 13. Em segundo lugar, precisamos nos posicionar de uma maneira que pareça certa para nós e para nossos filhos. Há centenas de roteiros na internet do que fazer depois de uma ruptura com a criança — ou seja, como fazer as pazes quando você perdeu a paciência, ou agiu de maneira que não estava em sintonia com as necessidades do seu filho, ou notou que vocês não andavam se dando bem. Esses roteiros podem lhe dar boas ideias, mas a reparação precisa vir do coração, e não da mente. Sou de Newcastle upon Tyne, que fica no norte da Inglaterra, e algo como "Desculpa se fiquei brava, você não merecia isso. Às vezes a mamãe tem dificuldade em manter a calma, preciso trabalhar isso. Deve ser assustador quando eu grito. Te amo muito e peço desculpa por magoar você" nunca sairia da minha boca (nem deveria, porque não vem naturalmente para mim). No entanto, tudo bem experimentar e descobrir com o que você fica mais confortável e o que funciona melhor na sua casa. Você pode começar pensando no que gostaria de ouvir na mesma situação, ou no que pode querer que aconteça. Porém lembre-se de que seus filhos são pessoas separadas, ou seja, o que funciona no seu caso pode não funcionar no caso deles, mas talvez lhe dê algumas ideias de por onde começar.

Uma parte importante da reparação é o perdão — inclusive direcionado a nós mesmos. A criação de filhos pode ser implacável, e envolve muitas demandas concorrentes. É por isso que ter seu guia a seu lado, buscando palavras de compaixão para você, pode ser essencial na exploração do mapa de seus filhos (veja a p. 52, se precisar recordar).

Assim, para contar com essa ferramenta em sua jornada, reflita sobre as seguintes questões:

- Como o conflito ocorre na sua casa?
- Por que você acha que ele se manifesta assim na sua família?
- Como você se sente a respeito da reparação? O que a facilita?
- Do que você precisa para sentir que um conflito foi reparado? Do que acha que seus filhos precisam? E quanto às outras pessoas da família?
- Ser responsável pela reparação é muito difícil para algumas pessoas. Como você se sente em relação a esse papel enquanto mãe ou pai?

Ferramenta 2: empatia

Talvez a coisa fique um pouco sentimental agora. A reparação vem do nosso eu adulto, porém, para realmente entrarmos em sintonia com nossos filhos, precisamos de *empatia*, a fim de tentar recordar a experiência de ser uma criança e de como o mundo é para elas. Porque, assim como as diferenças mencionadas em relação a nós e a nossos pais, nossos filhos também estão crescendo em um mundo muito diferente daquele em que crescemos. E a menos que demonstremos curiosidade quanto a como está sendo para eles, não teremos como encontrá-los por lá.

Essa ferramenta nos dá o poder de enxergar o mundo através dos olhos de nossos filhos.

A primeira coisa que talvez se note é que tudo parece bastante alto. Quando adultos falam com você, pode ser difícil ouvir o que estão dizendo, caso eles não se abaixem para ficar cara a cara e encarar os seus olhos. Tem bastante coisa acontecendo, o tempo todo, que você não entende muito bem. Você pode se envolver com um videogame e então se dar conta de que seu pai ou sua mãe está esperando que você se arrume, com uma expressão frustrada. Outra coisa que se pode notar é o excesso de filas — para se juntar a um grupo de crianças pequenas, para entrar no parquinho, para comer. E se você fica impaciente, leva bronca. Ou se expressa uma escolha individual, pode ouvir algo como "É o que tem para hoje" ou talvez "Crianças devem ser vistas, e não ouvidas". Com frequência, você se vê passando rapidamente de uma coisa à outra, com alguém dizendo "Anda! Vamos!". E mandam você dividir seus brinquedos, muito embora seus pais mantenham tudo de interessante — celulares, chaves, as melhores comidas — só para eles.

Muitas vezes, vemos crianças como pequenos adultos, quando na verdade elas não são nem um pouco como nós. Um dos meus fatos preferidos relacionados a crianças tem a ver com ondas cerebrais. Até cerca de oito anos, o cérebro passa a maior parte do tempo em ritmo teta, o qual, na vida adulta, só ocorre quando estamos sonhando acordados ou meditando. Crianças pequenas muitas vezes se perdem nos mundos que existem na própria cabeça — e nesse estado de fluxo obtêm grandes benefícios (assim como nós!), que vão da expansão da imaginação a uma sensação maior de confiança. No entanto, adultos passam a maior parte do dia tirando as crianças desses sonhos e as trazendo para o mundo gigantesco e barulhento que habitamos. E o mundo que habitamos não é muito amigável com os pequenos.

No Reino Unido, e em outras culturas que valorizam o individualismo, há uma separação entre o mundo adulto e o mundo das famílias e crianças que simplesmente não existe em outros lugares. Em 2010, Al Aynsley-Green, na época comissário infantil do Reino Unido, falou sobre como os países que formavam a nação eram hostis com as crianças. No capítulo 1, vimos inclusive que se trata de um dos lugares com menos políticas favoráveis às famílias.

Com frequência, nossos filhos são levados de um lado para o outro de nossos mapas adultos, em nossos mundos adultos. Um exemplo de como as expectativas adultas podem nos impedir de ver através dos olhos das crianças são as festas de fim de ano. Podemos organizar atividades que nos parecem divertidas, como ir a uma feirinha, para depois descobrir que nossos filhos odeiam os brinquedos, ou acham tudo barulhento demais, ou preferem ficar assistindo aos patinhos de borracha boiando na água. Com isso, podemos ficar com a impressão de que eles são ingratos.

Nossos filhos podem se tornar condutores de nossos próprios desejos e necessidades, ou então objetos que precisamos controlar. Com muita frequência, eles são atraídos pelos becos sem saída das expectativas adultas. Se não se mostram dóceis, são tachados de difíceis. Se interrompem uma conversa, são tachados de impacientes. Se nos questionam, são tachados de grosseiros.

Isso também permeia nossas expectativas em relação à família. Muitas vezes, consideramos "diversão" o que acontece longe de nossos filhos, que são tidos como drenos de energia. Sim, vemos imagens artificiais de famílias rindo com seus dentes branquíssimos em torno de um jogo de tabuleiro. Raramente, no entanto, vemos representação de famílias simplesmente juntas, sem fazer nada específico. Para os pais, a história que prevalece parece ser a de que precisamos voltar toda a nossa energia para as crianças e nos recuperar longe delas. É claro que precisamos saber quem somos separados das crianças, no entanto, como vimos, as narrativas se tornam "normais" e aspiracionais, mesmo que não se encaixem na nossa experiência.

Em gestos menores, podemos sentir o impacto disso enquanto pais diariamente, mesmo que seja apenas entrando em mais um espaço "adulto", como um restaurante ou um museu, com uma criança pequena, não importa quão comportada ela seja. Isso pode aumentar a pressão sobre nós enquanto pais, com os olhares em reprovação, reais ou imaginados, impactando como interagimos com nossos filhos.

Alguns pesquisadores relacionaram o modo como criamos as crianças à discriminação contra elas. O Childism Institute, uma rede global, usa o termo "childism" [criancismo] para equipará-lo a movimentos como o feminismo, apontando para como as crianças muitas vezes são marginalizadas no mundo centrado nos adultos e enfatizando o papel delas na construção de uma sociedade mais igualitária.

Você talvez ache um pouco exagerado falar em discriminação contra crianças, porém escrevo em 2022, e na Inglaterra ainda é permitido bater em crianças;* os Estados Unidos assinaram a Convenção dos Direitos das Crianças, mas não a ratificaram. Os serviços que visam às crianças — no âmbito local, da saúde pública e recreativo — foram dizimados, afetando principalmente grupos vulneráveis. Em 2018 — antes que a pandemia de covid-19, o Brexit e a crise do custo de vida agravassem ainda mais o impacto financeiro sobre as famílias —, a relatoria especial das Nações Unidas observou a pobreza no Reino Unido e declarou que, apesar de se tratar da quinta maior economia do mundo, "a cola que vinha mantendo a sociedade britânica unida desde a Segunda Guerra Mundial foi deliberadamente removida e substituída por um *éthos* cruel e indiferente". Em 2020 e 2021, 27% das crianças do Reino Unido viviam na pobreza. Isso dá cerca de oito crianças em uma turma de trinta. O número aumenta para quase quinze em trinta considerando apenas famílias com mãe ou pai solo ou formadas por minorias raciais.

Um dos ideais que muitas vezes projetamos em nossos filhos, na busca pela perfeição, é de que eles serão felizes o tempo todo. E caso

---

*Apesar de pela lei não ser permitido bater em crianças, ainda é algo visto com muita força na sociedade como "o jeito certo de corrigir". (N. E.)

fiquem tristes ou bravos, voltarão a ficar alegres rapidamente. No entanto, assim como nós, as crianças sentem uma ampla variedade de sentimentos, e com frequência ao mesmo tempo. Um dos maiores presentes que podemos dar a elas é compreender que ser criança no mundo moderno nem sempre é fácil — e, portanto, permitir que elas expressem como se sentem em relação a isso.

Você pode levar a ferramenta da empatia com você no seu dia a dia como mãe ou pai se agarrando a duas ideias.

Primeiro: nós, enquanto pais, precisamos nos manter abertos a ouvir sobre as experiências de nossos filhos. A ouvir de coração aberto sobre realidade deles sem questionar. Às vezes, elas não corresponderão a nossas expectativas ou suposições, porém ser capaz de ouvir nos permite adentrar o mapa deles. E, mesmo que não sejam capazes de se expressar em palavras, eles se comunicarão através de seu comportamento — relaxando após a pressão de ter passado o dia todo se comportando na creche ou na escola, por exemplo.

Segundo: se eles têm idade o suficiente para fazer perguntas, também podemos perguntar como são as coisas para eles. "Já faz bastante tempo que não sou criança. Como é para você?", "Quais são as diferenças que você vê entre a minha vida e a sua?", ou "O que está rolando com você no momento?". Esse pode não ser o tipo de pergunta que fazemos aos nossos filhos, no entanto são pontos de partida para conversas abertas. Algumas crianças podem achar conversas assim esquisitas, e cabe a elas escolher o quanto desejam compartilhar. No entanto, demonstrar curiosidade sobre como a vida é para elas é, por si só, uma maneira de utilizar essa ferramenta. E algo que pode nos ajudar ainda mais é a terceira ferramenta.

Ferramenta 3: colaboração

Passamos bastante tempo falando sobre diferentes dinâmicas familiares — quem tem o poder na casa, quem conduz a dança, os fantasmas que herdamos. No entanto, quando vemos a vida familiar como uma colaboração e os membros da família como uma equipe (mesmo que sejamos os líderes dessa equipe), fica mais fácil olhar para o mapa de nossos filhos sem impor o nosso. Assim, também ficamos um pouco mais próximos do mingau "na medida" — quando as crianças sabem o que se espera delas (e as expectativas sobre elas são claras), porém contam com o apoio necessário para atingir tais perspectivas.

Na *colaboração*, as necessidades dos pais, da criança e de todos os membros da família são tidas como iguais em importância. Essa pode ser a ferramenta de que precisamos para abrir mão daquelas histórias e realmente abandonar os caminhos que examinamos no capítulo anterior, porque, quando trabalhamos em equipe e estamos sintonizados com cada membro individualmente, precisamos deixar para trás muitas histórias e ideais. Essa também pode ser a sentença de morte das lutas pelo poder, porque assim trabalhamos *com* nossos filhos, em vez de tentar controlá-los ou de aceitar que eles nos controlem.

Às vezes, isso pode envolver desaprender muitas coisas e descobrir novas maneiras de comunicação, em especial à medida que nossos filhos crescem e entram na adolescência.

Tal qual adultos, as crianças podem lidar com algo por um tempo antes de começar a articular sua experiência interna. E, acima de tudo, precisam que estejamos prontos quando elas estiverem. Essa pode ser a parte mais difícil da criação — dar um passo para trás e abrir espaço para que a criança possa preenchê-lo quando estiver pronta. Isso raramente acontece quando você imagina — é mais comum que aconteça quando está se preparando para assistir ao último episódio daquela série que adora, ou se arrumando para sair à noite, ou terminando de escrever um capítulo do seu livro (no meu caso).

Pode ser bastante difícil para os pais quando uma criança, que até então parecia bem aparentemente, do nada começa a sair do controle, choramingar ou demonstrar agressividade. Podemos assumir o modo resolução de problemas e passar a procurar soluções rápidas em vez de simplesmente ouvir (e permitir que a criança encontre sua própria solução). Ou podemos iniciar uma troca do tipo que a psicoterapeuta Philippa Perry chama de "tênis dos fatos", quando nos concentramos em acumular pontos ganhos em vez de compreender um ao outro. Às vezes, levamos tempo para conseguir parar e nos perguntar o que está sendo comunicado.

Há outra habilidade que pode oferecer uma rota expressa para a colaboração: a escuta ativa. Ela ajuda na leitura do mapa da criança e na compreensão de sua experiência. Além disso, quanto mais você pratica essa habilidade com seu filho, mais ele a adquire e usa em seus outros relacionamentos.

A escuta ativa é exatamente o que parece: ouvir com atenção. Penso nela um pouco como o foco absoluto em alguém, sem qualquer distração, para absorver totalmente o que está sendo dito. Essa é uma das primeiras coisas que aprendemos no processo de nos tornar terapeutas, e é notável como contribui para a maneira como nos comunicamos. Parece simples. Envolve apenas prestar atenção (a palavras e à comunicação não verbal), ouvir o que está sendo dito e o significado por trás, e refletir o que você ouviu sem fazer suposições ou julgamentos.

Na vida familiar, quando uma criança diz "Não é justo!", por exemplo para escolher um clássico, podemos nos virar para ela, mostrar que ela tem toda a nossa atenção (por exemplo, deixando o celular de lado, dando as costas para a escrivaninha ou desligando a TV) e incentivá-la a falar mais sobre o assunto (da maneira que acharmos melhor — "O que não é justo?", "Me conta mais", ou simplesmente expressando abertura por meio da linguagem corporal). Então podemos lhe dar espaço para falar, incentivando-a com sons pontuais, caso julguemos necessário. Então, depois que ela botar tudo para fora, podemos refletir sobre o que ouvimos: "É mesmo injusto a professora deixar a classe inteira de castigo se só alguns alunos estavam fazendo barulho. Dá para ver sua irritação com isso". E, muitas vezes, em vez de dar nossa opinião ou oferecer uma solução (é *muito* difícil não tentar consertar as coisas quando se trata de nossos filhos), simplesmente aguardar e deixar que a criança fale e reflita mais a ajuda a encontrar as próprias soluções. Podemos fazer isso com crianças pequenas também, tentando nos sintonizar com o que elas tentam nos transmitir — e lhes dando espaço para resolver sozinhas.

É claro que isso não acontece o tempo todo. Às vezes, dizemos "Me conte mais" e a criança sai batendo pé, porque não está pronta para falar. Às vezes, você espelha o que ouviu e ela diz "Afe, você não entendeu NADA", porque precisa expressar raiva. Algumas crianças consideram esse tipo de conversa difícil e talvez prefiram que aconteça durante uma caminhada, ou enquanto estão ocupadas com outra coisa, caso o contato visual lhes pareça intenso demais. Como sempre, podemos testar o que funciona com a nossa família.

E, é claro, trata-se de uma habilidade que aparenta ser simples, porém é inacreditavelmente difícil de utilizar na vida familiar. Nossos filhos exigem nossa atenção de inúmeras maneiras, e nossa resposta pode ser "Hum?", ou "Então tá", ou "Só um minuto". Eles passam horas seguidas conosco, e às vezes falam bastante! É claro que há muitos momentos em que não se sentem ouvidos por nós, e às vezes as emoções escapam do controle. É fácil passar dias sem prestar atenção *de verdade* na vida familiar — porque estamos lavando a roupa, ou querendo voltar ao laptop, ou tentando sair na hora. Às vezes — muitas vezes —, as necessidades de nossos filhos concorrem com nossas responsabilidades enquanto adultos. Pode ser difícil interromper o que estamos fazendo. Ser capaz de parar e dedicar toda a sua atenção a uma criança parece desacelerar tudo. Porém, também pode ajudar tempestades emocionais a passarem mais rápido e pode desenvolver a colaboração necessária para que vocês descubram coisas juntos. Mesmo quando você não consegue ir muito a fundo, apenas se concentrar e dedicar sua atenção total por alguns minutos à criança pode estabelecer uma conexão. E quando você não está disponível para ouvir, ou não consegue evitar sugerir uma solução que é recebida com um grito de "Você NUNCA me escuta!", pode recorrer à ferramenta da reparação.

Para contar com essa ferramenta enquanto lê o mapa dos seus filhos, sugiro se fazer as seguintes perguntas:

- O que você acha da ideia de colaboração dentro da família?
  O que te preocupa em relação a isso? O que pode atrapalhar?
- Você já teve a experiência de ser plenamente ouvida/o?
  Como se sentiu?

Ferramenta 4: limites

A colaboração sempre deve ser aliada à nossa quarta ferramenta: *limites*. Em geral, só pensamos nos limites depois que eles são ultrapassados — em outras palavras, quando perdemos a paciência inesperadamente, ou irrompemos em lágrimas sem saber o motivo, ou nos damos conta de que estamos há dias com o maxilar cerrado, ou nos eriçamos quando um filho nos toca. Então começamos a dizer coisas como "Ninguém valoriza o que faço por esta família!", ou "Cansei de vocês", ou "Vocês são muito ingratos", ou "Não sei por que me dou ao trabalho". Ou não dizemos essas coisas, mas nos sentimos mal por dentro. Também sabemos quando nossos filhos não estão certos dos seus limites porque eles começam a manifestar isso também — chorando, choramingando, gritando, ou aquela coisa que as crianças às vezes fazem de se jogar no chão e resmungar.

Você pode ter lido ou ouvido sobre limites; na criação, a palavra tende a ser usada no sentido de impor limites aos filhos, especialmente em termos de comportamento. No entanto, limites — para todos nós — nos protegem do mundo. Eles dividem onde nós terminamos e os outros e o mundo começam, criando um espaço no meio. E nos ajudam a preservar quem somos. Limites permitem que existamos no mundo como pessoas únicas, com necessidades únicas. E criamos e respeitamos esses limites o tempo todo, para nós mesmos, nossos filhos e nossas famílias. Seja estabelecendo limites (colaborativamente) para nossos filhos, seguindo uma rotina diária para que todos saibam o que se espera deles, considerando nossas próprias necessidades ou decidindo como determinada demanda da família pode ser atendida.

Se o objetivo é a tigela de mingau "na medida", isso significa permitir que nossos filhos saibam o que esperamos deles ou o que enxergamos como aceitável (enquanto sociedade). Muitas vezes, achamos muito mais fácil estabelecer limites em torno de coisas que nos parecem certas — por exemplo, "Sempre segure minha mão para atravessar a rua", ou "Não enfie o dedo na tomada". Se a criança resiste ou reclama do estabelecimento do limite relacionado ao seu comportamento, podemos ser mais capazes de sustentá-lo se não temos nenhuma dúvida de que é a coisa certa. No entanto, pais tomam inúmeras decisões sobre limites todos os dias, e muitas vezes nossos limites se tornam um tanto instáveis e se alteram em diferentes contextos. E é muito fácil os limites de uma família se abalarem.

Lembra os caminhos de criação intensiva que deixamos no capítulo 10? As histórias sobre o que constitui uma boa mãe e o que constitui um bom pai? Elas dificultam bastante descobrir que cara nossos limites enquanto pais podem ter. Às vezes, esses limites se confundem com a ideia de poder e com quem o detém. Os pais que atendo muitas vezes refletem sobre o excesso de conselhos que recebem no início da parentalidade — todo o incentivo para que se dediquem ao máximo, atendam a todas as necessidades (mesmo quando estão exaustos) e estejam sempre presentes. E então os bebês crescem e precisam aprender um pouco mais sobre como se tornar cidadãos na sociedade em que vivemos, e os conselhos meio que... se esgotam. Somos *muito* bons em dizer aos pais como nutrir seus filhos, mas não somos tão bons em ajudar pais a descobrir como criar limites de maneira clara, e somos péssimos em ajudar os pais a nutrir a si mesmos.

Pais precisam lidar com mais demandas e contam com menos recursos. É muito difícil sustentar limites consistentes com os filhos quando sua atenção é exigida em quatro lugares ao mesmo tempo (e as crianças são ótimas em identificar limites permeáveis!). Não chega a surpreender, portanto, que pais apresentem um nível elevado de esgotamento. E que isso seja mais comum em países onde a criação intensiva se tornou a norma.

O esgotamento parental nos afasta dos objetivos que estamos tentando atingir. Ele não apenas afeta a saúde mental — nos deixando exaustos emocional e fisicamente —, como faz com que nos sintamos menos capazes de desfrutar dos filhos e nos distanciemos deles para conseguir lidar com a situação. Acabamos sentindo que somos levados pelo fluxo, encontramos pouco prazer nas crianças e inventamos motivos para nos distanciar delas. Nossos filhos, que precisam se manter junto de nós (para permanecer em nossa dança), podem nos parecer mais exigentes, o que cria um círculo vicioso. É um processo que pode se assemelhar bastante à depressão. Quando nossas necessidades não são atendidas, simplesmente não encontramos alegria em ser mãe ou pai.

Muitas vezes, limites são abalados porque temos medo de conflito ou simplesmente porque nunca vivenciamos limites. Principalmente se contamos com um cuidador em nosso elenco e aprendemos esse papel colocando as necessidades dos outros (nossos pais, por exemplo) antes das nossas.

Nossos limites também podem ser bastante inflexíveis se o estoico ou o ogro ocupam o centro do palco, ou se sentimos um pouco de medo de nos aproximar demais de alguém, como na dança irlandesa. Nesses casos, podemos nos recusar a mudá-los mesmo que a situação tenha se alterado — por exemplo, mantendo a rotina do sono quando o bebê está com febre ou chorando, ou insistindo que a criança faça a lição de casa no mesmo horário quando ela acabou de descobrir que a melhor amiga vai sair da escola.

Você já conta com algumas ferramentas para aliar aos limites. A reparação pode te ajudar a sentir maior segurança quanto aos limites que está criando com seus filhos e sua família. A compreensão de si que tem agora também pode ajudar a refletir sobre por que limites podem parecer complicados. Abandonar os ideais e as histórias que você alimenta sobre como pais e filhos devem se comportar pode te ajudar a considerar o que realmente quer.

Outra coisa que pode ajudar na utilização dessa ferramenta é o conhecimento de que seu filho é uma pessoa por si só. Isso pode parecer óbvio, porém com frequência esquecemos e tentamos usar nosso mapa para ler a criança.

Algo muito confuso envolvendo a criação, e que pode despertar sentimentos conflitantes, é um dos principais fatores de motivação das crianças ao longo de seu desenvolvimento: ser elas mesmas. Como elas são, por completo. Para quem carregou o filho dentro do próprio corpo, o processo de separação — um virando dois — pode ser bastante estranho. Também é possível ansiar pelo dia em que a criança será autossuficiente, ter saudade da vida antes da maternidade ou paternidade, e ao mesmo tempo se sentir perdida/o quando os filhos informam que não precisam de nós.

Por cerca dos seis primeiros meses de vida, as crianças não têm consciência de que são um "eu". Elas não se enxergam separadas de nós. Isso fica bastante claro nos três primeiros meses, quando os bebês gostam de se sentir como se ainda estivessem no útero. Há 50 mil anos, recém-nascidos já eram carregados junto ao corpo, e a maioria das culturas mantém esse tipo de cuidado, com bebês e crianças sendo mantidos fisicamente próximos dos cuidadores.

No entanto, uma vez que o senso de si se desenvolve, os bebês começam a buscar independência. Os pais começam a servir como um ponto de referência — algo a que podem retornar. É claro que isso varia de criança para criança, e algumas preferem se manter próximas por mais tempo. Também varia de cultura para cultura, e algumas crianças são ensinadas a considerar as necessidades da comunidade em detrimento do individualismo.

Isso pode ser uma questão na infância e na adolescência — a sensação que os pais têm de às vezes se fazerem necessários com urgência, para logo depois serem afastados repentinamente. À medida que nossos filhos ganham independência, podem ao mesmo tempo precisar de nós e se ressentir por precisarem de nós, porque querem ser "crescidos" — e esse conflito interno pode se manter na vida adulta.

Falamos sobre como nossos cuidadores funcionam como santuários quando discutimos nossos pais internalizados. No entanto, como em nossos lares reais, retornamos à nossa base de segurança cada vez menos, à medida que crescemos. De vez em quando, podemos sentir necessidade de verificar se ela continua ali. Podemos levar a roupa suja para a casa dos pais e torcer por ajuda para lavá-la. Porém, em determinado ponto, só retornamos nos feriados.

Quanto mais constante nossa dança, quanto mais nossos filhos internalizam esse santuário, menos precisarão retornar para casa. Eles só precisam saber que estaremos lá quando precisarem.

E para entender que nossos filhos são pessoas separadas e únicas, precisamos entender isso a nosso respeito também. Para ver nossas necessidades protegidas, precisamos reconhecê-las e encontrar maneiras de atendê-las.

A criação dos filhos pode ser BRUTAL. Esses anos podem ser marcados por turbulência emocional — não apenas para as crianças, mas para todas as pessoas em volta. Assim, precisamos não apenas de nossos próprios limites, mas de pessoas que nos ajudem a sustentá-los.

Com frequência, não há somente uma criança em casa para se levar em conta. Podemos ter uma criança pequena e um bebê, ou duas crianças, ou um bebê e uma criança mais velha, ou adolescentes. Mesmo quando temos uma única criança em casa, podemos trabalhar fora; também pode ser um momento de dificuldade financeira, ou podemos estar cuidando de outros membros da família. As exigências da rotina diária de cuidados com pequenos humanos são enormes.

Muitos pais com quem falo estão tão concentrados nos filhos e se sentem tão sufocados pelo sentimento de culpa pelo que não estão fazendo que se esquecem completamente de si mesmos. Cada fase traz novas alegrias, mas também novos desafios, nos quais a exigência física pode ser substituída por estresse emocional.

Por esse motivo, em tais anos é especialmente importante estabelecer limites para si. E se dedicar a si, pelo menos tanto quanto você se dedica às pessoas à sua volta. Seu guia pode ajudar nesse sentido. Sei que é mais fácil falar do que fazer, porém não precisa ser um fim de semana de folga. Você pode levar a mão ao coração e verificar como está. Pode passar um momento em seu lugar de descanso. Pode ouvir uma música que seja *sua*, em vez assistir a um filme da Disney. Pode deitar na cama no escuro, enquanto o restante da família faz outra coisa. Vale tudo o que te lembra de que há um espaço entre você e os pequenos humanos à sua volta.

Precisamos receber algo em troca também, e é aí que as crianças entram. Só de compartilhar nossas experiências com os outros e ouvi-los dizer "Também estou exausta/o" pode nos animar um pouco, permitindo que a gente leia os mapas dos nossos filhos e veja como eles faíscam.

Ferramenta 5: a faísca da infância

A última ferramenta não chega a ser uma ferramenta; é uma lanterna para iluminar o mapa dos seus filhos, e um lembrete de como crianças são maravilhosas.

Um ser humano de verdade é criado e nasce, e esses pequenos seres vêm ao mundo. Sei que acontece 21 vezes por minuto, mas se trata de UM NOVO SER HUMANO. Uma pessoa que existirá no planeta e o mudará de alguma maneira. Talvez não de maneira explosiva, talvez apenas para algumas pessoas, porém só de estar aqui ela muda o curso da história. Elas vêm com uma faísca, uma chama só sua, e grande parte do mundo a refreia.

Você se lembra de isso ter acontecido quando criança? Talvez algumas das reflexões feitas diante de seu lar de infância possam ajudar agora. Talvez você recorde um momento em que sentiu sua faísca, seu espírito, fraquejar um pouco — ou muito.

Um dos trabalhos dos pais é ajudar as crianças a manter a chama ardendo. A faísca única delas. E uma das maneiras de fazer isso é lembrando o que as torna... elas. Não a criança esperada. Não a criança que a sociedade diz que é do tipo certo. Só ela, como é.

Lembra quando você se deu conta de que ia ter esse ser humano em sua vida? Ou seres humanos? Talvez a primeira vez que viu o ultrassom, ou quando o conheceu. Você se recorda de como se sentiu em relação a ele e tudo o que representava em termos de como sua vida ia mudar? Como você soube que conhecer aquele novo ser ia virar seu mundo de cabeça para baixo? Talvez você não soubesse o quanto, mas imaginasse que seria bastante. Esquecemos rápido como nos admiramos diante da perspectiva desse novo ser humano, não é?

Não vou falar aqui em desfrutar cada momento, porque (como dissemos) ser mãe ou pai é algo difícil e definido por emoções conflituosas, muito mais do que puro prazer. Não se trata de pensar o tempo todo que cada partezinha do seu filho é maravilhosa. A esta altura, sabemos bem que humanos — tanto adultos quanto crianças — são falhos. No entanto, às vezes, e principalmente nos dias mais difíceis, lembrar nosso maravilhamento com a entrada deles em nossa vida pode nos ajudar a nos conectar com seu mundo.

- Quem é seu/sua filho/a?
- Como ele/a é?
- Refletindo a respeito, o que você nota?

Ao longo dos próximos dias, eu gostaria que você apenas observasse um pouco essas criaturinhas curiosas com quem dividimos o espaço. Você pode reparar em coisas diferentes.

- O que você vê agora que não via antes?
- O que acha que ele/a aprendeu recentemente?
- Como ele/a mudou nas últimas semanas?
- Qual é a melhor coisa a respeito dele/a no momento?

Onde você se encontra agora?

Eu disse que não daria respostas fáceis, e acabei de despejar cinco ideias densas sobre você de uma só vez, o que pode ter feito sua cabeça girar. Algumas dessas ferramentas talvez pareçam senso comum, dependendo do que consta no seu mapa e do que aprendeu com as partes anteriores deste livro. Algumas podem ter mexido com algumas ideias que você até então considerava certas. Talvez esteja experimentando certo cinismo, ou se perguntando como colocar tudo isso em prática, porque parece demais. Talvez eu tenha alimentado o preocupado e o crítico, dando a você novos padrões a serem mirados. "Tá, então eu *não devo* me dedicar à criação intensiva, mas *preciso* colaborar, estabelecer limites, cuidar de mim, me desculpar e... Quando vou poder me sentar no sofá e ver Netflix?"

Como sempre, lembre-se de que não se trata de um livro de receitas. Essas ferramentas não são um modelo a seguir: são princípios amplos que você pode aplicar à sua vida como desejar. Não leve ao pé da letra o que leu aqui. Se for levar uma única coisa deste capítulo, que seja a ideia de que não se trata de fazer mais pelos seus filhos; na verdade, ser mãe ou pai muitas vezes não envolve fazer. Não cabe a nós moldar nossos filhos — só estamos falando de abraçá-los com carinho e deixar que descubram o mundo por si mesmos.

Algumas coisas podem ter feito sentido para você, e outras não. Você pode se dar um tempo e, depois de algumas semanas, ter uma conversa com seus filhos sobre algo que comentei aqui e então experimentar uma revelação. Talvez você leia alguma coisa em certo lugar que te ajude a aplicar na vida o que apresentei neste livro. Ou o seu/sua parceiro/a pode mencionar alguma coisa e você se verá tendo uma conversa sobre maneiras de ampliar a colaboração.

Se nada disso te toca, tudo bem também. A questão é se conhecer melhor e conhecer seus filhos como eles são. Talvez seu caminho para chegar lá seja diferente, talvez você recorra a outras ferramentas. As que disponibilizei continuarão aqui quando você se sentir pronta/o para utilizá-las.

Agora que contamos com todas elas (e ainda temos um longo caminho a percorrer, portanto é até bom que elas sejam imaginárias), podemos finalmente dar uma olhada naquilo que iniciou esta jornada: o mapa dos nossos filhos.

12
O mapa dos nossos filhos

> "Se a pessoa com quem você fala não parece
> estar ouvindo, tenha paciência. Talvez ela apenas
> tenha um pouco de pelugem no ouvido."
> A. A. Milne, *O ursinho Pooh*

A primeira coisa que você verá ao olhar esse mapa é que ele é um pouco mais simples que o seu, dependendo da idade da criança. Alguns caminhos estão muito claros, enquanto outros mal se formaram.

Talvez haja semelhanças também. O lar de infância de seus filhos, claro, é seu lar atual, onde você conheceu seus personagens — e talvez tenha percebido que eles já contam com personagens próprios. Alguns dos fantasmas que conhecemos na parte II podem aparecer, talvez um pouco mais transparentes, e pode haver anjos também, bem cintilantes.

Agora quero chamar a sua atenção para alguns dos caminhos desse mapa. São trilhas que vão te ajudar a compreender como seus filhos funcionam, que tipo de ser humano são e por que fazem o que fazem.

A mente-macaco

No mapa de seus filhos, você encontrará alguns caminhos, tal qual no seu. Se olhar de perto, talvez note um macaquinho também. Ele vai nos ensinar um pouco sobre o cérebro.

No capítulo 10, falamos a respeito de hoje sabermos muito mais sobre neurociência, a ponto de ela ter se tornado uma grande influência (e uma fonte adicional de pressão). Você pode ter lido bastante sobre o cérebro, sobretudo como ele muda na infância e na adolescência, mas compreender como o cérebro funciona, especialmente em relação ao estresse, pode nos ajudar a entender por que as crianças — e os adultos — se comportam como se comportam. Basicamente, como às vezes ficamos à mercê dos sistemas de sobrevivência do cérebro dos nossos filhos (e do nosso).

O que se segue é uma imensa simplificação. Nosso cérebro é muito mais complexo e de difícil de interpretação do que dou a entender, porém procure pensar nisso mais como uma metáfora capaz de ajudar a compreender como operamos.

O córtex pré-frontal, a parte do cérebro que fica logo atrás da testa, é responsável pela função executiva. Podemos pensar nele como o ancião sábio da nossa mente. Trata-se da nossa parte sensata, que nos ajuda a tomar decisões, compreender tempo e consequências, contém nossa memória de trabalho, ajuda no planejamento, inibe nossos impulsos, modera como expressamos emoções e nos permite ser flexíveis.

Crianças pequenas não contam com um ancião sábio. Faz sentido, uma vez que elas não são "anciãs". Ao longo dos primeiros anos de vida, nosso cérebro passa por transições significativas, com o aperfeiçoamento de algumas conexões e o descarte de outras, que deixam de ser utilizadas. Isso acontece ao longo dos primeiros 25 anos de vida, e o ancião sábio é o último a se consolidar. Algumas pessoas apresentam dificuldade com a função executiva ainda na vida adulta (por neurodivergência, fatores hereditários, negligência e adversidade, altos níveis de estresse e pobreza — sendo que tudo isso pode se manifestar de diferentes maneiras).

Já o sistema límbico se desenvolve depressa, semanas após o parto. As partes-chave desse sistema são a amígdala (nosso sistema de alarme, o macaco!) e o hipocampo (o armário com as roupas de cama e banho, que armazena lembranças e nos ajuda a controlar as respostas emocionais). As emoções e as lembranças estão ligadas, o que não chega a ser uma surpresa, já que pensar em uma memória pode evocar uma resposta emocional forte em nós. Nos primeiros anos de vida, trabalhamos amplamente baseados no sistema límbico, depois temos um período de relativa estabilidade, até que o sistema límbico reassume na adolescência, quando cresce mais rápido do que o ancião sábio é capaz de acompanhar. O sistema límbico tem outras partes, porém o principal a recordar para nossos fins é que se trata da parte do cérebro relacionada à resposta ao estresse.

É aí que o ogro (a resposta lutar) e o preocupado (a resposta fugir) moram. Nas crianças, há mais uma resposta congelar do que um flutuador, e você pode reconhecer isso em um corpo rígido que não se permite ser tirado do carrinho ou da cadeirinha do carro. E a alma ferida é um colapso completo, de corpo todo, físico e emocional.

Nosso macaco — a amígdala — está sempre atento a sinais de perigo. Isso acontece nos adultos também; essa parte do cérebro está envolvida na manutenção da segurança, porém na maior parte do tempo as informações são passadas para o ancião sábio e conseguimos manter a calma. No caso das crianças pequenas, assim como na adolescência, quando acontece algo que parece ameaçador de alguma maneira, o macaco assume de vez e o ancião sábio é praticamente desligado. Isso para que elas possam alcançar a segurança depressa — trata-se de um momento em que elas não precisam pensar, apenas agir. No entanto, pode não ser uma ameaça real à sobrevivência, claro; pode ser apenas algo que é vivenciado como ameaçador — uma ameaça à autonomia, ou uma ameaça pensada. E, como você sabe caso tenha criado uma criança pequena ou um adolescente, o macaco pode assumir várias vezes no dia.

O ancião sábio parece um pouco mais acessível nos anos intermediários da infância, mas na adolescência o cérebro passa por outra reorganização importante. A parte sábia do cérebro continua se desenvolvendo, enquanto os centros emocionais não apenas amadurecem como atingem o período de maior atividade. Por exemplo, a dopamina — neurotransmissor relacionado à busca de recompensa — tem um pico na adolescência, o que coloca o macaco no comando outra vez.

Sabendo que nossos filhos são macaquinhos disfarçados de humanos, podemos utilizar as seguintes ferramentas para compreendê-los:

- Empatia, por suas respostas os sobrecarregarem tanto quanto a nós.
- Colaboração, para apoiá-los no desenvolvimento do ancião sábio (mais a respeito no próximo capítulo).
- Limites, para reduzir a sensação de emergência.
- Compaixão, para tentar manter a faísca deles viva em meio ao fogo descontrolado.
- Reparação, quando inevitavelmente nos esquecermos de que estamos falando com um macaco, ou nos transformarmos em macaco também. Não é incomum que o lar acabe cheio de macacos de vez em quando.

Tornando-se humanos

Além do macaco pulando para lá e para cá, você verá no mapa uma ampla variedade de caminhos levando à casa de seus filhos. Trata-se de caminhos diferentes que ajudam a formar quem eles são. Você verá que, no fim de um deles, se encontra *o seu* lar de infância, enquanto o lar de infância da pessoa com quem você cria seus filhos se encontra ao fim de outro trajeto. Isso não surpreende, depois que passamos alguns bons capítulos explorando como nossa infância influencia a dos nossos filhos. Haverá caminhos levando ao pântano dos fantasmas e anjos também, e alguns já estarão bem estabelecidos, enquanto outros talvez ainda não tenham sido descobertos. Também haverá vários caminhos com placas das muitas coisas que constituem um ser humano. Podem ser caminhos relacionados a como seus filhos chegaram, com placas como "temperamento" e "personalidade". As placas também podem sinalizar sobre o ambiente que influencia quem são, como "ambiente intrauterino", "situação financeira", "conflito" e "ordem de nascimento". Ou podem falar sobre o corpo em que seus filhos se encontram — o que, é claro, impacta o desenvolvimento do senso de quem são —, como "raça", "gênero" e "deficiência".

Lembra quando visitamos o pântano dos fantasmas e falei sobre as maneiras como nossas respostas a reações como o estresse podem ser herdadas? Depois falamos sobre as diferentes formas de nossos relacionamentos influenciarem como nos vemos e nos relacionamos com os outros. Ainda falamos um pouco sobre ambiente.

Essa é a verdadeira essência de ser humano, e o que perdemos quando tentamos simplificar nossos filhos (e criá-los) em uma série de estratégias ou tarefas. Tornar-se um ser humano com um senso de si é um processo muito complexo sobre o qual aprendemos constantemente.

A psicologia enquanto disciplina que estuda a mente e o comportamento humano ganha novos entendimentos de como nos tornamos nós mesmos o tempo todo. Agora sabemos que, embora características possam ser herdadas, também podem ser ativadas ou desativadas a depender do ambiente. E, à medida que nosso conhecimento se amplia, às vezes descartamos velhas histórias que tínhamos como a verdade.

Há muitos caminhos que poderíamos explorar em detalhes, porém vamos nos ater a um, como exemplo do que nossos filhos trazem para o relacionamento deles conosco.

TEMPERAMENTO

Esse caminho está relacionado a como nossos filhos são seres únicos desde os primeiros dias. Principalmente se você tem mais de um filho ou se conviveu com muitas crianças, sabe que elas já nascem diferentes umas das outras. O temperamento é uma explicação para tal. Há certa controvérsia em relação ao temperamento e como ele se desenvolve, mas é possível resumi-lo como um conjunto de características inerentes que influenciam nossas respostas.

O temperamento é bastante estável, principalmente após os dois anos, e está relacionado ao desenvolvimento da personalidade adulta. Nosso temperamento define quão profundamente sentimos nossas emoções (a facilidade com que nos frustramos, como vivenciamos o desconforto, a facilidade com que nos acalmamos), nossa capacidade de regular nosso estado (quão distraídos somos, quão inerente é nossa rotina, quão adaptáveis a novas situações somos, a facilidade com que ficamos superestimulados) e quão ativos somos (quão impulsivos, quão tímidos, quão sociáveis, o quanto sorrimos e rimos). Temperamento e emoção não são a mesma coisa, ainda que estejam intimamente ligados — nosso temperamento definirá como expressamos nossas emoções. Tradicionalmente, o temperamento foi agrupado em "fácil" (a maioria das crianças), "de adaptação lenta" e "difícil" (que se aplica apenas a aproximadamente 10% das crianças, muito embora seus filhos possam parecer inacreditavelmente difíceis em diferentes momentos do dia).

Assim, o motivo pelo qual alguns bebês tiram soneca e comem em intervalos regulares muitas vezes não está relacionado ao que o adulto faz, mas é influenciado pelo ritmo interno deles. Um motivo que explica por que alguns bebês não se acalmam facilmente é a intolerância ao desconforto inerente a eles. Um motivo que explica por que algumas crianças amam festa enquanto outras não saem do colo são as diferenças na sociabilidade inerente. Podemos nos culpar — ou podemos culpar a criança —, porém não se trata de uma questão de escolha, e sim de características inatas.

É claro que há caminhos que saem desse, demonstrando que outras coisas influenciam o temperamento, como variação genética, fatores epigenéticos (as maneiras como nossos genes serão expressos), o ambiente intrauterino, assim como o ambiente posterior ao nascimento. Como discutimos no capítulo 4, há um interesse cada vez maior nas maneiras como o temperamento (em particular nossa reatividade ao estresse) é influenciado pelos traumas dos pais ou intergeracional antes mesmo que a gravidez ocorra. E um caminho aponta diretamente para nós, porque o modo como o temperamento de nossos filhos se expressa depende muito de como sentimos que ele "se encaixa" conosco e com o ambiente. Assim, se um bebê "de adaptação lenta" chegar a pais tranquilos, que ficam felizes em atender algumas poucas demandas ao longo do dia, talvez se trate de uma criação fácil. Porém, se um bebê "de adaptação lenta" chegar a uma família agitada e espalhafatosa, ele provavelmente parecerá mais difícil para as pessoas à sua volta.

SEU SER HUMANO ÚNICO

Isso não é algo que costumamos reconhecer quando damos conselhos sobre a criação de filhos: que o que funciona para uma criança não funciona para outra. Por isso, às vezes consolamos uma criança depois de um tombo com um abraço forte, enquanto outra talvez nem note que caiu.

Aos pais de crianças que não se "encaixam" de alguma maneira — porque têm questões de saúde, deficiências, necessidades educacionais especiais ou neurodivergência —, isso pode ficar bastante claro. Muitas vezes, temos que abrir mão de expectativas e preconceitos e descobrir o que funciona para nossos filhos e nossa família, mesmo quando isso vai contra os conselhos convencionais. Por exemplo, repreender o seu filho em meio a uma explosão de agressividade se torna menos apropriado quando essa explosão foi causada não por uma disputa de poder, mas porque se trata de uma criança neurodivergente em um mundo neurotípico, com excesso de estímulo e ansiedade. Até mesmo abordagens "gentis" comuns — como validar os sentimentos através de palavras apaziguadoras — podem se tornar inapropriadas. Quando alguém está altamente desregulado, ter que interpretar nossas palavras só aumentará o estresse e a exigência.

É aqui que a ferramenta da colaboração pode ser realmente útil. Quando passamos a colaborar com nossos filhos, abrimos mão de expectativas únicas de quem eles são e quem vão se tornar. Isso não significa ser permissivo, e sim ver a criança como um ser humano por si só — ainda que um ser humano que não conta com as habilidades, o conhecimento e o desenvolvimento físico e emocional que você possui.

Dito isso, há diversos caminhos que nunca exploraremos em sua totalidade. Às vezes, passamos algum tempo conhecendo bem um caminho — como os interesses dos nossos filhos — só para depois descobrir que, de repente, somos impedidos de continuar a caminhada por outro caminho que a interrompe, como os amigos dos nossos filhos (que talvez sejam os únicos com permissão para seguir a jornada, enquanto nós mesmos somos convidados ocasionalmente a acompanhá-los). E esses caminhos não são lineares, porque nosso desenvolvimento muitas vezes requer dar dois passos para a frente e um para trás. Bem quando estamos começando a pensar que o caminho da regulação emocional é agradável e tranquilo, entramos na adolescência e nos damos conta de que temos muito trabalho a fazer.

O que isso despertou em você? Pode ser bastante cansativo se dar conta de quantos componentes envolvem o simples fato de ser humano. No entanto, de muitas maneiras, isso pode nos liberar da pressão de saber de tudo. No lugar, podemos apenas olhar para o que há diante de nós — nos atentando àquela sensação de maravilhamento, se possível — e ajudar a proteger a faísca de nossos filhos.

O que é uma criança?

Não vou entrar em muitos detalhes aqui sobre crianças de diferentes idades e em diferentes estágios — há livros brilhantes que fazem isso. No entanto, há alguns conceitos sobre o desenvolvimento infantil que ajudarão você a enxergar seus filhos como eles são e a compreender as experiências deles. É de admirar que não é comum aprendermos sobre nosso desenvolvimento enquanto seres humanos, mas aprendemos a perguntar como chegar à estação de trem em outra língua ou tudo sobre frações matemáticas.

Vamos nos posicionar à porta da casa de nossos filhos. Consideraremos três coisas que trazemos conosco até aqui, porque não chegamos de mãos vazias.

OS FILHOS CARREGAM NOSSA BAGAGEM

Sei que falamos bastante sobre isso, mas uma das coisas sobre desenvolvimento infantil que muitas vezes ignoramos é que levamos toda a nossa bagagem para o papel de mãe ou pai. E nossos filhos a carregam. Nossos filhos precisam aguentar tudo o que vemos neles, assim como as características com as quais chegam.

Nossos filhos carregam nossas esperanças e expectativas.

Quando temos um bebê, podemos sentir que já o conhecemos — talvez tenhamos uma imagem perfeita dele e do que fará, de como será e como nos sentiremos. Assim, nossos filhos podem ter que suportar nossa decepção, ou nossa simples constatação, de que não são as crianças que idealizamos, e sim pessoas complicadas e reais.

Também falamos sobre nosso eu bebê e como ele pode vir à tona quando temos nossos próprios filhos. O que muitas vezes acontece com os bebês reais — e, à medida que crescem, com crianças, adolescentes e adultos — é que eles precisam "carregar" essas nossas partes mais jovens por nós. É o que chamamos de identificação projetiva; projetamos partes nossas nos outros, que absorvem isso, e respondemos a eles (ou como gostaríamos que eles tivessem respondido ou como fomos respondidos de fato). Assim, respondemos a partes de nós, e não a nossos filhos de verdade. Mas o que acontece em determinado ponto (e talvez o que tenha acontecido com você pela primeira vez na leitura deste livro) é que os filhos acabam percebendo, dizendo "Ei! Isso não é meu!", e descartando as partes de nós que impomos a eles.

Sei que se trata de um conceito complexo, então vamos colocar assim: quando éramos pequenos, talvez nossos pais tivessem que lidar com diferentes fatores de estresse, e talvez fôssemos os mais novos de uma série de irmãos, e quando bebês simplesmente nos adaptamos ao que quer que estivesse acontecendo — talvez fôssemos carregados por nossos irmãos, talvez tivéssemos que ficar no carrinho enquanto nossos pais trabalhavam. Se chorávamos e todo mundo em volta estivesse ocupado demais para responder, logo concluíamos que segurar o choro era melhor para nós e para todos. Assim, aprendemos a dança tradicional irlandesa. Mas o que também segurávamos era um sentimento de solidão, porque ninguém vinha quando chamávamos. E então, ao crescer e ter nossos próprios filhos, ao pegar esses filhos no colo, algo no fundo de nós diz: "Esse bebê *nunca* vai se sentir sozinho". Por isso o carregamos por toda parte, e respondemos ao primeiro sinal de choramingo, e prevenimos a sensação de desconforto, e corremos assim que eles nos chamam. Então, quando eles fazem três anos, ou dez, ou dezessete, ou trinta, dizem: "Pelo amor de Deus, me deixa em paz!". Porque, ao cuidar do bebezinho abandonado que projetamos nele, não nos demos conta de que nosso filho nunca se sentiu abandonado. E talvez até se sinta sufocado.

Eles também podem carregar partes de outras pessoas. Sabe os pais internalizados, e o elenco de personagens? Podemos vê-los refletidos em nossos bebês. Assim, quando eles choram, é como se os ouvíssemos dizer: "Você é inútil" (oi, crítico!), ou "Você está me decepcionando" (oi, alma ferida!). Então respondemos a essas partes e mais personagens se juntam a nós (talvez o cuidador surja em resposta ao crítico, ou o ogro venha afastar a alma ferida), e nossa dança se torna ainda mais complicada.

Lembre-se de que o objetivo não é romper ciclos. É claro que haverá vezes em que projetamos coisas do nosso passado e de nossa experiência em nossos filhos e outras pessoas. É claro que nossos pontos de vista, experiências, humores etc. às vezes terão um impacto neles e farão com que seja mais difícil compreendê-los. Também haverá vezes em que, por motivos variados, eles nos parecerão impenetráveis.

Quando desemaranhamos as histórias que carregamos e conhecemos todas as nossas partes do passado e do presente, podemos tirar um pedaço do fardo das costas dos nossos filhos. Conhecemos essas partes nossas, por isso não precisamos transferi-las. E, com a ferramenta da empatia, isso nos ajuda a ver quem nossos filhos realmente são.

CRIANÇAS FORAM FEITAS PARA SE RELACIONAR

Acima de tudo, humanos são seres relacionais. Nascemos em relacionamentos e para eles. Os filhos começam a dançar conosco quando ainda estão no útero. E todos os relacionamentos de nossos filhos — conosco, com os outros, com o mundo — moldarão quem vão se tornar. E não apenas agora; eles continuarão a ser moldados a vida toda, assim como nós. Somos uma parte fundamental disso, porém há muitos outros caminhos disponíveis.

Até mesmo o menor dos seres humanos se relaciona com outros. Bebês se comunicam desde o primeiro dia. Sua "conversa" envolve olhar nos olhos (puxando papo) e depois romper o contato visual (fazendo uma pausa para respirar). Eles choram para comunicar desconforto e frustração.

Enquanto pais, incentivamos a construção de relações mesmo sem perceber. Fazemos isso não verbalmente, espelhando as expressões do bebê de maneira exagerada, parecendo preocupados quando eles estão angustiados — comunicando que compreendemos sua experiência e os ajudando a aprender que eles existem e vivenciam sensações e experiências que passarão a ver como diferentes das nossas. Fazemos isso verbalmente também. Quando um bebê balbucia, pais do mundo todo interpretam o que ele está dizendo, muitas vezes usando uma voz cantarolada, que não apenas ajuda a prender a atenção deles como os auxilia a quebrar a linguagem em partes menores. Ao longo de meses e anos, essas interpretações são internalizadas por nossos filhos e os ajudam a atribuir sentido à própria experiência.

Em essência, bebês e crianças aprendem através de seu relacionamento conosco. Não se trata de uma via de mão única, mas de sincronia — quão tranquila é a dança entre o bebê e seus cuidadores. As crianças se sintonizam o tempo todo, usando informações à sua volta, experimentando (quando pequenas, constantemente) e ajustando expectativas e comportamentos de acordo. Elas leem nossos passos de dança e aprendem a ajustar os próprios.

Embora, enquanto pais, possamos sentir que estamos dizendo as mesmas coisas centenas de vezes, nossos filhos dominam a arte de nos interpretar. Eles podem não ver a importância de escovar os dentes quando pedimos que o façam, porém estão sempre prontos para captar nosso humor.

Isso faz sentido quando nos lembramos do que aprendemos sobre as danças, considerando que bebês e crianças precisam se manter perto de nós para se sentir seguros. Mesmo na adolescência e na vida adulta, nossos filhos podem continuar dançando conosco, mesmo se aprenderem passos diferentes em outros lugares. Para saber o quanto se aproximar, os filhos veem além da fachada — nossos personagens —, atentando-se ao que estamos sentindo de verdade para saber como obter o melhor de nós. E, para ajudar, desde os primeiros meses de vida desenvolvem o próprio elenco de personagens — o que a psicanalista Esther Bick chamou de "segunda pele". Assim, podem se afastar caso sintam que estamos bravos, ou dar rédeas à sua fúria se não os alimentarmos depressa. À medida que crescem, as crianças podem desenvolver outros personagens conforme aprendem que receberão certas respostas, e os adolescentes experimentarão *mais* personagens e se relacionarão com os outros de maneiras diversas.

Essas interações regulares e consistentes conosco e com o mundo em volta vão definir a dança com que as crianças se acostumarão considerando a rede de pessoas que cuida delas — e quais personagens se manterão no longo prazo.

Também é possível que nossos filhos nos conduzam na dança. Um belo estudo sobre bebês, que usou imagens do cérebro durante brincadeiras entre pais e filhos, mostrou não apenas que os cérebros se "pareavam" — com áreas similares sendo acionadas, especialmente no córtex pré-frontal, o que contribuía para a atenção conjunta, o contato visual e as emoções compartilhadas —, mas também que muitas vezes era o cérebro da criança que "conduzia", antecipando o que o adulto faria a seguir.

Quanto mais recorremos às ferramentas de empatia e colaboração, mais permitimos que nossos filhos moldem seu relacionamento conosco e nos indiquem de qual mingau precisam — e até mesmo alterem nossos passos, se necessário.

CRIANÇAS SÃO BARÔMETROS EMOCIONAIS

Quer gostemos ou não, levamos nossas emoções conosco até a porta do lar de nossos filhos. Eles nasceram para perceber nossas dicas e saber como se relacionar melhor conosco (embora eles às vezes se relacionem conosco de maneiras que vão contra o que perceberam). Isso também significa que as crianças tendem a interpretar um ambiente muito melhor que os adultos. Por isso, mesmo que digamos "É hora de ir" em um tom firme e bondoso, elas percebem nosso exaspero reprimido e nossos dentes cerrados, e podem pescar nossa frustração como raiva e responder a isso. Então elas comunicam a emoção com a qual estão sintonizadas, seja de maneira sutil e difícil de compreender, seja de modo muito claro e audível.

Na criação de filhos, o que acontece muitas vezes é que, se as crianças demonstram ansiedade ou um comportamento que consideramos difícil, começamos a tentar descobrir o que há de "errado". É claro que queremos encontrar uma solução. Às vezes, no entanto, ao fazer isso posicionamos o problema na criança (e esperamos que haja técnicas para solucioná-lo).

É claro que nossos filhos podem precisar de um apoio individual, particular, vez ou outra. No entanto, é útil lembrar que crianças muitas vezes são barômetros do humor no lar. Algumas mais do que outras, especialmente as mais sensíveis.

Muito embora elas possam parecer mais robustas à medida que crescem, continuam absorvendo como esponjas o humor de todos à sua volta, e podem expressar isso no próprio comportamento ou através de queixas físicas, como dores de barriga. Assim como faziam quando menores, crianças e adolescentes obtêm segurança através da proximidade conosco e com outras pessoas em quem confiam. Para se manter próximos, eles às vezes precisam ignorar nossos aspectos mais difíceis — e, ao fazer isso, em certas ocasiões os internalizam (em um processo de introjeção, o oposto da projeção de que falamos anteriormente). Eles podem até representá-los, quase que em nosso nome. Absorvem nossos ogros, nossos críticos, nossas almas feridas para não ter que encará-los — e para nós não termos que encará-los também.

Essa dimensão emocional não se aplica apenas ao relacionamento com nossos filhos, mas também à temperatura em casa. Um exemplo disso pode ser o modo como as crianças respondem ao relacionamento dos pais. Aos seis anos, elas já têm uma boa ideia dos diferentes papéis na família, e podem ser levadas a regular o "clima emocional" entre seus cuidadores. Mesmo que não haja conflito explícito, crianças notam tensão e estresse — e agem de modo a distrair os pais do conflito. Por exemplo, se uma criança tem consciência de que o pai e a mãe andam discutindo com mais frequência, pode começar a se queixar de dor de cabeça, ou a chorar na hora de ir para a cama. Isso acaba criando (em geral de maneira inconsciente) um problema para os pais resolverem juntos, o que pode restaurar o equilíbrio na casa.

Compreender isso nos ajuda a ampliar nosso olhar quando temos dificuldade de entender o comportamento da criança. Nós também existimos dentro de contextos que causam estresse, e isso inevitavelmente impacta todos os membros da família, como grupo e como indivíduo. Considerar todos esses fatores pode livrar a criança do peso do problema. Na terapia em família, isso costuma ser resumido na frase: "A pessoa não é o problema, o problema é o problema". Quando um membro da família enfrenta dificuldades, podemos encontrar soluções sem atribuir culpa, nos unindo para resolver o problema (o monstro debaixo da ponte).

No capítulo a seguir, vamos entrar na casa dos seus filhos. Fique à vontade para fazê-lo na companhia de seu guia. Se olhar para dentro, pode já ter uma noção da dança que eles estão aprendendo com você, do mingau que preferem. Talvez você já tenha decidido que gostaria de trabalhar com sua família — devagar e em colaboração — para redesenhar algumas coisas dentro da casa.

Preencher os cômodos é um processo de muitos anos, e não se esqueça de que podemos fazer mudanças e redesenhar áreas a qualquer momento. Por enquanto, porém, eu gostaria que começássemos pela cozinha, o coração da casa.

13
Mapeando sentimentos

"Quem toca o coração de uma criança pode
tocar o coração do mundo."
Rudyard Kipling

Assim que entramos na casa de nossos filhos, algo bem estranho começa a acontecer. Ela se enche de coisa... uma infinidade de coisas, incluindo brinquedinhos, bugigangas de plástico e uma cesta de roupas para lavar que volta a encher em um passe de mágica assim que é esvaziada. E o barulho... Tem um choro agudo vindo de algum lugar, e gargalhadas, enquanto alguém ouve música no último volume.

Vamos seguir para a cozinha, tateando as paredes para não cair, porque o chão não para de tremer. Porque, quando entramos nessa casa e nessa cozinha tão plenas de vida familiar, deixamos o mundo adulto para trás — por um momento. Adentramos um espaço de sentimentos.

Essa é a complexidade, o caos e a magia da vida familiar. Às vezes, você sente seu coração inflar enquanto faz carinho na bochecha macia de um serzinho e se admira que ele tenha entrado em sua vida e que você possa acompanhá-lo crescendo e se transformando. E às vezes tem várias pessoas falando com você ao mesmo tempo, enquanto o tema de um programa de TV toca ao fundo, como vem tocando sem parar nas últimas três semanas, e não tem leite, e tudo o que você quer é um minuto — um único minuto — sem ninguém te pedindo nada.

Crianças são intensas.

E como.

Não só isso: crianças são superintensas porque despertam sentimentos *muito* intensos em nós.

Vamos nos sentar na cozinha da casa dos seus filhos. Seu guia pode se juntar a nós. À medida que respiramos, talvez as coisas se acalmem um pouco. Já nos conhecemos bem a esta altura, e imagino que você saiba o que virá a seguir.

Se quisermos surfar a onda da intensidade de nossos filhos, precisamos compreender nossos próprios sentimentos primeiro. E nos familiarizar com nossa paisagem emocional. Suportar os sentimentos deles e garantir que haverá alguém para suportar os nossos também.

Como nos sentimos em relação aos sentimentos

Vamos começar com quão intensos os sentimentos podem ser. Tanto ao nos defrontar com os sentimentos dos nossos filhos — que às vezes vêm à tona com pouca moderação — quanto ao nos defrontar com os nossos. Porque muitas vezes uma das experiências mais desafiadoras para as famílias envolve como as emoções podem se tornar MUITO importantes.

Já falamos sobre como filhos podem despertar sentimentos intensos e brutos em nós, baseados em nossas primeiras experiências. E há muitas camadas envolvidas. Há os sentimentos dos nossos filhos e como os interpretamos. Há os sentimentos despertados em nós — e que podem estar relacionados aos sentimentos de quando éramos pequenos, às histórias que internalizamos e a nossos sentimentos no momento. E há como respondemos a isso.

Com frequência, sentimentos podem ser opressivos no âmbito familiar porque simplesmente não nos ensinaram a linguagem da emoção. Todavia, a inteligência emocional é base para muitas outras coisas, além da consciência emocional: ela nos apoia na escola e no trabalho, nos ajuda a construir relacionamentos mais fortes e a atender a demandas de diferentes situações, além de estar ligada a uma melhor saúde física e psicológica.

Embora existam diferentes conceitos de inteligência emocional e do que isso realmente significa, eles sempre incluem dois componentes: ter consciência de nossas emoções e lidar com elas, e ter consciência das emoções dos outros e lidar com elas. O psicólogo Daniel Goleman descreveu cinco componentes da inteligência emocional:

1. Quão conscientes estamos de nossos próprios sentimentos.
2. Quão bem nos regulamos em diferentes cenários.
3. Empatia (sintonia com o estado emocional dos outros).
4. Habilidades sociais para construir relacionamentos.
5. Motivação para aprender mais e continuar se desenvolvendo.

Inteligência emocional é algo que aprendemos ao longo da vida.

Se esse conceito é novo para você, como é para muitos pais da geração "ser visto e não ouvido", talvez seja difícil compreendê-lo. Talvez não seja apenas quais emoções não eram recebidas com aceitação, interpretação e compreensão. Talvez nem se tocasse no assunto. Ou talvez elas fossem ridicularizadas, diminuídas ou negadas. Por isso, pode dar bastante trabalho refletir sobre nosso relacionamento com nossos sentimentos.

Também há diferenças culturais na maneira como fomos criados para expressar e compreender emoções. Felicidade, tristeza, raiva, repulsa, medo e surpresa, por exemplo, são razoavelmente universais (embora em geral as reconheçamos com mais precisão dentro de nosso grupo étnico), e no mundo todo sentimos nossas emoções fisicamente de maneira similar, mesmo que as rotulemos um pouco diferente. No entanto, a expressão de emoções varia dependendo do contexto social e cultural. Por exemplo, estudos comparando expressões de raiva nos Estados Unidos e no Japão sugerem que a raiva é uma emoção aceitável nos Estados Unidos, onde o desejo individual e a autonomia são objetivos a se atingir. No Japão, por outro lado, a raiva pode ser vista como inaceitável, por atrapalhar o objetivo da harmonia. Isso também pode ser observado em diferenças na criação de filhos — por exemplo, pais japoneses ajustam suas respostas com a intenção de acalmar os ânimos, enquanto, nos Estados Unidos, as crianças são incentivadas a articular sua raiva, e uma expressão saudável dessa emoção é vista como sinal de maturidade.

Vamos entender como você se sente em relação aos sentimentos? Talvez isso fique um pouco mais claro depois de termos passado algum tempo no seu lar de infância. No entanto, se tiver dificuldade de recordar respostas claras, talvez consiga pelo menos notar uma sensação próxima ao que acha que pode ter acontecido.

- Se demonstrasse seus sentimentos quando criança, como acha que responderiam a você? (Por exemplo, com raiva, tristeza, frustração, preocupação e alegria ao mesmo tempo, com entusiasmo.)
- Quais sentimentos você acha que não eram "permitidos" na casa de sua família?
- Quais sentimentos eram incentivados?

É claro que isso às vezes se complica porque não apenas não nos ensinaram a linguagem para expressar emoções ou para serem validadas; também podem nos ter dito que nossas emoções eram algo diferente, ou aprendemos rápido a transformá-las para obter a resposta de que precisávamos.

Um exemplo clássico são as muitas mensagens que adultos enviam a crianças com a intenção de controlar a força de seus sentimentos, como dizendo "Está tudo bem" para alguém chorando, ou o clássico "Crianças grandes não choram" (ou seja, "seja corajosa/o, não externe seu sofrimento"). No entanto, pais e cuidadores também fazem isso para aliviar o próprio sentimento de vergonha ou responsabilidade por ter causado, ou falhado em impedir, uma resposta emocional — por causa de seu mapa e de seu desconforto diante do conflito. Assim, quando dissemos a seus pais, por exemplo, "Vocês fizeram isso! A culpa é de VOCÊS!", ou "VOCÊS não me ouviram, eu DISSE que não queria que isso acontecesse", podemos ter recebido uma combinação de respostas do tipo: "Não foi culpa minha, não venha me culpar, talvez a culpa tenha sido *sua*". Costumamos fazer isso, não apenas quando crianças, mas na vida adulta também, para nos isentar de possível erros e jogar a culpa em quem acusa. Infelizmente, não apenas pais e cuidadores recorrem a isso, mas também chefes, profissionais da área da saúde, figuras públicas e... líderes mundiais.

Há versões benignas disso, o tipo de resposta "não olhe para mim", com as mãos para o alto, com que você provavelmente se familiarizou. Assim, duvidamos de nossos sentimentos, e talvez tenhamos ainda mais dificuldade de rotulá-los adequadamente. Há diferenças de gênero comuns no que se refere a isso. Por exemplo, a raiva pode ser desencorajada em pessoas socializadas como meninas e mulheres, e rotulada como irracionalidade, hostilidade, superexigência, desequilíbrio emocional, insistência, e por aí vai. Isso muitas vezes é internalizado e pode levar a sentimentos de fracasso e autocrítica, depois se transformar em tristeza, que é muito mais aceitável socialmente. Em pessoas socializadas como homens e meninos, a tristeza pode ser desencorajada e rotulada como sensibilidade excessiva, fadiga, estresse, timidez, rejeição, e por aí vai. Isso pode ser internalizado como fraqueza, isolamento, autocrítica e confusão, o que vem a se transformar em raiva ou irritabilidade — de novo, muito mais aceitáveis socialmente. Isso influencia como as experiências afetam nossa inteligência emocional. Por exemplo, mulheres com frequência são vistas como mais fortes em habilidades interpessoais e empatia, e homens com frequência são vistos como mais resistentes ao estresse. Também afeta a percepção dos outros sobre a nossa inteligência emocional — as habilidades emocionais das mulheres, por exemplo, costumam ser superestimadas.

Há versões muito mais prejudiciais disso, que podem levar a sentimentos duradouros de culpa e fazer com que nos sintamos absolutamente inúteis. Isso pode ocorrer quando abuso emocional, físico ou sexual foi vivenciado ou testemunhado e a criança foi ou culpada diretamente ou se culpou. Assim, acaba sentindo que tem um problema grave e até mesmo a capacidade de causar dano. Isso pode se expressar de maneiras diferentes. Por exemplo, a perturbação emocional compreensível que isso pode gerar em mulheres pode ser chamada de transtorno de personalidade borderline, e em homens pode levar a diagnósticos relacionados a comportamento antissocial ou agressivo e abuso de substâncias. Não parece haver diferença no modo como as emoções são sentidas — tem muito mais a ver com como as emoções não são apenas expressadas, mas interpretadas (inclusive por profissionais de saúde e de saúde mental) com um viés de gênero. Também foi encontrado viés na maneira como nossas emoções são interpretadas pelos outros a depender de nossa raça e classe social.

- Você consegue pensar em exemplos de quando isso pode ter acontecido de alguma maneira com você, em sua própria família? (Por exemplo, as vezes em que foi desencorajada/o a expressar emoções em particular, ou sentiu que precisava expressá-las de maneiras específicas.)
- Ampliando esse pensamento, há mensagens que você recebeu do seu contexto social ou cultural que influenciaram sua compreensão e sua expressão de sentimentos?
- E quanto a você? O que te impede de se sintonizar com suas emoções no momento? Você recebe mensagens de que certas emoções não são bem-vindas pela pessoa com quem cria seus filhos, no ambiente de trabalho, por amigos, sua comunidade ou a sociedade mais ampla?

Como pode ver, sentimentos são complicados. Eles podem ser complicados de sentir e podem ser muito complicados de interpretar.

Se nunca lhe ensinaram a linguagem da emoção, como podem esperar que você apoie o desenvolvimento da inteligência emocional de uma criança que expressa emoções com força total de maneira a obter uma resposta?

Aprender a reconhecer, interpretar e expressar suas emoções é o primeiro passo para reconhecer, interpretar e responder às emoções de nossos filhos. E também pode ajudar com muitas outras coisas — por exemplo, responder a perguntas, ter conversas difíceis e se reconectar depois de uma discussão.

Como podemos começar a fazer isso? Vamos nos aprofundar um pouco mais nesse momento, em que estamos sentados juntos.

RECONHECENDO AS EMOÇÕES

É provável que, após a leitura das últimas páginas, você tenha uma noção melhor de como reconhece (ou não) suas emoções. Com frequência, nem sabemos quantas emoções existem e nos esforçamos ao máximo para ignorá-las.

Como você pode se sintonizar com as emoções? Se pensarmos nelas como mensageiras, universalmente compartilhadas, mas culturalmente construídas, podemos trazer certa abertura à compreensão de nossos sentimentos. E certa curiosidade no que se refere a como nos sentimos em relação aos sentimentos.

Em primeiro lugar, precisamos da linguagem para aprender a rotular como estamos nos sentindo. No entanto, até mesmo isso está aberto a discussão — vários modelos apresentam essa linguagem de diferentes maneiras. Elas muitas vezes retratam as emoções centrais (como medo e felicidade), além de diferentes combinações de emoções que produzem outros sentimentos (por exemplo, desprezo advindo da combinação de raiva e repulsa) ou aglomerados de emoções interligadas (como decepção e arrependimento). Também retratam intensidade emocional (por exemplo, um espectro que vai da raiva a uma irritação leve). Um estudo recente usou uma estrutura de base matemática para conceitualizar 27 categorias distintas de emoções, algumas delas intimamente relacionadas umas às outras (como medo e ansiedade) e outras mais distantes (como admiração e repulsa). E, como dissemos, o contexto também importa — ansiedade e entusiasmo muitas vezes podem parecer similares em nosso corpo, de modo que nossa interpretação acrescenta outra camada aqui.

Vamos dedicar um tempinho conhecendo as emoções no *seu* corpo. Veja se você consegue passar alguns minutos — mesmo que apenas três — em um espaço tranquilo, sem interrupções. Sente-se em algum lugar onde haja o mínimo de distrações. Se mora em uma casa movimentada, isso pode exigir reservar alguns momentos para si antes de retornar ou alguns minutos em outro cômodo, enquanto as crianças assistem à TV.

Se você voltar sua atenção para dentro de si, o que nota? Talvez sensações físicas, como dor em algum lugar, ou fome, ou cansaço. Leia mais um pouco, depois feche os olhos e procure se sintonizar.

Note quais desses sentimentos físicos podem estar conectados com suas emoções. À medida que você começa a se sintonizar com sua experiência emocional, verifique se é capaz de rotular o que surge. Com frequência, consideramos nossa experiência unidimensional, porém podemos experimentar vários sentimentos diferentes ao mesmo tempo. Nunca estamos focados em uma única coisa; enquanto pais, temos muitas experiências diferentes ocorrendo ao mesmo tempo e lidamos com múltiplos problemas de uma só vez — desde como vamos responder a uma demanda de trabalho até o que vamos preparar para o jantar, tudo isso enquanto navegamos a paisagem emocional da família. Portanto, depois de rotular um ou dois sentimentos, veja o que mais surge. Quanto mais você se demorar, mais notará surgirem sentimentos que podem te surpreender (e talvez brotem até outros sentimentos, relacionados aos anteriores).

À medida que rotula seus sentimentos, verifique como você sabe qual rótulo usar. Quais sinais no seu corpo te ajudam a identificar cada emoção? Talvez um aperto no peito, um quentinho na barriga, ou formigamento da cabeça. Como você aprendeu a identificar sinais assim?

Procure não julgar o que quer que surja. Fazemos isso com muita frequência em relação aos nossos sentimentos, principalmente se fomos encorajados a transformá-los em algo mais palatável para as pessoas à nossa volta. Assim, se sentimos ansiedade, nosso crítico pode aparecer e fazer pouco caso disso, de modo que acabamos nos sentindo envergonhados. A parábola da segunda flecha, do budismo, retrata isso. A primeira flecha é o sofrimento, qualquer coisa que nos tenha causado dor. A segunda flecha é nossa resposta a esse sofrimento — e essa é a parte sobre a qual temos algum controle. Se a segunda flecha envolve julgamento, medo, constrangimento ou vergonha, nosso sofrimento inevitavelmente aumentará. Se respondemos com aceitação, bondade e compaixão por nós mesmos, só precisaremos nos recuperar da primeira flecha. Note isso também. Reflita sobre as primeiras flechas e sobre as segundas, lançadas por você. Onde foi que aprendeu a fazer isso?

Pode ser comovente, e às vezes confuso, se sintonizar com suas emoções dessa maneira pela primeira vez. Com frequência, podemos conferir rótulos equivocados a elas, pelos motivos já destacados. Assim como você ainda está aprendendo sobre as emoções dos seus filhos, tudo bem também aprender sobre as suas, e direcionar a mesma curiosidade a elas.

Talvez você seja capaz de se sintonizar com sua experiência emocional e rotular seus sentimentos só de se sentar em um lugar tranquilo. Muitas vezes, essa é por si só uma experiência nova para nós, enquanto adultos. Ajuda bastante praticar a habilidade do reconhecimento emocional, verificando como você está algumas vezes ao dia. Costumo sugerir a meus pacientes que façam isso regularmente, por exemplo toda vez que fecham a porta da frente, ou toda vez que entram na cozinha.

Mas e quanto a reconhecer nossas emoções em situações altamente tensas com nossos filhos? E quanto a ser capazes de gerenciá-las de modo a poder reconhecê-las e apoiar com frequência mais de um filho com suas emoções?

ACEITANDO AS EMOÇÕES

Uma das maiores armadilhas na criação de filhos é entrarmos nela cognitivamente. Achamos que seremos capazes de nos virar com o cérebro. No entanto, desde o início, trata-se de algo bastante físico. Na verdade, precisamos nos virar com os sentimentos. Como fizemos ao longo deste livro, precisamos deixar claros os obstáculos que nos impedem de nos conectar com os nossos filhos — não no nível racional, mas nos permitindo sintonizar com o que eles estão sentindo, usando a ferramenta da empatia de que falamos no capítulo 10. Não apenas estando presentes, mas nos envolvendo. A empatia é um dos componentes da inteligência emocional, e Brené Brown resumiu isso lindamente ao afirmar: "Para me conectar com você, preciso me conectar com algo em mim que conhece esse sentimento". Precisamos ser capazes de nos conectar com algo dentro de nós que nos ajudará a entender sem nos sobrepor.

A esta altura, você já deve ter familiaridade com alguns dos obstáculos nesse sentido.

O primeiro desafio para reconhecer a experiência emocional da criança é nossa resposta natural ao estresse — conhecer nosso próprio macaco (ver p. 201). Para alguns de nós, por causa da resposta aumentada ao estresse (seja causada por eventos traumáticos ou estresses recentes, sejam eventos históricos ou intergeracionais), algumas expressões de emoção serão lidas pelo nosso corpo como uma ameaça a qual precisamos sobreviver da maneira que for possível. Assim como acontece no cérebro dos pequenos humanos, quando encaramos algo ameaçador de alguma maneira (uma criança dando um soco no seu braço e causando dor física, ou um bebê exuberante descobrindo a própria voz e gritando alto e de maneira imprevisível ao longo do dia, sobrecarregando seu sistema sensorial), o cérebro-macaco assume e o ancião sábio desaparece. Outras coisas que dificultam manter o ancião sábio por perto são cansaço, estresse, indecisão, fome — coisas que muitas vezes vivenciamos enquanto pais, com a necessidade de nossos filhos muitas vezes consumindo as nossas. Cansaço é um fator importante nesse sentido. Um estudo descobriu que mesmo uma única noite de privação de sono promove mudanças no funcionamento cerebral, incluindo um aumento de 60% na resposta da amígdala a imagens emocionalmente negativas.

Podemos responder a essa ameaça percebida de maneiras diferentes, dependendo de onde estamos, como estamos nos sentindo no momento e as maneiras como aprendemos a responder quando crianças. Assim, como destacamos quando conhecemos nosso elenco de personagens, podemos ficar procurando uma solução ou nos afastar (a resposta fugir do preocupado); podemos perder a paciência, gritar, agredir fisicamente ou subjugar (a resposta lutar do ogro); podemos nos sentir tensos e incapazes de raciocinar (a resposta congelar do flutuador); podemos nos fechar emocionalmente e apenas seguir o fluxo para sobreviver (o colapso da alma ferida); ou podemos fazer o que for preciso para tranquilizar nossos filhos independentemente das consequências para nós (a adulação do cuidador).

- Você nota que responde de certas maneiras familiares às emoções de seus filhos?
- Você percebe diferenças na sua resposta ao estresse dependendo da situação? O que muda para você?
- Você tem uma resposta-padrão ao estresse?
- O que acha que explica isso?

- Há algo que você já percebeu que ajuda a evitar essa resposta e trazer seu ancião sábio de volta?
- Há algo que você poderia fazer que ajudaria com sua resposta ao estresse? (Por exemplo, respirar fundo em meio ao caos, usar tampões de ouvido para diminuir o barulho, ficar algum tempo sem ser tocada/o, ter alguém com quem desabafar quando a tempestade passa.)

Também há obstáculos históricos — coisas da nossa própria experiência que alimentam nosso eu criança e nos impedem de ver a criança à nossa frente. E há obstáculos relacionados à inexorabilidade da vida cotidiana. A preocupação com nossos outros relacionamentos. Isso tudo também pode influenciar, por exemplo, quando você está no mercado com uma criança pequena (o que por si só já é uma experiência estressante), com fome, sono e querendo voltar para casa — isso torna mais difícil para se sintonizar com a paisagem emocional de qualquer pessoa. Então a criança — na maior alegria, em meio à oferta de produtos — começa a pedir uma coisa atrás da outra, e você diz "não e não", e o desgaste aumenta mais e mais. Também há o obstáculo de contar com poucos recursos para responder com empatia. Talvez existam outros, como quantas pessoas estão olhando e a vergonha que você sente ou o julgamento que faz de si em decorrência disso.

Há ainda um obstáculo muito presente em sua vida que tenho quase certeza de que você não vai querer ouvir. Um obstáculo que atrapalha o reconhecimento das emoções de seus filhos, assim como sua conexão em relacionamentos de modo geral: seu smartphone. Contamos com um vasto corpo de pesquisas demonstrando como os smartphones podem criar uma barreira entre nós e nossos filhos. Inclusive bebês. Você talvez já tenha ouvido falar do paradigma do "rosto imóvel", elaborado pelo psicólogo Ed Tronick em 1978. Durante o experimento, um pai ou uma mãe interage com um bebê ou uma criança pequena, então o adulto se vira por um momento e retorna com a expressão vazia e indiferente. Mesmo bebês de quatro meses tentam por alguns minutos obter uma reação do adulto, então se afligem, perdem o ímpeto e se retraem. Um estudo de 2022 descobriu que o uso do celular tem o mesmo impacto sobre bebês que o rosto imóvel. Pais que relataram maior uso do celular de modo geral levaram mais tempo para se reconectar com os bebês, que se mantiveram perturbados ou retraídos, e se apresentaram menos sociáveis com os pais e menos afeitos a explorar brinquedos.

Outros estudos sobre o uso do celular quando os pais ou cuidadores estão com as crianças também demonstraram que nosso comportamento muda quando estamos absortos no aparelho. Um estudo observou o comportamento bastante comuns de pais usando celular em restaurantes e descobriu que, quanto mais distraídos eles ficam com o aparelho, maiores as chances de responderem duramente aos pedidos de atenção dos filhos.

Basicamente, quando passamos bastante tempo ao telefone, nossos bebês e filhos pequenos se esforçam ao máximo para chamar a nossa atenção, e quando não a obtém, apresentam maiores chances de demonstrar seu incômodo, seja externamente (com acessos de raiva, agressão, inquietação), seja internamente (choramingando, ficando de mau humor, se retraindo). E quanto mais nossos filhos se comportam assim, maior a probabilidade de nos voltarmos para o celular para amortecer nossos sentimentos em relação ao comportamento deles, em um espetacular círculo vicioso.

Na leitura deste livro, talvez você tenha se deparado com alguns pontos que promoveram reflexão no sentido de fazer uma mudança. Celulares são incrivelmente viciantes, tendo sido criados para incentivar o uso compulsivo, e talvez existam momentos em que você se sinta completamente à mercê do seu. Antes de começar a se perguntar se não está causando danos irreversíveis a seus filhos, pergunte-se como você gostaria que as coisas fossem. Não precisamos daquela segunda flecha da culpa.

- Há algo nas emoções dos seus filhos que te surpreende?
- Há algo nas emoções deles que você considera particularmente difícil?
- Como *você* se sente quando eles expressam emoções positivas, como entusiasmo, alegria e amor?

- Como *você* se sente quando eles expressam emoções negativas, como raiva e aflição?
- Há alguma emoção com que você gostaria de não ter que lidar? Por quê? Isso cria outros problemas? Quais?

HISTÓRIAS EMOCIONAIS

Os sentimentos são uma área em que as histórias podem nos ajudar muito. Principalmente se não estamos familiarizados com nossas emoções, contar histórias sobre nossas experiências emocionais pode nos permitir criar certa distância delas. Isso também pode trazer o benefício adicional de resgatar o ancião sábio quando as emoções estão à toda, porque precisamos dos lóbulos frontais do cérebro para nos ajudar a transformar emoções brutas em linguagem complexa.

Assim, se nossos filhos se chateiam porque perderam um trenzinho de brinquedo, por exemplo, podemos lhes contar a seguinte história: "Você está chorando porque está chateada/o. Você perdeu seu trenzinho". Nossos filhos podem nos corrigir ou expandir nossa história, principalmente à medida que crescem, portanto, se interpretarmos suas emoções de maneira equivocada, eles podem recontar a história enfatizando como se sentem.

Em momentos de maior tranquilidade, também podemos conversar com nossos filhos sobre os sentimentos deles. De novo, isso também pode ser útil para nós, caso nunca tenhamos aprendido. Podemos pedir a eles que descrevam como seus sentimentos se expressam fisicamente, por exemplo, perguntando: "Como você sabe que está entusiasmada/o? O que você sente no corpo?", ou explicando como vivenciamos fisicamente nossos próprios sentimentos.

Há uma técnica terapêutica excelente que envolve contar histórias sobre as próprias emoções, falando sobre elas como se fossem objetos, criaturas ou personagens. Sobretudo quando nós ou nossos filhos nos encontramos totalmente envolvidos com um sentimento, descrevê-lo dessa maneira pode criar certa distância entre nós e a emoção dominadora. Com crianças pequenas, podemos desenhar que cara um sentimento teria, como uma nuvem escura para a tristeza ou fogos de artifício para a raiva. Com crianças mais velhas — e conosco —, criar personagens para descrever nossas emoções pode nos ajudar a lidar com elas e a tornar mais criativa a maneira como as compreendemos. Assim, se nosso crítico anda aparecendo demais e fazendo com que nos sintamos mal em relação a nós mesmos, podemos brincar um pouco com ele — talvez chamando-o de Cricrítico e respondendo como se ele fosse um personagem rabugento de um livro de Roald Dahl. Ou podemos trabalhar em conjunto com nossos personagens. Por exemplo, se a raiva for um ogro, talvez possamos considerar do que ele precisa para agir do modo que nos seja mais útil no momento. Pode ser que permitir que o ogro escreva furiosamente sobre como a pessoa com quem nos relacionamos nos deixou com raiva permita que o guerreiro surja e apresente uma solução, ou empodere o cuidador a nos lembrar de construir pontes, em vez de derrubá-las.

Você pode treinar, caso queira:

- Pense em uma experiência que desperte alguma emoção em você — não algo incômodo demais, só uma leve irritação ou frustração.
- Procure se sintonizar com esse sentimento em seu corpo. Note onde ele se encontra.
- Se fosse um objeto, uma criatura ou uma coisa, o que ele seria?
- Que rosto teria?
- Imagine-se tirando-o do corpo e segurando-o nas mãos. Qual é a sensação? Ele é quente ou frio? Pesado ou leve? Macio ou duro?
- Faz algum som?

Você também pode verificar o que acontece quando visualiza maneiras diferentes de lidar com esse sentimento — por exemplo, conversando com ele para ver o que quer, diminuindo-o, guardando-o no bolso ou prendendo-o a uma bexiga e deixando que voe para longe.

CONTO DE FADAS E REALIDADE

Já falamos bastante sobre contos de fadas, mas me pergunto se você carrega algumas histórias envolvendo como deveria expressar emoções. Porque nossas ideias inconscientes, como sempre, podem nos impedir de aceitar o que está diante de nós.

Uma das coisas mais comuns que ouço dos pais é que eles fazem "tudo certinho", e os filhos ainda batem/gritam/choram/beliscam/ficam deitados no chão chorando. Às vezes, isso pode estar relacionado ao fato de se sentirem sobrecarregados pelas emoções, e nada que digamos os atinge. Em outras ocasiões, no entanto, a causa pode ser termos dito algo que parecia empático ou apaziguador, porém por conta do nosso medo, da nossa impaciência, da nossa preocupação, ou o que quer que seja, o que dizemos não corresponde ao que sentimos. E o barômetro emocional que é a criança percebe isso, o que adiciona mais uma camada de confusão a seus próprios sentimentos. Ao fazer "tudo certinho", podemos nos estressar, porque tentamos recordar aquele roteiro perfeitamente escrito que vimos na internet, ou nos repreender, porque não usamos as palavras mais apropriadas para o que queríamos — de novo, trabalhamos a partir do cognitivo, em vez do sentido, e inadvertidamente impomos um obstáculo à conexão humano-humano de que a criança pode estar precisando (e nós também, claro).

Também pode ser que nossas expectativas do resultado desse "tudo certinho" — como validar, expressar empatia, interpretar emoções — não sejam precisas. Os sentimentos de nossos filhos podem nos deixar aflitos. Principalmente se tivemos que suprimir nossos próprios sentimentos, podemos nunca ter testemunhado um sentimento chegar ao corpo, vivenciado a imersão total nele e permitido que ele fosse embora. Muitos adultos que começam terapia ficam deslumbrados com o que pode acontecer quando param de duvidar de seus sentimentos ou de restringi-los; mergulham neles e — com pouquíssima orientação ou interpretação — descobrem que seu ancião sábio ressurge e que são capazes de solucionar problemas sozinhos.

O que costumamos fazer com crianças (e adultos) é explicar, interpretar ou solucionar problemas, sendo que tudo isso sobrecarrega seu cérebro-macaco já sobrecarregado e prolonga o turbilhão emocional. E então, porque também estamos trabalhando em regular nossas emoções e isso parece um pouco demais, a ponto de sinalizar um ataque aos sentidos, podemos começar a nos distrair, ou nos fechar, ou reprimir. O que por sua vez pode causar confusão, sobrecarregando ainda mais o cérebro-macaco. Ou então a emoção parece desaparecer por um momento, apenas para surgir em forma de lágrimas na hora de ir dormir, ou de dor de barriga, ou de gritos dirigidos aos irmãos (de novo, no caso de crianças e de adultos). Assim, quando achamos que aceitamos e permitimos uma emoção, na verdade estamos apenas modificando a forma dela sem nos dar conta.

O resultado de se conectar no nível emocional não é o desaparecimento da emoção. Na verdade, o que tende a acontecer é a emoção crescer. E, dependendo da criança (ou do adulto), pode levar um tempo para que ela seja resolvida e, então, passar. O sábio ancião pode retornar e, em algum momento, vocês podem conversar sobre o que aconteceu. Então talvez você seja capaz de ajudar a criança a reconhecer as próprias emoções — notando o que despertou um sentimento, dando nome a ele e, com a maturidade, refletindo também sobre as emoções das pessoas em volta.

De novo, pode não ser quando *você* quer (porque *você* gostaria de uma solução), e sim horas ou mesmo dias depois, quando a criança conseguir considerar a questão com maior objetividade. Mesmo crianças pequenas são capazes de bolar maneiras criativas de resolver quaisquer problemas que possam surgir se lhes oferecemos espaço para tal. Para muitas famílias, pode haver alguns dilemas a considerar quanto a como conciliar os sentimentos da criança e os pontos de vista e os sentimentos dos outros — com perguntas baseadas em limites a resolver, por exemplo: "Como nos sentimos quanto a pedir desculpas quando fazemos algo de errado?", "O que achamos de dividir?", "Quão importantes são as boas maneiras para nós?". Tenho certeza de que você consegue pensar em muitos outros exemplos.

Explosões emocionais podem parecer intermináveis, principalmente quando estamos nos esforçando muito para responder a elas da maneira perfeita. No entanto, chiliques muitas vezes vêm como uma tempestade e passam mais rápido do que imaginamos. É quando sentimos que nossas emoções não foram ouvidas ou não são aceitas por outra pessoa que nos apegamos mais a elas.

Outra maneira de nossos ideais relacionados à parentalidade atrapalharem a conexão é a crença de que, se estivermos emocionalmente conectados com nossos filhos, eles não vão sentir tristeza, raiva, frustração ou incômodo. Se isso faz sentido para você, reflita sobre o que falamos até agora, porque há algo nisso que sugere que a "felicidade" é a única emoção aceitável. Humanos são multidimensionais, alguns mais do que outros. Alguns de nós têm uma vasta gama de emoções em tecnicolor, e isso se deve a temperamento, personalidade, neurodivergência ou aceitabilidade cultural. É impossível vivenciar felicidade sem ter com o que comparar. E essa crença subjacente pode implicar ainda mais pressão — uma frase que ouço comumente, por exemplo, é: "Estou fazendo tudo o que posso, a exaustão tomou conta de mim, e eles ainda não estão felizes". Já discutimos os custos desse tipo de criação intensiva (ver p. 165). Na verdade, muitas vezes é quando nossos filhos se sentem mais conectados conosco, seguros em nossa presença e conscientes de que contamos com espaço mental e corporal para absorver suas emoções que eles se sentem mais capazes de expressá-las (motivo pelo qual, quando temos um tempinho a sós, eles surtam no caminho de volta para casa).

Uma última coisa em termos de expectativas: como vimos no capítulo 2, não vivemos em um mundo muito simpático às crianças. Vivemos, por outro lado, em um mundo bastante estressante para os adultos. As crianças inevitavelmente terão sentimentos em relação a isso. Tentar atender a essas demandas em nome da conformidade pode custar caro em nossos corpos e mentes.

- Isso lhe parece familiar? Como se manifesta na sua família?
- Com base em algumas das informações sobre desenvolvimento que você aprendeu no último capítulo, o que pensa a respeito de suas expectativas agora? Elas parecem realistas?

Quando aprendemos sobre nossas emoções e as dos outros, é importante lembrar que sempre haverá equívocos. Na verdade, na criação de filhos haverá milhões de vezes em que simplesmente não nos daremos bem com eles. E, como discutido, cometeremos inúmeros erros. Se não nos sentimos confortáveis em reconhecer nossos deslizes, nossos filhos os apontarão. E se não nos sentimos confortáveis com isso, terá início uma batalha sem fim quanto a de quem é a culpa — e nossos filhos podem acabar carregando nossos erros nos ombros só para proteger nosso desejo de perfeccionismo.

Também há fases na vida familiar em que simplesmente não nos damos bem. Principalmente em momentos de transição ou estresse, quando os pais estão ocupados com outras coisas e os filhos parecem menos presentes em nossa cabeça. Nem sempre temos como prevenir essas fases de discórdia — e isso nem seria bom, porque podemos oferecer a nossos filhos uma vida "suficientemente boa", além de pais "suficientemente bons" —, mas podemos apoiar nossas famílias (e nós mesmos) inclusive nesses momentos.

Outra habilidade que talvez precisemos aprender é sermos capazes de reconhecer nosso próprio desenvolvimento. Utilizar a ferramenta da reparação para permitir que as crianças saibam que somos seres humanos que falham, tropeçam e não têm todas as respostas. E, ao fazer isso, permitir que eles explorem as próprias falhas, cometam erros e abracem a possibilidade de que isso também leva ao desenvolvimento.

APOIANDO EMOÇÕES

Então o que vamos fazer com essas informações? Ainda nos encontramos na cozinha, e podemos procurar em volta o que poderia nos ajudar com todo esse trabalho emocional, de prevenção, contenção, reparação e abafamento.

PREVENÇÃO

Sintonizar-nos com nossas emoções, em especial conhecer nossa resposta ao estresse, nos ajudará a descobrir com que frequência nos sentimos sobrecarregados. Vamos pegar uma panela do armário; gosto de fazer uma analogia com uma panela de água no fogão. A água é nosso sistema nervoso, o fogo são os fatores de estresse aos quais estamos submetidos. Quando a água está fria, é porque estamos usando o que chamamos de sistema nervoso parassimpático (que também é conhecido como o modo "repouso ou digestão"). Nós nos sentimos seguros, calmos e relaxados, e todos os nossos processos fisiológicos funcionam tranquilamente. Quanto mais aumentamos o fogo, acrescentando fatores de estresse, mais rápido a água ferve, podendo chegar a transbordar (diante da ameaça percebida, o macaco assume — o sistema nervoso simpático entra em ação e lutamos, fugimos, congelamos, entramos em colapso ou nos humilhamos). Alguns de nós, por causa do nosso histórico ou do estresse do momento, podem se manter em estado de ebulição constante.

Estar consciente das nossas emoções, e se sintonizar a elas regularmente, implica ser capaz de perceber quando estamos perto de extravasar e, então, encontrar maneiras de diminuir o fogo.

Considerando o ritmo frenético do mundo de hoje e as expectativas que temos em relação a nós mesmos, além das histórias que relacionam a criação de filhos a uma espécie de martírio, muitas vezes pensamos no cuidado de nós mesmos como um luxo — ou talvez até algo egoísta. Os filhos vêm primeiro. No entanto, atender às nossas necessidades e pedir a outras pessoas que as atendam às delas também é uma forma de prevenção.

Quanto maior o estresse ao qual nosso corpo é submetido, mais provável é que nosso ancião sábio tenha dificuldade de se manter presente em momentos de estresse — e alguns de nós simplesmente têm corpos mais sensíveis. Os princípios básicos de dormir, fazer refeições regulares, viver em espaços silenciosos (de preferência ao ar livre) e se movimentar já podem ser difíceis de acessar, embora sejam muito importantes. Você pode ter algumas técnicas para reduzir o fogo — existem algumas mais comuns, como meditar, dançar e correr, mas talvez você prefira organizar suas gavetas ao estilo Marie Kondo, usar tampões de ouvido ou andar de skate. Não importa o que funciona para você; o importante é encontrar algo que funcione.

Para priorizar a prevenção, é preciso que seus filhos entendam que isso também é importante. Quando as crianças estão mais emocionalmente instáveis que o normal, com frequência essas são as coisas que funcionam para elas também — com o sono interrompido, às vezes mais paradas que de costume, sentindo-se presas em casa, ou com pouco açúcar no sangue, sendo que tudo isso contribui para explosões emocionais. Contar com espaços tranquilos e silenciosos onde descomprimir costuma ser uma opção esquecida — por todos nós —, porém as crianças (e os adultos) precisam de lugares seguros para se recuperar. Para crianças menores, é possível criar cantinhos aconchegantes, enquanto para crianças maiores é importante ter um espaço só delas. Já os adultos precisam saber que podem encontrar um espaço em que não serão interrompidos, mesmo que apenas por um curto período.

Em momentos de discórdia, quando você percebe que a criança precisa se conectar com você, muitas vezes acabamos entrando em becos sem saída — sentindo vergonha e culpa, estabelecendo padrões superaltos. No entanto, como estamos esgotados, uma tentativa de reconexão parece difícil demais, porque a criança pode estar precisando expressar sua insatisfação com o andamento das coisas através de seu comportamento, o que pode nos deixar impacientes, aumentando ainda mais a desconexão.

A prevenção também coloca você em primeiro lugar. É impossível preencher o coração dos filhos quando o nosso está vazio, porque parece um fardo. Então em vez de reservar o "autocuidado" para quando as coisas estiverem melhores, dê o primeiro passo para garantir que elas melhorem. É por isso que este livro foi organizado dessa maneira. Você sempre vem em primeiro lugar. Compreenda-se e compreenderá melhor seus filhos. Ofereça amor a si e aprenderá a fazer isso mais facilmente pelos outros.

E uma das melhores coisas que podemos fazer pela prevenção é o que você tem feito ao longo da leitura deste livro: conhecer-se. Perguntar-se se suas expectativas correspondem com a realidade, aceitar as partes complicadas e abraçar a imperfeição.

CONTENÇÃO

Vamos apagar o fogo agora e tampar a panela. Contenção é como criamos um casulo envolvendo os sentimentos de nossos filhos ao longo de seu desenvolvimento. Quando os sentimentos são opressores, a contenção oferece aquela sensação de segurança de que alguém maior será capaz de sustentá-los por você. De novo, muitas vezes isso tem menos a ver com o que fazemos e mais com como nos sentimos no momento.

Talvez tenhamos que conter nossos próprios sentimentos primeiro. Talvez tenhamos que invocar nosso guia para nos ajudar nesses momentos, passando um braço por cima dos nossos ombros, ou talvez tenhamos que canalizar nossas qualidades. Quando as coisas estão complicadas, uma maneira de fazer isso é se utilizar de métodos capazes de apagar o fogo rapidamente. Isso pode implicar se dizer algo que lembre que você está em segurança, como "Isso não é uma emergência", ou mesmo "Estou em segurança". Ou talvez envolva mostrar ao seu corpo que você está em segurança, expirando mais devagar, entrelaçando as mãos com firmeza, ou se concentrando na sensação dos seus pés no chão — tudo isso ajudará a controlar a resposta ao estresse. Quando o fogo está bem alto, em caso de filhos menores, você pode simplesmente se deitar no chão, com os olhos fechados e as palmas voltadas para cima — rendendo-se à situação e fazendo um convite silencioso para que eles se juntem a você (só é importante ter consciência de que isso pode acabar em risadas ou com eles subindo em cima de você). Talvez você precise gastar um pouco de energia (o que facilmente se transforma em um grito) sacudindo o corpo, suspirando profundamente ou apertando as mãos com força.

Nem sempre sabemos exatamente do que nossos filhos precisam no momento. Com frequência, vamos errar. No entanto, ter em mente que eles podem estar usando você no próprio processo de recuperação do controle pode ajudar — as crianças podem utilizar nossa calma para acalmar sua tempestade, no que chamamos de corregulação. Lembra-se dos barômetros emocionais (p. 212)? É através da corregulação que as crianças aprendem a se autorregular. Nos primeiros anos da infância, elas precisam bastante de nós, até que dão um pequeno salto em sua capacidade de fazer isso sozinhos, e outro maior após a adolescência (dependendo, é claro, de outros fatores de estresse). Manter seu corpo calmo pode ajudar a tempestade a passar para vocês e para toda a família. E, à medida que seus filhos crescem, você pode perguntar a eles — nos momentos de tranquilidade — do que precisam quando estão tempestuosos.

Às vezes, nossos filhos precisam que façamos mais do que apenas conter. Às vezes, eles estão nos pedindo que os absorvamos por completo — por um breve período, até os sentimentos passarem e eles voltarem a ser capazes de solucionar problemas. Às vezes, eles podem expressar isso em termos bastante vigorosos — por exemplo, dizendo que nos odeiam, que gostariam de ter outra família e até mesmo que gostariam que morrêssemos. Esses sentimentos fortes podem parecer poderosos demais. De muitas maneiras, o que nossos filhos estão nos perguntando é: "Você pode, por favor, sustentar isso para mim?". Diante do que consideramos injustiça, é fácil reagir com "Não fale comigo assim!", ou "Você não está falando sério". O que, do nosso ponto de vista, pode interromper o descarrego, porém não permite que se aliviem por completo.

Às vezes, tudo bem sustentar esses sentimentos incontroláveis por um tempinho. Permitir que os filhos nos critiquem severamente (a ferramenta da colaboração pode ajudar aqui), não dizer muita coisa e se manter pronta/o para um abraço, ou como uma presença tranquila, quando a tempestade passar, o macaco se acalmar e — em geral — as lágrimas começarem a rolar ou a exaustão tomar conta. Então, quando a criança estiver pronta (o que pode ser horas ou dias depois), as habilidades de escuta ativa (ver p. 190) poderão ser utilizadas para apoiá-la na resolução de problemas, com a ajuda do sábio ancião dela (e do seu).

REPARAÇÃO

Como mencionamos várias vezes, fatalmente erraremos. Com frequência e de maneiras surpreendentes. Tropeçaremos nas danças. E é aí que entra a ferramenta da reparação — para nos ajudar a reconhecer nossos erros humanos e permitir e aceitar as partes mais complicadas dos nossos filhos. Ainda nos utilizando da cozinha, podemos estar falando do pano de prato que limpa a água derramada depois que colocamos a panela no fogo.

Vale a pena notar que a reparação não precisa ocorrer logo em seguida. Talvez ela venha dias depois, ou precise ser repetida. Às vezes, podemos cometer erros em meio à conexão também — principalmente se temos uma perspectiva diferente em relação ao que aconteceu. No entanto, tenha em mente que o conflito é o monstro que pode nos ajudar a focar como trabalhar juntos para reconstruir a ponte.

Talvez você precise de reparação consigo, através de perdão ou restauração. Estamos sempre nos levando ao limite enquanto pais, o que pode ser fisicamente exaustivo. É comum voltarmos ao início, porém sem voltar a nos sentir seres humanos completos. Sugiro considerar o tipo de coisa que geralmente chamamos de "autocuidado" — jantar fora, sair para caminhar — como um trabalho de manutenção. Além disso, precisamos encontrar maneiras de nos restaurar, com um descanso profundo que permita desligar a mente e o corpo. Isso pode significar se sentar por um momento em um cômodo escuro e silencioso ou, idealmente, tirar uma soneca com máscara nos olhos e tampões nos ouvidos. O objetivo é trazer serenidade a um dia ativo.

ABAFAMENTO

Esse talvez seja o passo mais importante: tirar os limites do armário da cozinha. Oferecer contenção e reparação não significa servir de saco de pancadas. Pode ser bastante difícil distinguir a diferença entre permitir que as crianças expressem suas emoções e ultrapassar os limites. Quando o cérebro-macaco assume, não é incomum os pequenos se comportarem mesmo como macacos, batendo, arranhando, cuspindo e mordendo. Isso acontece com crianças maiores também, que podem recorrer à agressão verbal (ou, em alguns casos, à agressão física). Como você estabelecerá o limite dependerá, mais uma vez, de sua situação única. Há muitos fatores que podem determinar isso — o tamanho de seus filhos, sua segurança ou a deles na situação, sua capacidade de se separar fisicamente, como você se sente em relação ao que está acontecendo, se há outras crianças por perto, quão dominados pelos sentimentos eles se encontram. A dica é o armário dos limites estar lotado e você sentir ressentimento, subjugação, impaciência ou mesmo insegurança. O limite do que você sente que é aceitável pode precisar ser expresso com maior firmeza. E pode ser diferente do limite das pessoas à sua volta. Podemos discutir isso quando falarmos sobre construção de pontes (ver p. 241) — de novo, sem julgar as sensações que as emoções-macaco podem nos proporcionar.

Além de considerar nossos limites e do que precisamos para nos sentir completos e humanos, também precisamos de um lugar onde expressar nossos sentimentos quanto às tempestades que às vezes recaem sobre nós. Porque "contenção" pode ser uma palavra bonita, mas também é a coisa mais difícil de se fazer, exigindo cada fibra de nosso ser. Precisamos que outras pessoas com quem nos corregular e que nos contenham. E talvez precisamos de reparação em relação a nós mesmos.

Eu me pergunto se aprender sobre as emoções nesse sentido é algo novo a você, e, se for o caso, se essa compreensão de si pode abafar a natureza emocionalmente carregada de sua vida familiar.

Ainda sentados na cozinha, vamos imaginar que estamos usando todas as ferramentas de criação que recebemos para baixar a temperatura e deixar as coisas mais estáveis. Dessa vez, recorrendo a como podemos precisar trazer compaixão para nossos conflitos internos e fazer reparações conosco, nos abrindo para colaborar com os diferentes membros de nossa família e nossas diferentes partes, demonstrando empatia por nossa experiência, nos permitindo receber o que precisamos para sermos pais e talvez até recuperando um pouquinho da nossa própria faísca.

14
Histórias de família

"Você gostaria de viver uma aventura agora
ou prefere de tomar seu chá primeiro?"
J. M. Barrie, *Peter Pan*

A esta altura, já está bem claro que ser mãe ou pai é complicado. Começamos este livro falando sobre a criação dos filhos como uma via de mão única. A mãe ou o pai (no controle) moldando a criança, a ideia de que há bases que podem ser estabelecidas logo de início, e então nosso trabalho está feito. Pronto, podemos nos dedicar a outras coisas.

Agora nos aproximamos do fim com a consciência de que humanos são complicados, famílias são ainda mais complicadas e ser mãe ou pai implica um relacionamento para a vida toda com filhos que podem também envolver várias pessoas diferentes.

Porém ainda não podemos fechar o mapa dos nossos filhos, porque não acrescentamos as muitas outras pessoas que podem fazer parte de sua vida. Antes de sair da casa, passaremos à sala de estar, para ver quem se encontra nela. Talvez seu/sua companheiro/a, a criança e os irmãos dela. Talvez outras pessoas importantes da sua vida familiar — pessoas que são importantes para os seus filhos. Onde elas se encaixam em tudo isso? Vamos retornar a algumas das ideias apresentadas no capítulo 8, quando discutimos sua parceria, e ver como elas podem contribuir para uma ideia mais clara de como funcionamos enquanto família.

A dança familiar

Temos muitas histórias envolvendo famílias, não é mesmo? Talvez a mais presente seja a história da família feliz. E há muitas histórias que guardamos um pouco mais discretamente — as histórias da nossa família, que podem incluir rompimentos, mágoas e obrigações.

Um tempo atrás, mencionamos a dança de apego que você aprendeu com os passos da pessoa com quem cria seus filhos. Falamos de como os filhos são levados para essas danças, e às vezes são conduzidos por pais que se movimentam de maneira competitiva e complexa.

Pode haver muitas pessoas dançando com seus filhos, e dentro do lar familiar esses passos se complicam ainda mais. Proponho nos reservarmos um momento para pensar em como os membros da família se harmonizam.

Talvez você note que pessoas diferentes dançam em casal. Talvez na sua família as pessoas tendam a formar pares e têm dificuldade de dançar todas juntas. Talvez parte da sua família dance uma valsa constante, até que uma pessoa — a mãe, o pai ou um filho — se junta à dança e todos perdem o ritmo e tropeçam nos pés uns dos outros.

Pode parecer um pouco demais pensar que o objetivo é uma dança constante envolvendo a família inteira. Como podemos ter um relacionamento consistente quando a vida parece tão agitada? Podemos, por exemplo, objetivar a valsa, mas então deparar com uma crise no trabalho, ou avós doentes, ou uma mudança de casa, ou uma noite sem dormir, e sentimos que nem lembramos mais como dançar.

No entanto, lembre-se de que o objetivo é uma dança estável a maior parte do tempo (e não todo), e que, à medida que a vida acontece, outros membros da família ou da comunidade poderão participar e manter a dança em andamento.

- Pensando sobre o que você sabe a respeito de danças de apego e se mantendo alerta a becos sem saída, qual é seu objetivo (e o da pessoa com quem você cria seus filhos, se houver alguém) para a dança familiar?

- Quais são os momentos em que você sente que as coisas estão mais fora de sincronia para a família? Há algo que você precise saber para encontrar o ritmo?

Assim como fazemos enquanto casal, às vezes precisamos de algum apoio para dançar juntos, enquanto negociamos as necessidades diferentes dos membros de nossa família e descobrimos como nossas outras responsabilidades se encaixam nos padrões de dança, a fim de que nossos filhos contem com um ritmo (relativamente) estável.

Também pode haver vezes em que queremos dançar separado. Principalmente quando temos mais de um filho, contar com tempo juntos para seguir passos mais simples com um deles pode ser essencial. Talvez isso seja complicado, caso haja demandas concorrentes envolvidas ou seja difícil encontrar alguém para cuidar dos outros. No entanto, ter as ferramentas do capítulo 2 sempre por perto pode ajudar a proporcionar mesmo que breves momentos de maior conexão individual com os membros de sua família. Ouvir com atenção uma história sobre um/a amigo/a deles na hora de dormir ou perguntar a respeito de algo pelo que seus filhos andam interessados, despertar a faísca da infância para jogar um jogo, convidá-los para ajudar você com uma tarefa que possam fazer lado a lado — nem sempre precisamos fazer algo espetacular para encontrar nossos filhos onde eles estão. Às vezes, só precisamos desacelerar ao lado deles por um momento.

Construindo pontes em família

À medida que os filhos crescem, você pode levantar discussões relacionadas ao que há na ponte que conecta o mapa de todos vocês. Ter um conjunto de valores, expectativas e esperanças compartilhados — elaborado em colaboração — pode aumentar o vínculo entre todos. Assim como seus próprios limites dentro da família e os relacionamentos de uns com os outros, isso pode permitir que vocês enquanto família preservem a integridade e se agarrem às coisas que lhes parecem mais importantes.

Uma maneira de manter isso parte da conversa regular é através de reuniões familiares, para que a construção (e o conserto) de pontes seja parte da vida familiar. Elas podem mudar à medida que as crianças crescem, porém saber que vocês todos se reunirão regularmente não apenas mantém as trocas vivas como oferece oportunidades de reparação, de verificar como os outros estão e ouvir sobre as experiências alheias. Assim, recordamos que somos uma família, mas uma família composta de indivíduos únicos.

Ter uma reunião familiar para fazer isso — incluindo as crianças desde pequenas — pode servir como âncora para a semana, um momento em que todos sabem que terão voz quanto ao funcionamento do lar. Não estamos falando de planejar as refeições ou decidir quem vai levar quem a que festa infantil. A ideia é apresentar queixas, conversar sobre aquilo que parece importante, decidir se há mudanças que precisam ser feitas. Como queremos ser enquanto família e o que queremos fazer quando parece que tudo está dando errado. Isso não significa que vão surgir soluções na mesma hora — às vezes, podemos exercer a escuta ativa, reconhecer que as coisas estão difíceis e discutir do que podemos precisar para seguir em frente juntos.

Você pode usar algumas dessas perguntas para iniciar uma conversa, porém deve se tratar de um processo de experimentação, e precisaremos nos adaptar com o tempo e dependendo da capacidade de diferentes membros da família. Pode ser útil incluir uma questão sobre a proteção de limites, para que faça parte da conversa familiar o fato de que todos (incluindo você) têm necessidades diferentes e de que é importante atendê-las. Algumas das questões envolvendo a necessidade de conversar podem ser bastante úteis para que você possa descobrir que tipo de comunicação funcionará com os diferentes membros da sua família.

- O que é importante para você no momento?
- O que acha que poderia ser importante para vocês enquanto família?
- Suas respostas foram parecidas? Em que pontos divergem?
- Você acha que precisa realizar mudanças no modo como as coisas estão sendo feitas?
- Do que você precisa no momento?

- Como vocês podem se manter como uma equipe, mesmo nas dificuldades?

Tendo aprendido sobre filhos e sobre você ao longo deste livro, se estiver criando os seus com alguém, seria proveitoso iniciar uma conversa sobre alguns dos seus objetivos com a leitura.

Você pode falar com a outra pessoa sobre alguns dos fantasmas que vem enfrentando e pedir que lhe dê um cutucão (leve) quando notar que um fantasma surgiu. Ou, se estiver trabalhando para mudar o mingau que serve, discutir como isso funcionaria na sua casa e do que você talvez precise para chegar lá.

Principalmente à medida que as crianças crescem, uma reunião familiar pode envolver ouvir sobre o impacto de nossas escolhas sobre elas. Dependendo da idade que seus filhos têm, você pode compartilhar algumas ideias com eles — e ainda mais caso esteja querendo promover mudanças. Talvez tenhamos dificuldade de falar a respeito com os nossos filhos, o que nos leva de volta às ideias discutidas sobre como nos sentimos em relação a conflitos e admitir nossos erros. Isso pode ser parte de criar um ambiente de trabalho mais colaborativo, e permite iniciar conversas sobre como nossos filhos se sentem em relação à vida familiar até então. Se as coisas têm sido difíceis, tais conversas podem ser muito dolorosas. Assim, além de manter o foco na reparação, pode valer a pena manter seu guia por perto e ficar de olho se o crítico decidir aparecer.

É claro que haverá fases em que precisaremos de outras ocasiões regulares — às vezes mais, às vezes menos — para escutar como nossos filhos (ou a pessoa com quem os criamos) se sentem em relação aos outros membros da família. Às vezes, o objetivo pode ser apenas desabafar. Em outras, no entanto, membros da família podem se ver presos em uma dança difícil. Podemos precisar criar espaço para que as emoções mais importantes — raiva, ressentimento, frustração — consigam se desvincular da causa percebida, sem julgamento ou culpa. Muitas histórias podem atrapalhar isso — histórias como "nunca mine a autoridade da outra pessoa", ou "irmãos devem se amar o tempo todo", ou mesmo "ao ouvir as frustrações de um filho estamos sendo desleais com o outro". No entanto, para promover a reparação entre membros da família, podemos usar os mesmos princípios mencionados no capítulo anterior. Permitindo que nossos filhos ou companheiros reclamem um pouquinho para que o macaco perca força e o ancião sábio apareça, trazendo consigo a ferramenta da empatia. Podemos contar histórias emocionais sobre o que estamos ouvindo, ou compartilhar as experiências que vivenciamos que parecem fazer sentido.

Às vezes, enquanto pais, nós nos tornamos a ponte entre os membros da família, mantendo-os juntos mesmo que desmoronem. É claro que também precisamos de pessoas à nossa volta nos ajudem quando o fardo é pesado demais e acabamos desmoronando também.

Em seu cerne, cultivar esses espaços de comunicação e colaboração nos permite construir pontes mais fortes e atacar os monstros juntos. E esses espaços também serão confusos e complicados — podemos imaginar reuniões familiares com leite e biscoitos, mas nos pegar com uma criança pequena que não sossega, uma criança maior frustrada, um adolescente monossilábico, um companheiro distraído. Ou podemos querer passar um tempo com as crianças sem negligenciar as reuniões familiares, mas os dias passam depressa e mal temos tempo para respirar.

Não esqueça que não estamos idealizando nada aqui: a ideia é criar oportunidades de conversar e se conectar quando possível. Isso não é fácil, e a vida familiar com frequência é complicada e desafiadora. Às vezes, se problemas surgem ou simplesmente não estamos nos damos bem, podemos levar um tempo para encontrar um lugar de relativa harmonia — estou falando de semanas ou meses, e não horas ou dias. Podemos enfrentar dificuldades, remoer uma coisa, nos frustrar com outra. Muitas vezes, isso acontece porque não estamos "entendendo direito", ou sentimos que não estamos sendo bem compreendidos. Então percebemos alguma coisa, ou resolvemos alguma coisa, e voltamos a nos unir, com uma nova compreensão uns dos outros. Às vezes precisamos superar as partes complicadas com compaixão e paciência se queremos reencontrar a conexão.

É assim que escrevemos nossa própria história familiar — uma que não é um conto de fadas, mas tem um herói em cada membro da família.

15
Crianças mapeiam seus próprios caminhos

"Não conseguiremos salvar o mundo seguindo as regras do jogo, porque as regras precisam ser mudadas. Tudo precisa mudar, e essa mudança deve começar hoje."
Greta Thunberg

Enquanto a poeira levantada por nossa jornada baixa, eu gostaria de lembrar a você, que deve estar com o cérebro cansado e o coração cheio (ou assim espero), de uma das ferramentas da parentalidade: a faísca da infância (ver p. 196). Em nossa despedida, eu gostaria de fazer apenas um acréscimo. É importante saber que crianças são, por natureza, criadoras de mapas. E que esses mapas que exploramos até agora são uma parte mínima de um mundo imenso.

Não estamos apenas criando filhos para que se tornem adultos dentro de nosso lar. Estamos criando seres humanos que farão parte de um mundo assustador.

É comum nos preocuparmos com o modo como nossos filhos vão se comportar com outras crianças. Eles vão dividir as coisas, ser bonzinhos, educados, pedir desculpas quando fizerem algo que na nossa opinião não deveriam ter feito?

Porém, e quanto a como eles se colocam em nossa comunidade global? Eles se importam com o planeta? Estão atentos ao bairro onde vivem e seu impacto nele? Cuidam das coisas e das pessoas à sua volta? Sabem quão diferentes das outras pessoas no mundo ou parecidos com elas são?

O mundo está mudando rapidamente, e às vezes de maneira assustadora. Já dissemos que criar pequenos humanos é uma tarefa gigantesca. Nós nos concentramos em seus sentimentos e nos nossos, em ajudar com que se sintam vistos como pessoas completas e complexas, em permitir que nos vejam como pessoas completas e complexas.

No entanto, o que mais estamos deixando para eles? Para que mundo os trouxemos? E quanto à vastidão de terras e mares que percorre o nosso mapa? Às vezes, querer o melhor para nossos filhos pode se traduzir em querer o melhor para nossas comunidades e o mundo — se permitirmos que isso aconteça.

É comum pensarmos na criação dos filhos como algo que fazemos isoladamente. As tarefas que concluímos, as mensagens que transmitimos. Porém seres humanos são criaturas sociais, e o modo como vivemos muitas vezes trabalha ativamente contra nossas necessidades humanas de conexão com os outros e a formação de comunidades. Ter filhos pode ser a oportunidade perfeita para mudar as coisas. Trazer outras pessoas para nossa vida e nosso lar e nos permitir aprender uns com os outros. Grande parte da parentalidade ocorre atrás de portas fechadas, às vezes em segredo, caso por algum motivo nos sintamos envergonhados de como estamos exercendo o papel de pai ou de mãe. Mas se conseguirmos imaginar que estamos criando cidadãos do mundo, talvez nos sintamos mais capazes de abrir as portas e contar nossas histórias.

Ter filhos pode representar o primeiro momento da vida adulta em que pausamos o mundo moderno e notamos o que mais existe. Podemos aproveitar a oportunidade para desacelerar e redescobrir a magia, tão presente no universo das crianças. Esta é uma das lições que podemos aprender com elas, que muitas vezes nos ensinam mais do que lhes ensinamos: a ver o mundo através de seus olhos.

Intervalo para alívio da pressão

Eu sei, este deveria ser um livro sobre a criação de filhos, mas já separamos camadas suas, consideramos seus relacionamentos e passamos muitas informações sobre crianças. E agora estou pedindo que você pense no mundo como um todo. É bastante pressão, não?

Minha citação preferida relacionada à parentalidade é do dr. Charles Raison, que escreveu: "Uma geração que contasse com pais profundamente amorosos modificaria o cérebro da geração seguinte, e com isso, o mundo". Então, na verdade, se tudo o que ficar deste livro para você é um desejo de compreender um pouco mais de onde seus filhos partem, é mais do que suficiente. Principalmente se você estiver tentando fazer algo muito novo em sua casa, quando qualquer outra coisa pareceria demais.

No entanto, quando há espaço, podemos realizar pequenas mudanças na vida familiar — o que talvez não ajude apenas as crianças a pensar de maneira mais crítica e a ter mais compaixão, mas também nos ajude a nos reconectar com aquilo que dá sentido à vida.

AMPLIANDO NOSSO OLHAR

Em geral, quando começamos a pensar no tipo de mundo em que nossos filhos vivem, entramos em pânico. Eis alguns dos temas que podem nos manter acordados à noite: mudanças climáticas, política, conflitos mundiais, desigualdade, novas tecnologias, guerras, tráfico... E quanto a instabilidade financeira, falta de acesso a serviços públicos e violência de gênero? São coisas demais, certo?

Costumamos ou nos voltar a isso e nos sentir sobrecarregados ou damos as costas e nos ocupamos de outras coisas.

Ao longo deste livro, falamos sobre desacelerar e sobre quão prontamente estabelecemos padrões inatingíveis para nós mesmos, depois nos envergonhamos por não os atingir. Muitas vezes, fazemos isso em relação a nosso lugar no mundo também. Sentimos que precisamos fazer todo o possível em casa para ajudar o meio ambiente, por exemplo. Então jogamos a caixinha de leite no lixo errado e nos sentimos um fracasso, como se fosse o fim do mundo.

Assim como aprendemos a aceitar nossos erros enquanto pais, devemos fazer o mesmo em outras áreas da vida. Precisamos reconhecer que vamos tropeçar e cair muitas vezes, porém seguir devagar na direção desejada talvez seja o bastante. Não precisamos fazer tudo agora, de uma vez só. Podemos começar apenas pensando na direção geral da jornada.

Nossos filhos, como as criaturas mágicas e curiosas que são, começarão a nos trazer essas questões em seu próprio tempo. Eles aprenderão as próprias histórias — através de amigos, através da escola —, principalmente quando entrarem na adolescência e começarem a explorar seus valores, sua identidade e suas crenças.

A geração de nossos filhos está preparada para mudar o mundo. Conhecida como geração alfa (podemos parar por um momento para notar como isso é legal?), ela teve início no mesmo ano em que a primeira geração do iPad e o Instagram foram lançados. Seguindo a tendência dos millenials e da geração Z, nossos filhos crescerão mais rápido, porém morarão conosco por mais tempo que as gerações anteriores — por isso passaremos um bom tempo os criando. Essa será a geração mais conectada globalmente e diversa em termos de raça e etnia. Ela já é socialmente envolvida e politicamente ativa: 20% das crianças de cinco a nove anos de idade já participaram de protestos. Talvez também seja a geração menos dependente de estereótipos, capaz de julgar as pessoas por suas características pessoais em vez de por agrupamentos sociais. A pandemia de covid-19 será um momento definidor na vida de seus membros, com o poder de amplificar seus objetivos relacionados a um mundo mais conectado e sustentável.

Nossas visões enquanto adultos serão desafiadas muitas vezes, à medida que a família como um todo aprende o que é importante para seus membros individualmente e, em consequência, o que se torna importante para todos. Enquanto adultos, podemos ficar indignados, servir o mingau salgado, ser incapaz de compreender algumas das coisas que nossos filhos vivenciam, pensam e sentem. No entanto, como a comediante Wanda Sykes disse: "O lance é: os jovens entendem... Se você não entende, se você se apega a esse tipo de coisa... você só parece velho pra caralho. Os jovens estão no 5G, enquanto você continua com uma conexão discada da AOL".

Seremos confrontados, e a geração alfa está preparada para contestar a autoridade — tanto dentro quanto fora de casa. Talvez precisemos nos sentir mais confortáveis em dizer: "Não sei, mas acho que podemos descobrir juntos" (e, vamos encarar, a maior parte das crianças de cinco anos é capaz de obter informações da Siri mais rápido do que nós).

- Quais histórias você acha que seus filhos carregam com eles, das pessoas em volta, em relação ao mundo e às pessoas nele?
- Você acha que algumas dessas histórias entram em conflito? (Por exemplo, talvez seus filhos se deem bem em casa, mas carreguem histórias de livros, filmes e amigos nas quais irmãos mais novos são irritantes e não devem ser tolerados. Talvez sua família seja vegetariana e fale sempre sobre o bem-estar dos animais, porém a família da melhor amiga da sua filha seja louca por carne.)
- Quais outras discussões você gostaria de ter ou que outras reflexões gostaria de fazer para que seus pensamentos, suas ideias e suas crenças quanto a algumas das histórias que seus filhos te apresentam ficassem mais claras?

PEQUENOS PASSOS

No capítulo anterior, falamos sobre a ponte familiar — o estabelecimento de valores ou diretrizes compartilhados para lembrar o que é importante para sua família. Ela depende da sensação predominante dentro de casa e dos objetivos quanto ao relacionamento entre os membros.

- Há algo que você gostaria de acrescentar sobre os valores que busca para sua família e sobre o que acontece fora de casa? E sobre como você quer viver enquanto família neste vasto mundo?

Alguns desses valores podem já estar bastante claros na sua vida. Talvez algumas ideias envolvendo caridade, cuidado comunitário, hospitalidade e compaixão já lhe sejam bem familiares. Talvez você já as tenha integrado à família.

Ou esses valores podem não ter sido explicitamente estabelecidos em sua vida, mas você provavelmente tem ideias claras de como quer existir no mundo que vieram de sua família de origem, de seus amigos e de outras influências. Ideias sobre como deseja que tratem você e como deseja tratar os outros (sejam animais, vegetais ou minerais).

Tais ideias não precisam ser complicadas — porque não vamos resolver todos os problemas do mundo sozinhos. No entanto, podemos encontrar maneiras dentro da própria família de pelo menos explorá-las e reconhecê-las. Não precisamos "ensinar" nossos filhos a abordar aquilo que consideramos importante. Crianças buscam a justiça naturalmente, e encontrarão as próprias missões. Muitas vezes, nosso papel é apenas apoiá-las e demonstrar curiosidade em aprender junto.

O que vocês podem fazer juntos, enquanto família, para aprender mais sobre o mundo ou para promover mudanças? Talvez ler um livro em conjunto — e temos a sorte de viver em uma época em que os livros refletem as questões que levantamos sobre desigualdade e injustiça. Talvez conhecer a natureza para valorizá-la ainda mais — plantando alguma coisa juntos, ou encontrando um lugar para se sentar e observar tudo em volta. Talvez vocês assumam um compromisso em família — por exemplo, o de não comer carne às segundas-feiras ou de arrecadar dinheiro para uma instituição beneficente. Talvez você só se mostre aberto/a a conversas — abraçando questões relacionadas às diferenças e descobrindo por que esse assunto é importante para eles.

O QUE É NOSSO E O QUE É DELES

Falamos sobre como é difícil separar nossos sentimentos e nossas experiências dos sentimentos e das experiências dos nossos filhos. Mas e quando eles começam a apontar as inconsistências em nossos valores? E quando eles, com sua mente aberta, apontam nossa mesquinhez ou intolerância?

Como aceitar que eles podem chegar a conclusões absolutamente diferentes das nossas, em termos de política, comportamentos e crenças?

Quando vemos nossos filhos como humanos por si só, somos capazes de respeitar suas opiniões tanto quanto as nossas. Talvez eles não possuam a experiência que possuímos, porém dirigem ao mundo um novo olhar. É claro que são influenciados pelas mensagens que recebem de nós e das pessoas em volta, porém trazem sua posição única e existem neste mundo de maneira diferente à nossa — porque são pessoas diferentes de nós.

Em muitos momentos, isso nos deixará desconfortáveis. Assim como permitir que nossos filhos expressem raiva quando isso é algo que não vivenciamos pode nos levar a mudar nossa relação com essa emoção, permitir que eles expressem suas visões e dúvidas pode alterar nossa interpretação do mundo. Às vezes isso será bastante incômodo, e talvez até desejemos aprender e desaprender um pouco sozinhos, para sermos capazes de receber essa diferença de braços abertos. E, às vezes, se tivermos sorte, isso permitirá que experimentemos um pouco da faísca da infância que talvez tenha se extinguido em nós muitos anos atrás.

Pela última vez, vamos apenas conferir antes de seguir em frente:

1. Como está se sentindo? (Como está sua frequência cardíaca, seu nível de energia, como seu corpo se sente? E quanto a suas emoções? Você sente ansiedade, tristeza, empolgação, curiosidade ou alguma outra coisa?)
2. O que a leitura da parte IV despertou em você? (Em termos de informações, ideias, lembranças, sentimentos?)
3. Cite uma única coisa que gostaria de levar consigo desses capítulos.
4. Cite cinco coisas que gostaria de levar consigo deste livro.

Fim

Estamos chegando ao fim. Podemos ir juntos ao seu lugar de descanso e nos sentar um pouco?

- Onde você se encontra? O que está acontecendo em volta? Há alguém junto?
- Qual é a sensação de estar nesse lugar?
- No que você está sentada/o? Que sensação isso provoca em seu corpo? Acomode-se melhor sobre essa superfície. Onde seus pés se encontram? Concentre-se neles por um momento.
- Como está a temperatura? Qual é a sensação dela na pele?
- O que você consegue ouvir? Sintonize-com esses sons.
- Você sente algum cheiro? Algo mais?
- Se estender a mão, o que alcança? Qual é a sensação? Tem mais alguma coisa que gostaria de tocar?
- Você sente algum gosto na boca?

Dê uma boa olhada em volta e preste atenção no que vê. Intensifique as cores na imagem para que ela se torne ainda mais vívida e vibrante.

Qual é a sensação física de estar aqui? Onde no corpo você sente isso? Sintonize-se com essa sensação e permita que ela se expanda pelo seu corpo.

Percorremos uma longa jornada juntos, mas agora é chegada a hora de nos despedir e de você continuar a sós, carregando muitas coisas. Talvez você retorne e percorra alguns desses caminhos de novo, depois que tiver se passado um tempo e quando sua curiosidade te trouxer de volta para verificar se você é capaz de explorar um pouco mais. Pelo momento, no entanto, agradeço por ter embarcado nesta aventura comigo.

Chegamos ao fim do livro, e eu me pergunto onde você se encontra depois de tudo o que vimos. É bastante coisa para absorver, eu sei, por isso gostaria que você invocasse seu guia. O que você precisa ouvir dele para que essas ideias se assentem?

Quero destacar uma última fábula, que talvez tenha se formado ao longo da leitura deste livro. Você trabalhou bastante, e cobrimos muitas coisas juntos. No entanto, talvez permaneça uma história sobre soluções rápidas. Ou respostas diretas. Ou caminhos que seguem uma única direção, em vez de apontar para várias.

À medida que você coloca em prática algumas das coisas sobre as quais leu, pode chegar à conclusão de que nada mudou. Ou até de que algumas coisas parecem mais difíceis ainda.

Algum tempo atrás, quando estávamos em nosso próprio mapa, falando sobre nossa família de origem, comentei sobre o equilíbrio nas famílias. Aquilo se aplica à sua família também. Mesmo que você queira desesperadamente que as coisas mudem, ou mesmo que membros da família não estejam se dando bem e você deseje que isso seja diferente, todo mundo na família está bastante familiarizado com o estado atual das coisas. É preciso um tempo (às vezes um longo tempo) para que mudanças aconteçam, tanto para nós quanto em nossos relacionamentos. Se, por um longo tempo, você respondeu às explosões de raiva de uma criança com "Agora chega! Vá para o seu quarto!", e de repente passou a respirar fundo e demonstrar curiosidade, isso deve estar sendo *bastante* confuso para ela. Nossos filhos aprenderam uma dança, e agora estamos mostrando a eles novos passos. De início, eles tentarão nos puxar de volta para a dança familiar — porque esses são os passos que conhecem. Eles podem gritar conosco, e em geral gritam mesmo, ou ir para o quarto e bater a porta. Então nos sentimos meio desanimados, como se não estivesse funcionando, e não sabemos o que fazer em seguida. Se você e a pessoa com quem cria seus filhos estão tendo dificuldades com os passos, enquanto aprendem a dançar em sincronia as crianças podem não entender bem onde se encaixam (e, caso viessem escolhendo um lado do Cânion do Casal, podem até apresentar relutância em atravessar a ponte rumo a outra ponta). Pode parecer que já faz um tempo que ninguém lembra os passos enquanto todos tentam aprender uma nova dança juntos.

Por isso, ajuda ter ferramentas à mão, em vez de estratégias específicas. Porque o objetivo é tentar empatizar com os sentimentos da criança, colaborar com ela, ouvir mais sobre sua experiência, de modo a aumentar nossas chances de resistir àquele grito, ou bater a porta, ou aguardar até que a criança esteja pronta para conversar. Quanto mais fazemos isso, assim como quando nos desvencilhamos de nossos personagens, mais fácil fica seguir rumo a nosso destino sem passar por nenhuma tempestade. Fazer isso previne o retorno ao equilíbrio familiar anterior e permite que a família comece a escrever novas histórias.

Mudar é difícil. Criar filhos é difícil. Isso nos leva de volta à reflexão quanto a do que precisamos para criar algo diferente dentro de casa. No entanto, como falamos, não se trata apenas da relação entre pais e filhos. A parentalidade pode envolver muito mais pessoas apoiando você e a criança, principalmente nos momentos em que maior proteção se faz necessária. Colocamos uma enorme pressão sobre nós para oferecermos tudo, porém nossos filhos desenvolverão apegos com muitas outras pessoas — algumas dentro de casa e muitas fora. E algumas dessas pessoas vão influenciá-los tanto quanto nós. Outros adultos estabelecerem relacionamentos seguros, de apoio e carinho com nossos filhos também pode protegê-los nos momentos em que não conseguimos ser os pais que gostaríamos de ser.

Nossos filhos têm o potencial de criar mapas mais coloridos e abrangentes do que somos capazes de imaginar. Nosso papel é bastante simples: permitir que eles criem seus próprios mapas e mostrem interesse em suas jornadas; vê-los explorar e às vezes ajudá-los a se levantar quando caírem; conversar sobre o que eles estão descobrindo e contar sobre nossos próprios mapas; proteger a faísca da infância tanto quanto possível.

Ao fazer isso, podemos ter o privilégio de nos tornar os guias que eles carregarão consigo quando deixarem a casa de infância.

E então eles nunca terão que ler este livro.

~~E todos viveram felizes para sempre.~~
E todos de alguma forma se viraram juntos.

REFERÊNCIAS BIBLIOGRÁFICAS

Seguem algumas das principais citações deste livro. Para uma lista abrangente de trabalhos e teorias que influenciaram este conteúdo, visite a seção "Further Reading", disponível em: <www.dremmasvanberg.com> (em inglês).

1. DESVENDANDO HISTÓRIAS [pp. 23-40]

"crianças não nos tornam felizes" [p. 31]
  DEATON, A.; STONE, A. A. "Evaluative and Hedonic Wellbeing Among Those With and Without Children at Home". *Proceedings of the National Academy of Sciences*, v. III, n. 4, pp. 1328-33, 2014. Disponível em: <https://doi.org/10.1073/pnas.1311600111>.
"Em um país como a Grécia" [p. 32]
  SMITH, Helena. "It's National Preservation: Greece Offers Baby Bonus to Boost Birthrate". *The Guardian*, 4 fev. 2020.
"três em cada dez crianças no Reino Unido são criadas nessa realidade [na pobreza]" [p. 33]

Disponível em: <https://www.actionforchildren.org.uk/support-us/campaign-with-us/child-poverty> e <https://cpag.org.uk>.

"uma em cada seis crianças no mundo vive na pobreza extrema" [p. 33]
Disponível em: <https://www.unicef.org.uk/press-releases/1-in-6-children-lives-inextreme-poverty-world-bank-unicef-analysis-shows>.

"O custo mínimo para criar um filho [...] mais alto desde o início dos registros, em 2012" [pp. 33-4]
HIRSCH, D.; LEE, T. "The Cost of a Child in 2021". Child Poverty Action Group, dez. 2021.

"nosso sistema de assistência à infância é o mais caro do mundo" [p. 34]
Disponível em: <https://data.oecd.org/benwage/net-childcare-costs.html>.

"pais britânicos tinham uma das jornadas de trabalho mais longas da Europa" [p. 34]
MODERN Fatherhood. "Parental Working in Europe: Working Hours". 2016.

"Nos Estados Unidos, onde há verdadeiros desertos [...] deixar de trabalhar" [p. 34]
Disponível em: <Childcaredeserts.org>. Center for American Progress, série Childcare Deserts.

"Uma estatística devastadora de uma pesquisa de 2022 do Pregnant Then Screwed [...] haviam decidido fazer um aborto" [p. 34]
PREGNANT Then Screwed. Comunicado à imprensa: "6 in 10 Women Who Have Had an Abortion Claim Childcare Costs Influenced Their Decision", 2022.

"10% dos britânicos e 17% dos estadunidenses que afirmavam não ter filhos nem planejavam tê-los apontaram o custo como uma das razões para tal" [p. 35]
BROWN, Anna. "Growing Share of Childless Adults in U. S. Don't Expect to Ever Have Children". Pew Research Center, 19 nov. 2021.
IBBETSON, Connor. "Why Do People Choose Not to Have Children?". YouGov, Reino Unido, 9 jan. 2020.

"A menos que você seja da tribo aka da África Central" [p. 35]
HEWLETT, Barry. *Intimate Fathers: The Nature and Context of Aka Pygmy Paternal Infant Care*. Ann Arbor, MI: University of Michigan Press, 1991.

"ou que more na Finlândia" [p. 35]
:   COMISSÃO Europeia, Finlândia. Maternidade e Paternidade.

"política de licença partilhada 'desigual e falha'" [p. 35]
:   Citação atribuída a Adrienne Burgess, Fatherhood Institute. In: TOPPING, A. "Want Gender Equality? Then Fight for Fathers' Rights to Shared Parental Leave", *The Guardian*, 11 fev. 2020.

"50% de novas mães que experimentam hipervigilância nas semanas seguintes ao parto (chegando a 75% em novas mães com transtorno do estresse pós-traumático relacionado ao parto)" [p. 37]
:   AYERS, Susan; WRIGHT, Daniel; FORD, Elizabeth. "Hyperarousal Symptoms after Traumatic and Nontraumatic Births". *Journal of Reproductive and Infant Psychology*, v. 33, pp. 1-12, 2015.

"10% de novos pais que sofrem de depressão pós-parto" [p. 37]
:   MISRI, S. K. *Paternal Postnatal Psychiatric Illnesses: A Clinical Case Book*. Springer, 2018.

2. O QUE É UMA MÃE? O QUE É UM PAI? [pp. 41-6]

"National Childbirth Trust (a maior entidade beneficente do Reino Unido relacionada à parentalidade) chegou a publicar um artigo para ajudar as pessoas nesse processo" [p. 41]
:   NCT. "The Most Popular Parenting Styles and How to Identify Yours".

3. SEU MAPA PARENTAL [pp. 49-59]

O conceito de mapa [p. 49] usado ao longo deste livro se baseia na teoria do apego de John Bowlby enquanto modelo de funcionamento interno; no conceito de Byng-Hall de roteiros familiares; no "mapa familiar" de Larry Ludlow; na teoria dos sistemas de Bronfenbrenner; e no "paracosmos" dos mundos imaginários das crianças.

A técnica da seta descendente [p. 51] vem da terapia cognitivo-comportamental:

BECK, J. S. *Cognitive Behavioural Therapy, Basics and Beyond*. Nova York: Guilford, 2020.

O conceito de guia [p. 52] vem do entendimento de Deborah Lee de "cuidador perfeito":
> LEE, D. A. "The Perfect Nurturer: A Model to Develop a Compassionate Mind Within the Context of Cognitive Therapy". In: GILBERT, P. (Org.). *Compassion: Conceptualizations, Research, and Use in Psychotherapy*. Londres: Brunner-Routledge, 2005, pp. 326-51.

O conceito de um lugar de descanso [p. 55] é usado em diferentes modelos, inclusive na terapia EMDR, na terapia cognitivo-comportamental focada no trauma e no método *hypnobirthing*. Na meditação, ele é usado desde muito antes, talvez remontando ao século XIII.

Aprendi técnicas de aterramento rápido ("A versão acelerada", p. 57) com Babette Rothschild:
> ROTHSCHILD, B. *The Body Remembers Casebook: Unifying Methods and Models in the Treatment of Trauma and PTSD*. Nova York: W. W. Norton, 2003.

4. HISTÓRIAS DA SUA HISTÓRIA [pp. 61-8]

O pântano dos fantasmas [p. 62] se baseia no trabalho de Selma Fraiberg:
> FRAIBERG, S.; ADELSON, E.; SHAPIRO, V. "Ghosts in the Nursery: A Psychoanalytic Approach to the Problems of Impaired Infant-Mother Relationships". *Journal of the American Academy of Child Psychiatry*, v. 14, n. 3, pp. 387-421, 1975.

"O corpo tem uma forma de conhecimento que é diferente daquela do cérebro cognitivo [...] o que é seguro e o que é perigoso." [p. 64]
> MENAKEM, Resmaa. *My Grandmother's Hands*. Londres: Penguin Random House, 2017, p. 5.

"Convocando nossos anjos" [p. 66]:
> LIEBERMAN, A. F.; PADRÓN, E.; VAN HORN, P.; HARRIS, W. W. "Angels in the Nursery: The Intergenerational Transmission of Benevolent Parental Influences". *Infant Mental Health Journal: Official Publication of The World Association for Infant Mental Health*, v. 26, n. 6, pp. 504-20, 2005.

5. HISTÓRIAS DA SUA INFÂNCIA [pp. 69-79]

Para um resumo de como a memória funciona e a associação entre memória e emoção [p. 69]:
BARRETT, L. F. *Seven and a Half Lessons about the Brain*. Londres: Picador, 2020.

Sobre a reorganização do cérebro na parentalidade [p. 71]:
CONABOY, C. *Mother Brain: How Neuroscience is Rewriting the Story of Parenthood*. Nova York: Henry Holt, 2022.

"Os três cinco ursos da criação de filhos" [p. 75]:
BAUMRIND, D. "Child Care Practices Anteceding Three Patterns of Preschool Behavior". *Genetic Psychology Monographs*, v. 75, n. 1, pp. 43-88, 1967.
MACCOBY, E. E.; MARTIN, J. A. "Socialization in the Context of the Family: Parent-Child Interaction". In: MUSSEN, P.; HETHERINGTON, E. M. (Orgs.), *Handbook of Child Psychology*, v. IV: Socialization, Personality, and Social Development. Nova York: Wiley, 1983.

6. HISTÓRIAS DA SUA ÉPOCA DE BEBÊ [pp. 81-97]

A ideia do quarto do bebê [p. 81] se baseia em quase setenta anos de pesquisas relacionadas ao apego, incluindo o campo em crescimento da saúde mental infantil, na qual teve início meu interesse pela saúde mental perinatal.

"com mais de dois terços das crianças classificando sua experiência de pelo menos um evento traumático antes de chegar aos dezesseis anos" [p. 83]
SAHMSA. "Understanding Child Trauma". 2022. Disponível em: <https://www.samhsa.gov/child-trauma/understanding-child-trauma>.

"Abuso emocional também é uma experiência comum, relatada por mais de um terço das pessoas, enquanto 18% vivenciam negligência emocional." [p. 83]
STOLTENBORGH, M.; BAKERMANS-KRANENBURG, M. J.; ALINK, L. R. A.; VAN IJZENDOORN, M. H. "The Prevalence of Child Maltreatment Across the Globe: Review of a Series of Meta-Analyses". *Child Abuse Review*, v. 24, n. 1, pp. 37-50, 2015.

O conceito do eu bebê [p. 85] vem da concepção de Joan Raphael-Leff de "excitação contagiosa".
>RAPHAEL-LEFF, J. "Healthy Maternal Ambivalence". *Psycho-Analytic Psychotherapy in South Africa*, v. 18, n. 2, pp. 57-73, 2010.

A compreensão da experiência do bebê [p. 85] vem do trabalho de Donald Winnicott, por exemplo:
>OGDEN, T. H. "Fear of Breakdown and the Unlived Life". *The International Journal of Psychoanalysis*, v. 95, n. 2, pp. 205-23, 2014.

"A psicanalista Joan Raphael-Leff chama isso de 'coisas selvagens' — as coisas 'sem forma', sem nome, indomadas, não processadas, irascíveis e caóticas que fervilham abaixo da superfície civilizada e vêm à tona em momentos de maior permeabilidade." [p. 86]
>RAPHAEL-LEFF, J. "Where the Wild Things Are". In: *Parent-Infant Psychodynamics*. Londres: Whurr, 2003, pp. 54-69.

"O psicanalista e pediatra Donald Winnicott chegou a dizer: 'O bebê não existe'." [p. 87]
>WINNICOTT, D. W. *The Child, The Family & The Outside World*. Londres: Penguin Books, 1967.

"há muitas outras influências [...] pesquisas se debruçam sobre redes de apego, e não apenas a relação pais-filhos" [p. 87]
>Por exemplo: DAGAN, O.; SAGI-SCHWARTZ, A. "Early Attachment Networks to Multiple Caregivers: History, Assessment Models, and Future Research Recommendations". *New Directions for Child and Adolescent Development*, pp. 9-19, 2021.

"O pai da teoria do apego, John Bowlby, chamava isso de 'modelo interno de funcionamento' dos relacionamentos — nossa planta." [p. 89]
>BOWLBY, J. *The Making and Breaking of Affectional Bonds*. Londres: Tavistock/Routledge, 1979.

As quatro danças [pp. 90-3]:
>AINSWORTH, M. D. "Patterns of Attachment Behavior Shown by the Infant in Interaction with His Mother". *Merrill-Palmer Quarterly of Behavior and Development*, v. 10, n. 1, pp. 51-8, 1964.
>
>CRITTENDEN, P. M. "A Dynamic-Maturational Model of Attachment". *Australian and New Zealand Journal of Family Therapy*, v. 27, n. 2, pp. 105--15, 2006.

MAIN, M.; SOLOMON, J. "Discovery of an Insecure Disorganized/Disoriented Attachment Pattern: Procedures, Findings and Implications for the Classification of Behavior". In: BRAZELTON, T. B.; YOGMAN, M. (Orgs.), *Affective Development in Infancy*. Norwood, NJ: Ablex, 1986, pp. 95-124.

"Uma pesquisa descobriu que 17% das crianças estudadas, criadas em instituições onde haviam sofrido 'negligência estrutural', ainda demonstravam apego seguro em relação a seu principal cuidador." [p. 94]
VAN IJZENDOORN, M. H. et al. "Children in Institutional Care: Delayed Development and Resilience". *Monographs of the Society for Research in Child Development*, v. 76, n. 4, pp. 8-30, 2011.

"A existência de apenas um adulto caloroso nos apoiando na vida pode nos ajudar a aprender a valsa contra todas as probabilidades." [pp. 94-5]
AFIFI, T. O.; MACMILLAN, H. L. "Resilience Following Child Maltreatment: A Review of Protective Factors". *The Canadian Journal of Psychiatry*, v. 56, n. 5, pp. 266-72, 2011.

7. HISTÓRIAS DA SUA VIDA ADULTA [pp. 99-118]

A ideia do elenco de personagens se baseia em muitos modelos. Para uma lista completa das influências neste capítulo, visite a seção "Further Reading", disponível em: <www.dremmasvanberg.com> (em inglês).

8. PARCEIROS NA CRIAÇÃO [pp. 121-47]

Para mais informações sobre o relacionamento do casal e casais que se tornam pais, visite a seção "Further Reading", disponível em: <www.dremmasvanberg.com> (em inglês).

A ideia das danças familiares [pp. 90-3] vem tanto das pesquisas relacionadas ao apego quanto da teoria dos sistemas familiares:
HILL, J.; FONAGY, P.; SAFIER, E.; SARGENT, J. "The Ecology of Attachment in the Family". *Family Process*, v. 42, pp. 205-21, 2003.
RICHARDSON, H. B. "Classic Reprints: The Family Equilibrium". *Family Systems Medicine*, v. 1, n. 1, pp. 62-74, 1983.

9. SEUS COADJUVANTES [pp. 149-61]

"O psicanalista Wilfred Bion descreveu isso de maneira precisa em seu conceito de 'contenção'." [p. 150]
    PARRY, R. A. "Critical Examination of Bion's Concept of Containment and Winnicott"s Concept of Holding, and Their Psychotherapeutic Implications". Tese de doutorado, Universidade de Witwatersrand, África do Sul (2010).

"(como as que fornecem cuidados à mulher por cerca de quarenta dias, para que recupere seu bem-estar e sua saúde após a gravidez e o parto), muitos pais consideram que esses rituais do mundo moderno só aumentam a pressão na ausência de um apoio familiar mais amplo" [p. 151]
    DENNIS, C-L; FUNG, K.; GRIGORIADIS, S.; ROBINSON, G. E.; ROMANS, S.; ROSS, L. "Traditional Postpartum Practices and Rituals: A Qualitative Systematic Review". *Women's Health*, v. 3, n. 4, pp. 487--502, 2007. Disponível em: <doi:10.2217/17455057.3.4.487>.

"um estudo em onze países descobriu que a presença da sogra era muitas vezes citada como fonte de infelicidade por novos pais..." [p. 151]
    OATES, M. R.; COX, J. L.; NEEMA, S.; ASTEN, P.; GLANGEAUD-FREUDENTHAL, N.; FIGUEIREDO, B.; YOSHIDA, K. "Postnatal Depression across Countries and Cultures: A Qualitative Study". *The British Journal of Psychiatry*, v. 184, n. S46, pp. s10-s16, 2004.

"No caso de pais e filhos que se distanciaram — o que é muito mais comum do que parece, afetando cerca de uma em cada cinco famílias no Reino Unido" [pp. 151-2]
    STAND ALONE, "The Prevalence of Family Estrangement", 2013.

"e uma em cada quatro nos Estados Unidos" [p. 152]
    PILLEMER, K. *Fault Lines: Fractured Families and How to Mend Them*. Londres: Hachette UK, 2021.

"40% dos avós do Reino Unido e da Europa" [p. 152]
    AGE UK, "5 Million Grandparents Take On Childcare Responsibilities", 2017.

"Também há diferenças culturais similares [...] são os dos estadunidenses." [p. 153]
    SILVERSTEIN, M.; GANS, D.; LOWENSTEIN, A.; GIARRUSSO, R.; BENGTSON, V. L. "Older Parent-Child Relationships in Six Devel-

oped Nations: Comparisons at the Intersection of Affection and Conflict". *Journal of Marriage and the Family*, v. 72, n. 4, pp. 1006-21, 2010.

"Nossa experiência enquanto irmãos [...] sua posição na família." [p. 155]
BLAIR, L. *Birth Order: What Your Position in the Family Really Tells You about Your Character*. Londres: Hachette UK, 2011.

O conceito de equilíbrio familiar [p. 157] se baseia na teoria dos sistemas familiares e nas ideias de homeostase e coerência, discutidas com mais profundidade aqui:
DELL, P. F. "Beyond Homeostasis: Toward a Concept of Coherence". *Family Process*, v. 21, n. 1, pp. 21-41, 1982.

O conceito de John Byng-Hall de roteiros de família replicativa e reparativa também é relevante aqui:
BYNG-HALL, John. "The Family Script: A Useful Bridge between Theory and Practice". *Journal of Family Therapy*, v. 7, pp. 301-5, 1985.

10. HISTÓRIAS DA SOCIEDADE [pp. 163-76]

Conta-se com cada vez mais literatura tanto em termos de cultura popular quanto de pesquisas da área da psicologia sobre o impacto da cultura da criação intensiva [p. 165], incluindo como essas normas de criação podem ser excludentes. Para mais informações, visite a seção "Further Reading", disponível em: <www.dremmasvanberg.com> (em inglês).

"Se você segue uma rotina de sono estrita [...] seu próprio histórico de sono" [p. 166]
FADZIL, A. "Factors Affecting the Quality of Sleep in Children". *Children*, Basileia, Suíça, v. 8, n. 2, p. 122, 2021.

"Se você fez uma cesárea [...] nenhuma delas é conclusiva." [p. 166]
DARABI, B.; RAHMATI, S.; HAFEZI AHMADI, M. R. et al. "The Association Between Caesarean Section and Childhood Asthma: An Updated Systematic Review and Meta-Analysis. *Allergy Asthma Clin Immunol*, v. 15, p. 62, 2019.

"Se você teve depressão pós-parto [...] um desafio extraordinário" [p. 166]
MURRAY, L. "The Impact of Postnatal Depression on Infant Development". *Journal of Child Psychology and Psychiatry*, v. 33, pp. 543-61, 1992.

NETSI, E.; PEARSON, R. M.; MURRAY, L.; COOPER, P.; CRASKE, M. G.; STEIN, A. "Association of Persistent and Severe Postnatal Depression with Child Outcomes". *JAMA Psychiatry*, v. 75, n. 3, pp. 247-53, 2018.

"E há outros fatores envolvidos [...] também devem ser consideradas." [pp. 166-7]

COAST, E.; LEONE, T.; HIROSE, A.; JONES, E. "Poverty and Postnatal Depression: A Systematic Mapping of the Evidence from Low and Lower Middle Income Countries". *Health & Place*, v. 18, n. 5, pp. 1188--97, 2012.

"E seu filho adolescente [...] insistir em um relacionamento difícil." [p. 167]

CARTWRIGHT, C. "You Want to Know How It Affected Me?". *Journal of Divorce & Remarriage*, v. 44, n. 3-4, pp. 125-43, 2006.

"Um exemplo é a noção de 'pais suficientemente bons' apresentada pelo psicanalista Donald Winnicott." [p. 172]

WINNICOTT, D. W. "Transitional Objects and Transitional Phenomena: A Study of the First Not-Me Possession". *International Journal of Psychoanalysis*, 34, pp. 89-97, 1953.

II. FERRAMENTAS PARA A JORNADA [pp. 179-99]

As ferramentas de criação destacadas no capítulo são aquelas que compartilho mais frequentemente no meu trabalho terapêutico, e vêm tanto da literatura relativa à família e ao desenvolvimento infantil quanto da minha experiência clínica. Escolhi algumas fontes-chave caso você tenha interesse em ler mais a respeito, que podem ser encontradas na seção "Further Reading", disponível em: <dremmasvanberg.com> (em inglês).

"Em 2010, Al Aynsley-Green, na época comissário infantil do Reino Unido, falou sobre como os países que formavam a nação eram hostis com as crianças." [p. 186]

WARDROP, M. "Britain Is One of World's Most Unfriendly Countries Towards Children". *Telegraph*, 2 fev. 2010.

"a relatoria especial das Nações Unidas [...] um *éthos* cruel e indiferente" [p.187]
> ASSEMBLEIA Geral da Organização das Nações Unidas, Conselho de Direitos Humanos, 41ª sessão, 24 jun.-12 jul. 2019, relatório sobre a visita ao Reino Unido da relatoria especial sobre a pobreza extrema e os direitos humanos.

"Em 2020 e 2021, 27% das crianças do Reino Unido viviam na pobreza [...] ou formadas por minorias raciais." [p.187]
> CHILD Poverty Action Group, "Child Poverty Facts and Figures".

"do tipo que a psicoterapeuta Philippa Perry chama de 'tênis dos fatos'" [p.189]
> PERRY, P. *The Book You Wish Your Parents Had Read (and Your Children Will Be Glad That You Did)*. Londres: Penguin, 2019.

"Por cerca dos seis primeiros meses de vida, as crianças não têm consciência de que são um 'eu'." [p.194]
> WINNICOTT, D. W. "The Theory of the Parent-Infant Relationship". *Essential Papers on Object Relations*, pp. 233-53, 1986.

"Há 50 mil anos [...] próximos dos cuidadores." [p.195]
> LITTLE, E. E.; LEGARE, C. H.; CARVER, L. J. "Culture, Carrying, and Communication: Beliefs and Behavior Associated with Babywearing". *Infant Behavior and Development*, v. 57, 101320, 2019.

"Também varia de cultura para cultura, e algumas crianças são ensinadas a considerar as necessidades da comunidade em detrimento do individualismo." [p.195]
> BEHRENS, K. Y. "Reconsidering Attachment in Context of Culture: Review of Attachment Studies in Japan". *Online Readings in Psychology and Culture*, v. 6, n. 1, 2016.

12. O MAPA DOS NOSSOS FILHOS [pp. 201-14]

O conceito de mente-macaco [p.201] se baseia em diferentes escritos sobre neurociência e regulação emocional, incluindo:
> PETERS, S. *My Hidden Chimp*. Londres: Studio Press, 2018.

SIEGEL, D. J.; BRYSON, T. P. *The Whole-Brain Child: 12 Revolutionary Strategies to Nurture Your Child's Developing Mind*. Londres: Robinson, 2011.

"Algumas pessoas apresentam dificuldade com a função executiva [...] pode se manifestar de diferentes maneiras." [p. 202]
    RODDEN, J. "What Is Executive Dysfunction? Sign and Symptoms of EFD". Atualizado em: 11 jul. 2022. ADDitude.

Sobre diferentes fatores do desenvolvimento humano, visite a seção "Further Reading", disponível em: <dremmasvanberg.com> (em inglês).

"usando uma voz cantarolada" [p. 211]
    FULLER-WRIGHT, L. "Uncovering the Sound of 'Motherese', Baby Talk across Languages". *Princeton University News*, 19 out. 2017.

"o que a psicanalista Esther Bick chamou de 'segunda pele'." [p. 211]
    BICK, E. "The Experience of the Skin in Early Object-Relations". *International Journal of Psychoanalysis*, v. 49, pp. 484-6, 1968.

"Um belo estudo sobre bebês, que usou imagens do cérebro durante brincadeiras entre pais e filhos [...] o que o adulto faria a seguir." [p. 212]
    PIAZZA, E. A.; HASENFRATZ, L.; HASSON, U.; LEW-WILLIAMS, C. "Infant and Adult Brains Are Coupled to the Dynamics of Natural Communication". *Psychological Science*, v. 31, n. 1, pp. 6-17, 2020.

"Na terapia em família, isso costuma ser resumido na frase 'A pessoa não é o problema, o problema é o problema'." [p. 214]
    Isso vem do trabalho com terapia narrativa de Michael White. Ver: <https://dulwichcentre.com.au/michael-white-archive>.

13. MAPEANDO SENTIMENTOS [pp. 215-38]

Acesse a seção "Further Reading", disponível em <www.dremmasvanberg.com> (em inglês), para uma exploração mais completa de teorias e indícios por trás das ideias de inteligência emocional, regulação e corregulação, diferenças individuais e de gênero na expressão e interpretação das emoções e diferentes modelos de emoções.

"Felicidade, tristeza, raiva, repulsa, medo e surpresa, por exemplo, são razoavelmente universais" [p. 217]
>   BARRETT, L. F. *How Emotions Are Made: The Secret Life of the Brain*. Londres: Pan Macmillan, 2017.

"estudos comparando expressões de raiva nos Estados Unidos e no Japão sugerem que a raiva é uma emoção aceitável nos Estados Unidos [...] e uma expressão saudável dessa emoção é vista como sinal de maturidade" [p. 217]
>   BOIGER, M.; MESQUITA, B.; UCHIDA, Y.; FELDMAN BARRETT, L. "Condoned or Condemned: The Situational Affordance of Anger and Shame in the United States and Japan". *Personality and Social Psychology Bulletin*, v. 39, n. 4, pp. 540-55, 2013.

"A parábola da segunda flecha, do budismo, retrata isso." [p. 222]
>   Para ouvir mais a respeito, assista à palestra de Jonathan Foust, de 2018, disponível em: <https://www.youtube.com/watch?v=KAv619nQcbM>.

"Brené Brown resumiu isso lindamente ao afirmar: 'Para me conectar com você, preciso me conectar com algo em mim que conhece esse sentimento.'" [p. 223]
>   Extraído de sua palestra sobre empatia, gravada pela RSA Shorts e disponível em: <https://www.youtube.com/watch?v=1Evwgu369Jw>.

Uso de smartphones e crianças [p. 225]:
>   KONRAD, C.; HILLMANN, M.; RISPLER, J.; NIEHAUS, L.; NEUHOFF, L.; BARR, R. "Quality of Mother-Child Interaction Before, During, and after Smartphone Use". *Frontiers in Psychology*, v. 12, 616656, 2021.
>
>   RADESKY, J. S.; KISTIN, C. J.; ZUCKERMAN, B.; NITZBERG, K.; GROSS, J.; KAPLAN-SANOFF, M.; AUGUSTYN, M.; SILVERSTEIN, M. "Patterns of Mobile Device Use by Caregivers and Children during Meals in Fast Food Restaurants". *Pediatrics*, v. 133, n. 4, pp. e843-e849, 2014.
>
>   TIDEMANN, I. T.; MELINDER, A. M. "Infant Behavioural Effects of Smartphone Interrupted Parent-Infant Interaction". *British Journal of Developmental Psychology*, v. 40, n. 3, 2022.

Sobre contar histórias sobre as emoções [p. 227]:
>   SIEGEL, D. J.; BRYSON, T. P. *The Whole-Brain Child: 12 Revolutionary Strategies to Nurture Your Child's Developing Mind*. Londres: Robinson, 2011.

WHITE, M. K.; MORGAN, A. *Narrative Therapy with Children and Their Families*. Adelaide: Dulwich Centre Publications, 2006.
"No entanto, chiliques muitas vezes vêm como uma tempestade e passam mais rápido do que imaginamos." [p. 230]
Isso se baseia na pesquisa de Michael Potegal, resumida aqui:
    KLASS, P. "Managing the Storm of a Toddler's Tantrum". *The New York Times*, 30 out. 2017. Disponível em: <https://www.nytimes.com/2017/10/30/well/family/managing-the-storm-of-a-toddlers-tantrum.html>.

14. HISTÓRIAS DE FAMÍLIA [pp. 239-44]

O conceito de histórias de família vem do trabalho de John Byng-Hall sobre roteiros de família (ver referências anteriores). Para mais informações sobre as teorias e estratégias contidas neste capítulo, ver a seção "Further Reading", disponível em <www.dremmasvanberg.com> (em inglês).

15. CRIANÇAS MAPEIAM SEUS PRÓPRIOS CAMINHOS [pp. 245-52]

"20% das crianças de cinco a nove anos de idade já participaram de protestos." [p. 248]
    BEANO Brain. "The New Rebellion: Generation Alpha, Changing the World by Stealth", 2021.
"como a comediante Wanda Sykes disse […] você só parece velho pra caralho. Os jovens estão no 5G, enquanto você continua com uma conexão discada da AOL" [p. 248]
    Trecho de *Stand Out: An LGBTQ+ Celebration*, Netflix.

INFLUÊNCIAS

Para escrever este livro, eu me baseei no trabalho de muitas pessoas brilhantes. Sou infinitamente grata a elas por terem me ajudado (e ajudado a todos nós) a compreender a complexidade da existência, do comportamento e dos relacionamentos humanos.

Também sou grata pela orientação daqueles que apoiaram meu aprendizado e influenciaram meu pensamento nos meus anos de formação como psicóloga. Meu pai, P. O. Svanberg, que me ensinou a ficar admirada com os bebês; minha mãe, Rani Svanberg, que falava a língua da justiça social; e minha irmã, Jenny Svanberg, que me apresentou ao caos (a teoria do).

Agradeço a Avshalom Caspi, Patricia Crittenden, Alessandra Lemma, Temi Moffitt e Susan Pawlby. A Tamara Gelman, Jane Gibbons e Harriet Higgin, que me ensinaram que é possível fazer terapia mesmo se arrastando, e Isabelle Ekdawi, que me ensinou a importância das histórias. Também agradeço às duas mães-psicólogas da minha vida, que me ajudaram a encontrar uma voz e me incentivaram a usá-la: Julianne Boutaleb e Michele Roitt.

Este livro foi influenciado por muitos modelos e teorias da psicologia, incluindo, mas não se limitando a: teoria do apego (principalmente a parte das redes de apego e dos modelos de apego interculturais) e teorias e abordagens psicodinâmicas mais amplas (principalmente os trabalhos de Mary Ainsworth, Jay Belsky, Wilfred Bion, John Bowlby, Patricia Crittenden, Peter Fonagy, Selma Fraiberg, Melanie Klein, Joan Raphael-Leff, Alessandra Lemma, Elizabeth Meins, Susie Orbach, Abraham Sagi-Schwartz e Donald Winnicott), abordagens sistêmicas e narrativas (em particular Rudi Dallos, John Byng-Hall e Michael White), abordagens do trauma focadas na compaixão (em particular os trabalhos de Emily Holmes e Deborah Lee). Sou grata a todos que me educaram sobre saúde mental de bebês e crianças e dinâmica familiar (um agradecimento especial a Association for Infant Mental Health, Anna Freud Centre, Parent-Infant Foundation e autores e terapeutas como Susan Golombok, Alison Gopnik, Robin Grille, Amanda Jones, Becky Kennedy, Janet Lansbury, Philippa Perry e Daniel Siegel). Também me baseei nos trabalhos de terapeutas especializados em trauma, como Yael Danieli, Janina Fisher, Judith Herman, Bruce Perry, Babette Rothschild e Pete Walker. E nos trabalhos de inúmeros autores que escreveram sobre feminismo, parentalidade, papéis de gênero e raça, incluindo Pragya Agarwal, Brené Brown, Simone de Beauvoir, Kimberlé Crenshaw, Betty Friedan, Charlotte Perkins Gilman, Jessica Grose, Suman Fernando, Patricia Hamilton, Sarah Blaffer Hrdy, bell hooks, Audre Lorde, Paula Nicolson, Liz Plank e Virginia Woolf. Também sou grata às pessoas dentro e fora do mundo da psicologia e da terapia — como Sanah Ahsan, Richard Bentall, Joeli Brearley, Anya Hayes, Mars Lord, Craig Newnes, Nova Reid, Lama Rod, David Smail e AJ Silver —, que ampliaram meu olhar e continuam me educando.

AGRADECIMENTOS

Há muitas outras pessoas a quem preciso agradecer:

Eitan, obrigada por manter a ponte em pé e caçar monstros comigo.

A e Z, as melhores histórias terminam com vocês.

Mãe e pai, meus maravilhosos cuidadores suficientemente bons.

Jenny, minha companheira de aventuras.

Cass Fairweather, minha guia.

Leona, meu lugar de descanso. Amo.

Os Jankel, por incluírem territórios no meu mapa.

Lance, pelas perguntas feitas.

Todo mundo que ouviu minhas ideias, leu meus primeiros rascunhos, me ajudou a transformá-los em livro, me disse para continuar escrevendo e abriu espaço para que eu pudesse fazer isso: Julia Silk, Anya Hayes, Lucy Parkin, Avital Tomes, Rachel Fraser, Sophie Mort, Beccy Hands, Penny Wincer e Rebecca Schiller.

Todas as mulheres brilhantes que trabalham comigo no Collective e no Make Birth Better. Vocês são uma verdadeira inspiração. Agradeço a Laura por sempre me conter e a Nikki por aceitar minhas viagens.

Agradeço enormemente a Sam Jackson, Julia Kellaway e à equipe da Ebury por suportarem minhas expressões brutas de emoção até que encontrasse minhas próprias soluções, sob sua gentil orientação.

Eu, *Spanners*, agradeço aos tios e irmãos postiços do mundo todo que perambulam pelo meu mapa.

Agradeço a todos os que me apoiaram na criação dos meus filhos.

Acima de tudo, agradeço a todos os meus pacientes ao longo dos anos, e àqueles que dividiram sua vida comigo, no Village ou em qualquer outro lugar. Obrigada por permitirem que eu percorresse parte da jornada com vocês e por me mostrarem uma multidão de mapas.

ÍNDICE REMISSIVO

Os números de páginas em *itálico* fazem referência a diagramas.

abafamento (técnica) 237-38
abandono 12, 86, 102, 209-210
aborto 34
abuso 124
   ver também abuso infantil
abuso infantil 83-84
   emocional 83, 92-93, 109, 219-20
   físico 92-93, 109, 219-20
   sexual 219-20
aceitação 223-27
adolescentes 28, 71, 157-58, 160, 164, 208, 248
   e a criança interior parental 209
   e colaboração 189
   e desenvolvimento cerebral 202, 203
   e padrões de apego 90, 91, 92, 211-12
   e relacionamentos parentais 166, 167
   e segurança psicológica 213
   e trauma de infância parental 84, 86

"adular", resposta 224
África Central 35
agressão, agressividade 02, 108-09, 189, 207, 219, 224, 226, 237
Alemanha 1, 153
alma ferida, a (personagem) 109-10, 114, 203, 210, 213, 224
amígdala 203
amizades 160
amnésia infantil 70-71
amor 122, 175
   romântico 127, 137
   incondicional 171
ancestrais, experiências de nossos 64-66
ancião sábio 202-04, 224-25, 227, 229-30, 233, 236, 244
   ver também córtex pré-frontal
Angelou, Maya 81
anjos 66-68, 71, 201, 204

ansiedade 106, 165, 171-72, 221
apego (danças) 88-95, 130-33, 182, 194, 195, 239-40, 254-55
   ansioso (tango argentino) 91-92, 94, 132, 182
   desorganizado 92-93
   evitativo (dança irlandesa) 91, 93-94, 107, 132, 182, 194, 209
   redes de, 87, 88
   seguro (valsa) 89, 90, 93-95, 131, 240
apoiar os filhos 180
apoio à parentalidade 130, 150-52, 154, 159-61, 167
argumentos "tênis dos fatos", 189
asma 166
assistência à infância 34, 136-37
atenção das crianças, pedidos de 191, 226
autoavaliação 46
autoconhecimento 51-52, 234
autorregulação 205-06, 235
avós 71, 152-55
Aynsley-Green, Sir Al 186

baby boomers 165
Barrie, J. M. 239
bater 187
Baumrind, Diana 75, 77
bebê, eu 85-87, 154, 163
bebê, histórias da época de 81-97
bebês e construção de relacionamentos 211-12
becos sem saída 164-75
Bick, Esther 211
Bion, Wilfred 150
brincadeiras entre pais e bebês 212
Brown, Brené 223
budismo 222

caminhos 69-79, 164-65, 254
   becos sem saída 164-75

das crianças 201, 204-08
novos 158
primeira infância 72-79
Cânion do Casal 125-26, 128, 130-31, 135, 137, 139, 141, 146, 255
cansaço 224
   ver também exaustão
Carroll, Lewis 23
casa
   armário 95-97
   atual 99
   cozinha 74-75, 94
   da criança 204, 213-14, 215, 239
   infância 73-75, 204
   quarto do bebê 81, 84, 87
   sala de estar 89-95, 95, 173
cérebro
   desenvolvimento 165-66, 202, 211-12
   e percepção de ameaças 203
   e privação de sono 224
   e trauma transgeracional 65
   eixo HPA 65
   plasticidade 165-66
   reorganização durante a gravidez e o pós-parto 71
cesárea 166
Childism Institute 187
chiliques, birra 12, 27
círculos viciosos 193, 226
coadjuvantes 147, 149-61
"coisas selvagens" 86
colaboração (ferramenta) 188-91, 204, 207, 212, 236, 241
"colapsar", resposta 110, 224, 233
   ver também colapso, psíquico
colapso 110, 150, 189, 203, 224
coletivismo 91-92
compaixão 204
comunicação 145
conexão 44
conexão 17, 51, 170, 244
   com o eu 51, 85

dificuldades 174
  e apego evitativo 91
  e prestar atenção 191
  emocional 230-31, 234, 236-37
  necessidade de 150, 229, 234
  ver também desconexão
conflito
  entre parceiros 124-26, 132, 134-35, 140-43
  e o relacionamento pais-criança 181-84
  conforto com 181-83
  medo de 181-83, 193-94
  e estilos de criação 76
  e reparação (ferramenta) 181-84
"congelar", resposta 110, 203, 224, 233
conselhos de criação,
  provocam ansiedade 171
consumismo 33
contação emocional de histórias 227-28
contenção 150, 234-36
controle 134, 140
controle coercitivo 124
controle, questões de 78, 106, 124, 174-75, 186, 189
Convenção dos Direitos das Crianças 187
córtex pré-frontal 202-04, 212
  ver também ancião sábio
Cosby Show, The (programa de TV) 24
criação helicóptero 183
criação intensiva 165, 193, 231
criação permissiva 183
criação solo 33-34, 122, 124, 135, 138, 187
criança, casa da 204, 213-14, 215
  sala de estar 239
criança interior 71, 81, 216
  conexão com 85-87
  e conflito 182-83
  e parceiros 145-46
  e vida adulta 99-100, 101

projeção nos filhos 209-10
crianças, filhos 134-35
  autossuficiência 194
  barreiras entre os pais e 225-26
  como barômetros emocionais 211-14, 229, 234-36
  como criadoras de mapas 245-51
  como elas realmente são 11
  conectar-se com 51, 174
  contenção 150
  custo de criação 31, 33-35
  dificuldade de se conectar com 174
  e apego 131-32
  e "colapso" 189
  e o guerreiro 107-08
  e o mito da parentalidade 26-31, 26
  e pontes com os pais 128
  e relacionamentos 210-12
  e sentimentos/emoções 187-88, 211-14, 223-26, 229-38
  e seus pais internalizados 88
  efeitos dos pais sobre 62, 88, 101-02, 113-14, 130-31, 208-10
  enquanto pessoas 250-51
  história das 177-252
  hostilidade da sociedade em relação a 186-87, 231
  idealizadas 187-88
  ideias dos pais sobre 10
  identidade 83, 194
  inexperiência 194-95
  influências sobre 121, 130
  intensidade 216
  lado positivo de ter 31
  natureza caótica das 175
  necessidades das 191
  neurodivergente 207
  pedidos de atenção das 191, 226
  perfeitas, pressão para criar 165-69
  servir de exemplo para 142
  singularidade das 207-08
  temperamento 205-06

ver também bebês
crianças pequenas, chilique 12, 27
crítico interior 104, 113, 114-15, 182, 198, 210, 213, 222, 228, 243
crítico, o (personagem) 104, 113, 114-15, 182, 198, 210, 213, 222, 228, 243
cuidado sintonizado 85
cuidador, o (personagem) 105, 113, 182, 193-94, 210, 224, 228
culpa 58-59, 83, 85-86, 140, 218-19
culpa 10, 59, 83
culpar os pais 58
culpar-se 219
cultura 35, 38, 39, 77
   e sentimentos 217
   e avós 153
   e apoio à criação 150-51
cummings, E. E. 69
custo
   de criação 33-35
   de vida 33-34

defesas pessoais 101-03, 115-16
defesas, "segunda pele" 211-12
depressão pós-parto 36-37, 166-67
desconexão 123, 181, 183
desejos 126
desenvolvimento 165-66, 208-10
   cerebral 165, 201-04, 211-12
   psicológico 87
desenvolvimento infantil 166, 202, 208-10, 211-12
desigualdade de gênero 135-39
dinâmica intrincada dos relacionamentos 134
dissociação 110-11
disparidade salarial com mães 139
disparidade salarial entre homens e mulheres 139
divórcio 167
domínio masculino 36
dopamina 203

econômicas, questões 33-35
eixo hipotálamo-pituitária-adrenal (HPA) 65
emoções *ver* sentimentos/emoções
empatia (ferramenta) 185-88, 204, 210, 212, 223, 244
erros 77, 183, 231-32, 236-37, 247
escolher não ter filhos, 32
escuta ativa 190-91
esgotamento 137, 193
especialistas em criação 13-15
   e conflito 140
   e estruturas familiares não tradicionais 135
   e locais de descanso 55-57
   e o jogo da culpa 58-59
   e o vilarejo 159-61
   e seu guia 52-55
   e seu parceiro 122-23, 124-33
   mapas de criação 49-59, 151, 158-61, 164, 179-81, 241, 254
   ver também pontes; casa de infância; caminhos
Estados Unidos 33, 187
   assistência à criança 34
   expressão emocional 217
   famílias afastadas 151
   relacionamento pais-filhos adultos 153
estilos de criação 75-79, 152
   autoritário 75, 76, 183
   autoritativo 76
   pais-helicóptero 77
   permissivo 75-76
   negligente 76
estoico, o (personagem) 106-07, 182, 194
estresse 232
   e o cérebro 202
   e o ogro 109
   estratégias de enfrentamento deficientes 103
   refletir em meio ao 57

estudos interculturais 151
eu 51, 85, 205
    bebê 85-87, 154, 163
    desenvolvimento do senso de (si) 17, 88, 195
    escondido 101-02, 116
    mágico 180
    performance do 43-45
    antes de ser pai ou mãe 42
    e relacionamentos 88
    verdadeiro 81
    íntegro 11
exaustão 95, 129, 164-65, 193, 196, 231
exemplo 142,
expectativas
    e sentimentos 229, 231, 233, 234
    sobre os pais 138-39
    ver também expectativas dos pais
expectativas dos pais 186, 187-88, 208-09
    claras e embasadas 189, 192
    e regulação emocional 235
    e seu parceiro 130
experiência compartilhada 196

faísca da infância (ferramenta) 196-98, 241, 245, 251, 256
falar cantarolado 211
família
    afastada 151-52, 153
    como equipe 188-89
    construção de pontes 241-44, 249
    equilíbrio 157-59
    estendida 150-53
    estruturas não tradicionais 135
    recomposta 33, 122, 143,
    valores 142
    ver também avós; criação solo; pais; parceiros
família, histórias de 239-44
fantasias 11, 23, 24-26
fantasmas pessoais 62-66, 67-68, 71, 72, 201, 204-05, 243

fatores de estresse 43-44
felicidade 187-88
feminilidade 136
ferramentas de criação 179-99, 255
    colaboração 188-91, 204, 207, 212, 236, 241
    empatia 185-88, 204, 210, 212, 223, 245
    faísca da infância 196-98, 241, 245, 251, 256
    limites 191-96, 204, 237-38, 241-42
    reparação 181-84, 194, 204, 232, 236-37, 243-44
fertilidade 32-33
financeiras, questões 33-34
    custo de criação de filhos 33-35
Finlândia 35
flutuador, o (personagem) 110-11, 113, 182, 203, 224
fracassos 10
Freud, Sigmund 104
"fugir", resposta 106, 203, 224, 233
função executiva 202

gênero, socialização 219
geração alfa 248
geração Z 248
Goleman, Daniel 217
Grécia 32
grupos marginalizados 19, 187
guerreiro, o (personagem) 107-08, 113, 228
guia 73-75, 78-79, 99, 103, 112, 155, 180, 214

habilidades de escuta 188, 190-91
heteronormatividade 32, 36, 135-36
hipervigilância 37
hipocampo 72, 202-03
histórias 9-11, 13, 15, 44-45
    avaliando, pessoais 38-40
    da época de bebê 81-97

da infância 69-79
da sociedade 163-75
da sua história 61-68
da vida adulta 99-117
das crianças 177-252
de família 239-44
desvendando 23-40
e defesas pessoais 101-03
heteronormativas 32
mapeando 47-118
personagens 104-16
outras pessoas das nossas 119-76
hooks, bell 99
humanidade, faísca de 196, 98

idealizada, criança 187-88
idealizados, pais 9-11, 24-26, 31-32, 52-54, 62, 109, 151-54, 194, 231
identidade 160, 194
"más" 83
identificação projetiva 209-10
desamparo 110
impotência 108, 110, 174-75
independência 35, 77
individualismo, individualidade 91, 186
infância
histórias da 69-79
ver também época de bebê
influências 121
integração 113
inteligência emocional 216-17, 219
interdependência 35
internalização 87-89, 151-54, 195, 210, 219
introjeção 213
inutilidade, sensação de 163-64
inveja, dos filhos 71
irmãos adultos 155-56
isolamento social 149-51
Israel 153
Japão 217
julgamento 141, 222

Kipling, Rudyard 215

LGBTQIA+, casais 135
ver também pais do mesmo sexo
licença-parental 35
limites (ferramenta) 191-96, 204, 237-38, 241-42
"lutar", resposta 108, 203, 224, 233
luto 116-17

mães 18-19
e perdas financeiras em decorrência da maternidade 34
e papéis de gênero 136-39
e heteronormatividade 36
magia 23
mapa da criança 188, 196, 199, 201-14, 255-56
ferramentas para 180-81
mapas de histórias 17-20
máscaras sociais 43-45
masculinidade 136
"matrescência" 160
medos 50-51, 102
memória 69-72, 202-03
recordação dependente de contexto 72
mente-macaco 201-04, 223-24, 229-30, 236-38, 244
mídias sociais 82, 83
millenials 248
Milne, A. A. 201
"modelos internos de funcionamento" 89
momento a sós 12
monogamia 33
monstros 125, 126, 130, 137, 140, 143, 158, 183, 214, 237, 244
mudança 167
aversão a 39
devagar e sempre 143-46
e comunicação 145

e equilíbrio familiar 157-59
medo de 143
natureza progressiva 144
processo orgânico de 115-17
resistência a 143
ver também transição

"**não** ser bom o bastante", sensação de 104
não julgar, postura de 141
necessidades
    da criança 191
    dos outros 193-94
    dos pais 186, 193, 195-96
negligência 76, 83
neurociência 165, 202
neurodivergentes, crianças 207
nível de atividade 205-06
normas sociais 33, 77
Noruega 153

ogro, o (personagem) 108-09, 113, 144, 194, 203, 210, 213, 224, 228
ondas cerebrais 185-86
ondas teta 185
orientação ao sucesso 27
outras pessoas 119-76
    parceiros 121-47
    colocar as necessidades deles antes das suas 193-94
    histórias da sociedade 163-75
    coadjuvantes 147, 149-61

pais 18-19
    e heteronormatividade 36
    e o fardo financeiro da criação 33-34
    e papéis de gênero 137-39
pais (genitores)
    ambivalência dos 28
    aspirações dos 168-69
    "bem-casados" 160
    "bons" 9, 163
    como santuário 195
    definição 41-45
    desenvolvimento 232
    do mesmo sexo 122
    e a sensação de não dar conta 45
    e abandono 12, 86, 102, 209-210
    e autoconhecimento 11-13, 17
    e compreensão emocional 218
    e decepção 209
    e fantasmas pessoais 62-66, 67-68
    e fracasso 26
    e o "velho eu" 42
    e se sentir inútil 163-64
    idealizados/fantasiados 9-11, 24-26, 31-32, 52-54, 62, 109, 151-54, 194, 231
    inseguros/inconsistente 82
    internalizados 87-89, 151-54, 195, 210
    medos 50-51
    necessidades 186, 193, 195-96
    papel 17, 255-56
    perdas financeiras dos 34
    primários 130
    responsividade sensível 89
    saúde mental 167, 193
    sobrecarregados 130
    "suficientemente bons" 172, 232
    tornar-se mãe ou pai 9, 27-28, 32, 62, 126
    ver também pais; mães
pais do mesmo sexo 122
    ver também casais LGBTQI+
pais e bebês, brincadeiras entre 212
pandemia de covid-19 160, 187, 248
papéis de gênero 135-39
parceiros 121-47
    desejo de que fossem diferentes 125
    e conflito 124-26, 132, 134-35, 140-43
    e nossos desejos que mudam 126
    e papéis de gênero 135-39
    pontes entre 124-31, 134, 136, 137, 140-43, 146-47
    satisfeitos 134

parentais, histórias 9-11, 13, 15, 17-20,
    23-40, 44-45
  da época de bebê 81-97
  da sociedade 163-75
  da sua história 61-68
  da sua infância 69-79
  da vida adulta 99-117
parentalidade
  apoio à 130, 150-52, 154, 159-61, 167
  como experiência redentora 37
  como habilidade 123
  como história de amor 51
  como processo "natural" 123-24,
    149, 174
  conto de fadas 24-26, 27, 35, 135-40,
    229-32
  e a distância da realidade 31
  e amizades 160
  e equilíbrio familiar 157-59
  e papéis de gênero 135-39
  e parceiros 121-47
  intensiva 165, 193, 231
  isolamento 149-51
  magnitude 28-31
  mitos e lendas 21-46, 26
  modelos 26-27, 26, 28-31, *30*
  não falar sobre os desafios da 28-31
  natureza difícil 28-31, 43-44
  natureza transformadora 28-29
  sentir-se traído ou arrependido 28
  tomada de decisão 9, 27-28, 32
  ver também criação solo
Parker, Dorothy 163
"patrescência" 160
patriarcado 136
pensamentos intrusivos 36-37
percepção da ameaça 65, 73, 110,
    203, 233
perda 10
perdão 146, 184
perdoar-se 184
perfeccionismo 165-73

performances sociais 43-45
perinatal, período 13, 72
Perry, Philippa 189
personagens 104-16, 210
  a alma ferida 109-10, 114, 203, 210,
    213, 224
  das crianças 211-12
  o crítico 104, 113, 114-15, 182, 198,
    210, 213, 222, 228, 243
  o cuidador 105, 113, 182, 193-94, 210,
    224, 228
  o estoico 106-07, 182, 194
  o flutuador 110-11, 113, 182, 203, 224
  o guerreiro 107-08, 113, 228
  o ogro 108-09, 113, 144, 194, 203,
    210, 213, 224, 228
  o preocupado 106, 113, 182, 198,
    203, 224
pobreza 33, 110, 166-67, 187, 202
poder 174-75, 193
  e avós 153
  e empatia 189
  e estilos de criação 75-76, 78
  e nossos parceiros 140
  e o ogro 109
políticas, questões 33-34
pontes
  entre parceiros 124-31, 134, 136, 137,
    140-43, 146-47
  em família 241-44, 249
"por quê?", perguntas 51
pós-parto, depressão 36-37, 166-67
Pregnant Then Screwed 34
preocupado, o (personagem) 106, 113,
    182, 198, 203, 224
pressão 125-26, 128-30, 187
  e o ogro 109
  para criar filhos perfeitos 165-69
  para não sentir pressão 174-75
  para ser pais perfeitos 169-73
prevenção 232-34
pró-natalismo 32

problemas mundiais 247-50
psicanálise 85-86
psicologia 13-15
   clínica 13-15, 61
   descolonização da 19
   explicação visual da 19
   psicologia clínica 13-15, 61
puerpério 36-37

raça 39, 64, 187
Raison, Charles 247
raiva 108-09, 217-18, 219, 251
Raphael-Leff, Joan 86
redes 87-88, 121-22, 255-56
redes sociais 87-88, 121-22, 255-56
Reino Unido 33
   assistência à criança 34
   bater 187
   famílias afastadas 151
   hostilidade da sociedade com crianças 186
   licença-parental 35
   pais que trabalham 34
   pró-natalismo 32
relação filhos-pais 77, 153
   barreiras à 225-26
   rupturas na 181-84
relação pais-filhos
   ver relação filhos-pais
relacionamento terapêutico 81-82
relacionamentos
   crianças e 210-12
   dinâmica intrincada 134
   e modelos internos de funcionamento 89-90
   e trabalho interno, formação de 81-89
   mapas 81-82
   ver também parceiros
relatoria especial da ONU 187
religião 33, 38
renda, dupla 33

reparação (ferramenta) 181-84, 194, 204, 232, 236-37, 243-44
responsividade sensível 89
resposta ao estresse 65, 223-24
   resposta "adular" 224
   resposta "colapsar" 110, 224, 233
   resposta "congelar" 110, 203, 224, 233
   resposta "fugir" 106, 203, 224, 233
   resposta "lutar" 108, 203, 224, 233
   prevenção 232-34
"resposta ao trauma" 82
reuniões familiares 242-44
romper ciclos 172-73
"rosto imóvel", paradigma 225

Saint-Exupéry, Antoine de 179
santuário 195
saúde mental dos pais 167, 193
segurança psicológica 57
   do relacionamento terapêutico 81-82
   e avós, 153
   e bebês 85-86
   e contenção 234-35
   e muros 102-03
   e julgamentos 141
   e lembranças de infância 73
   e relacionamentos de infância 83-84
   e seu guia 53-54
   e seu lugar de descanso 55-56
   e triangulação 132
   falta de 83-84
senso de propósito 27
sentimentos/emoções
   aceitação 223-27
   apoio 232-38
   contenção 150, 234-36
   crianças e 74-75, 187-88, 211-14, 223-26, 229-38
   de "não ser bom o bastante" 104
   desenvolvimento 203-04

dos pais 208-10
e abuso emocional 124
e apoio emocional 151
e contação emocional de histórias 227-28
e contos de fadas × realidade 229-32
e inteligência emocional 216-17, 219
e lembrança 202-03
e negligência emocional 83
e temperamento 205-06
explosões 207, 230-31, 233-34, 254-55
expressão 217, 218-20, 229-31, 237
intensos/opressores 216, 221, 229, 234
interpretação 218-20
mapeamento 215-38
na primeira infância 74-75
reconhecimento 217, 220-23
regulação 229-30
supressão 229-30
transformação 218-20, 222
ver também sentimentos/emoções específicos
seres humanos, se tornar 204-08
serviços relacionados às crianças 187
Sex and the City (programa de TV) 25
sintonizado, cuidado 85
sistema límbico 202
sistema nervoso 232-33
sistema nervoso parassimpático 233
sistema nervoso simpático 233
smartphones 225-26
Smith, Zadie 121
sobrecarregar 39, 76, 141, 198, 204, 207, 216, 228, 232, 234, 237, 240, 247
sobrevivência 65, 85, 88-89, 106
ameaças à 203
sobreviventes do Holocausto 65
sociais, normas 33, 77
socialização de gênero 219
sociedade

e criação dos filhos 77
histórias da 163-75
sogras 151
solidão 150-51, 209-10
solução de problemas 189, 213, 236
sonhar acordado 111, 185-86
sono, hábito do bebê 27
sono, privação de 28, 29, 71, 111, 224
sua história, histórias da 61-68
Suécia, 35
"suficientemente bons", pais 172, 232
superego 104
suposições 10, 129-30
Sykes, Wanda 248

tabus 28
TCC focada no trauma 55-56
teias de aranha 134
temperamento 205-06
"tênis dos fatos" 189
teoria darwinista 36
terapia 13-15, 55-56, 95, 133, 157-58, 214
terapia cognitivo-comportamental (TCC) focada no trauma 55-56
terapia de casal 133
terapia EMDR 55-56
terapia familiar 157-58, 214
terapia para trauma 95
Thunberg, Greta 245
TikTok, 83 172
trabalho doméstico, divisão de gênero do 136-37
transgeracional, trauma 63-66, 172-73
transição 133
ver também mudança
transtorno do estresse pós-traumático (TEPT) relacionado ao parto 37
trauma
de infância 82-84, 110-11, 172
e dissociação 110-11
racial 172
romper ciclos 172-73

transgeracional 63-66, 172-73
ver também trauma de infância
trauma de infância 82-84, 110-11, 172
triangulação 132, 134
tribo aka 35
tristeza 59
Tronick, Ed 225

valores 126, 152, 241, 249
vergonha, constrangimento 58-59, 62, 83, 101, 151, 218, 222

vida adulta
   histórias da 99-117
   ideais envolvendo a 100-01
vigilância 65
vilarejo 159-61
visualização 19-20
vulnerabilidade 109

Wilde, Oscar 149
Winnicott, Donald 87, 172
Woolf, Virginia 61

FONTES Editorial Old, Neue Haas Grotesk e Register
PAPEL Lux Cream 60 g/m²
IMPRESSÃO Imprensa da Fé